本书作为重庆市社会科学规划特别委托项目"重庆地区古镇历史文化和保护利用研究"（编号：2015TBWT06）最终成果，结项等级为优秀。

重庆地区古镇历史文化与保护利用研究

龚义龙 刘洪彪 著

中国社会科学出版社

图书在版编目（CIP）数据

重庆地区古镇历史文化与保护利用研究 / 龚义龙,刘洪彪著. -- 北京：中国社会科学出版社，2025.1.
ISBN 978-7-5227-4243-4

Ⅰ.K297.195

中国国家版本馆 CIP 数据核字第 2024WH4890 号

出 版 人	赵剑英
责任编辑	孔继萍
责任校对	王佳玉
责任印制	郝美娜

出　　版	中国社会科学出版社
社　　址	北京鼓楼西大街甲158号
邮　　编	100720
网　　址	http://www.csspw.cn
发 行 部	010-84083685
门 市 部	010-84029450
经　　销	新华书店及其他书店
印　　刷	北京君升印刷有限公司
装　　订	廊坊市广阳区广增装订厂
版　　次	2025年1月第1版
印　　次	2025年1月第1次印刷
开　　本	710×1000　1/16
印　　张	17.5
字　　数	270千字
定　　价	108.00元

凡购买中国社会科学出版社图书，如有质量问题请与本社营销中心联系调换
电话：010-84083683
版权所有　侵权必究

前 言

一 问题的提出

现存重庆地区古镇大多兴起于明清之际，有些古镇譬如綦江区东溪古镇、彭水县郁山古镇、巫溪县宁厂古镇的历史可以追溯到秦汉之际，深厚的历史文化底蕴、优美的自然环境及古老建筑，使得旅游文化资源包括自然环境、人工环境及人文环境资源较为丰富。明清之际，重庆地区户口增长迅速，自然资源得到较为广泛的开发利用，社会经济繁荣，贸易繁兴，从而兴起了大量场镇。例如，涪州（今重庆市涪陵区）在同治时有120个场镇，[①] 宣统二年（1910）有151个场镇。[②] 綦江在道光时有19个场镇，[③] 民国年间新增6个场镇，达到25个场镇。[④] 重庆境内其他地区大致情况差不多。

时过境迁，今天仍然能够较为完整地保存下来的古镇已经为数不多。住房和城乡建设部、国家文物局公布的7批中国历史文化名镇名村名单显示，重庆地区第一批历史文化名镇有涞滩镇、西沱镇、双江镇，第二批有龙兴镇、中山镇、龙潭镇，第三批有金刀峡镇、塘河镇、东溪镇，

[①] （清）吕绍衣、王应元、傅炳墀等纂修：《重修涪州志》卷1《舆地志·里甲、场市附》，同治九年刻本，第30页a—第31页b。

[②] （民国）王鉴清、施纪云等纂修：《涪陵县续修涪州志》卷5《建置志·城镇乡会》，民国十七年排印本，第22页b—第23页a。

[③] （清）宋灏、罗星纂修：《綦江县志》卷2上《疆域·里甲》，道光六年刻本清同治二年杨铭、伍濬祥增刻本，第2页a—第7页a。

[④] （民国）戴纶喆纂修：《四川綦江续志》卷1《城池附场市》，民国二十七年刻本，第13页a—b。

第四批有走马镇、丰盛镇、安居镇、松溉镇，第五批有路孔镇、白沙镇、宁厂镇，第六批有温泉镇、濯水镇、安镇村，第七批有罗田镇、青羊镇、吴滩镇、石蟆镇、龚滩镇。

  这些古镇大多依托水陆交通要道、矿藏资源开采利用而兴。例如，重庆市九龙坡区走马古镇位于九龙坡、璧山、江津相邻之地，是重庆与成都之间的重要驿站。巴南区丰盛古镇、渝北区龙兴古镇亦因处于陆路交通要道而兴。荣昌区万灵古镇位于沱江支流濑溪河畔，濑溪河发源于重庆市大足区中敖镇，流经荣昌区、泸县，于胡市镇汇入沱江。万灵古镇因处于大足至荣昌、荣昌至泸州的水运要道，形成水码头。酉阳县龚滩古镇、龙潭古镇、綦江区东溪古镇等亦因处于陆路交通要道而兴。开州区温泉镇早在西汉之际即开始制盐，北宋之际开始出现场镇，明清之际十分繁盛。彭水县郁山古镇、巫溪县宁厂古镇、云阳县云安古镇亦因盐业而兴。

  重庆地区古镇因古代交通之繁荣而繁荣，因古代场镇之繁荣而繁荣，因农耕文明之变迁而变迁。随着城镇化进程和现代化进程的强劲推动，重庆古镇繁荣的历史条件大多已经不复存在。古镇赖以存在的交通条件、场镇交换习俗已经发生了很大的变化。有些场镇已经发展成为乡镇机关所在地，其现代化程度与昔日不可同日而语，古镇的政治、经济地位实际上提高了；有些场镇则失去了昔日的繁华，失落在偏远的农村地区，往往表现出交通不便、经济社会发展水平低、现代化程度低，但是保存着古香古色的传统建筑和古朴淳厚的民风民俗；有些场镇半显现代繁华，半显传统风貌。因此，古镇并不是"衰落"了，而是在现代化、城镇化作用下发生了一些变化——古镇赖以存在的基础发生了变化，传统街道建筑年久失修，古镇、古建筑除面临着自然力的破坏之外，还遭受着人为破坏。

  同时，我国人民生活水平在很大程度上得到改善之后，许多人寻求更高层次的精神满足，旅游业成为全球性的朝阳产业，出现了强劲的发展势头，各地都把发掘文化旅游资源、发展文化旅游产业作为推动经济和文化发展的重要项目，古镇的价值和使用价值受到人们重新认识，在全国各地掀起了一股古镇保护与开发利用的热潮。同时，也暴露出一些问题，例如一些古镇为了拉动 GDP 的增长，促进当地旅游发展和经济增长，盲目地将传统建筑推倒，新建起一座座全新的仿古建筑；盲目地借鉴其他地区的经验，忽视古镇的地域特色和独特个性。与此相对应的是，人们需要从整体上思考目前尚存的古镇何去何从？大量供人居住的普通民居的居住条件亟待改善，古镇基础设施与人们热切地期望改善生活条件产生了冲突；古镇居民纷纷外迁使得古镇人口减少。如何让古镇居民能够留得住、能致富，使得以古镇为依托的旅游事业持续健康发展？由于任何古建筑都是有生命周期的，古镇建筑保护和基础设施改善已经等不起，我们必须对当下尚存的古镇采取有效的保护和利用的办法。

自 20 世纪 80 年代以来，我国在对古镇保护利用的实践过程中，学术界有过一些相关理论研究，理论需要随着丰富的社会实践得到进一步发展，实践也需要有更多的理论指导和创新。因此，本课题组以重庆地区的古镇为研究对象，对相关基础研究作进一步拓展。

二 相关研究的学术史

学术界从文物保护的角度、建筑学的角度、文化遗产的保护与传承角度及文化旅游产业开发的角度，对古城、古镇、古村落保护进行了理论阐发，亦进行了大量的古镇保护与开发利用实践。

希腊建筑师道萨迪亚斯（C. A. Doxiadis）提出的"人类聚居学"（EKISTICS: The Science of Human Settlements），将人类聚居的环境"作为完整的对象"系统地综合地加以研究。[1] 吴良镛在"人类居住"概念的启发下，写成"广义建筑学"，继而提出要建立"人居环境科学"[2]，针对城乡建设中的实际问题，尝试建立一种以人与自然的协调为中心、以居住环境为研究对象的新的学科群。人居环境科学基于中国情况，将生态、经济、技术、社会、人文（文化艺术）作为人居环境的基本要求，称为五大原则（或称五大纲领）；提出人居环境科学的方法论是对开放的复杂

---

[1] 吴良镛：《人居环境科学导论》，中国建筑工业出版社 2001 年版，第 6、17—18 页。
[2] 吴良镛、周干峙、林志群：《我国建设事业的今天和明天》，中国城市出版社 1993 年版。

巨系统作融贯的综合研究，以问题为导向，抓住问题的要害，综合集成。①

钱学森以敏锐的眼光、洞察力和极大的热忱密切关注着我国社会主义新型城市的建设。20世纪80年代中期，他首倡建立城市科学的牵头学科——城市学；90年代初提出具有中国特色的21世纪城市模式——山水城市的科学构想，在1992年10月2日给顾孟潮的信中，他曾提到"山水城市"一说。实际上，在此前与吴良镛就城市科学的论谈中早已提出了这一思想。1993年2月11日，以"展望21世纪中国城市——中国城市模式应是'城乡与山、水、天一色'"为主题举行了专门的"山水城市讨论会"，在会议上，钱学森作了《社会主义中国应该建山水城市》为题的书面发言，对山水城市学说作了精辟的阐释，强调21世纪中国城市的模式应该是"山水城市"。②

"山水城市"学说具有明晰的科学概念和东方文化色彩，对我国的新型城市建设具有超前的理论指导意义。③ 从问题的提出、认识的深化，到一些城市的实践，山水城市构想已成为吸引国内外许多有识之士参与探索的一种理论学说。20世纪90年代全国评审命名北京、合肥、珠海、马鞍山等8个园林城市。重庆、合川、自贡、武汉、章丘、苏州、昆明、长春、台北、常熟、宣州、肇庆、烟台、婺源、溧阳、益阳、阜新、凤凰等城市建设正在朝着为实现"山水城市"的理想目标而努力奋斗。④ 90年代中期，钱学森又提出建立建筑科学大部门的建议，对于建筑科学学科体系的深化有极大的推动作用，在国内外学术界、城市建设与建筑业领导层面得到热烈响应和高度评价。

早在20世纪80年代初期，江南许多乡镇掀起发展经济的热潮，各地纷纷开办乡镇企业，填河开路，拆房建厂，许多美丽的古镇风光毁于一旦。同济大学城市规划教研室开始对江南水乡周庄、甪直、同里、南

---

① 吴良镛：《人居环境科学导论》，中国建筑工业出版社2001年版，第70、106—111、128页。
② 钱学森：《论宏观建筑与微观建筑》，杭州出版社2001年版，第126页。
③ 钱学森：《论宏观建筑与微观建筑》，杭州出版社2001年版，第127页。
④ 钱学森：《论宏观建筑与微观建筑》，杭州出版社2001年版，第126—127页。

浔、乌镇、西塘等古镇进行广泛的调查、研究和保护规划工作。在城市规划和古镇保护中，他们提出"保护古镇，建设新区，发展旅游，振兴经济"的原则，在古镇整修中一定要做到"整旧如故，以存其真"的原则，通过多年持之以恒的努力，这些古镇得以原貌保护。人们到六镇采风，可以感受中国古朴而丰富的民间历史与文化。① 20世纪八九十年代，同济大学城市规划教研室为平遥、苏州、安阳、福州、潮州、雷州、肇庆、泰州、钟祥、上海等历史文化名城制定保护规划，参与周庄、角直、同里、南浔、西塘、楠溪江古村落、富阳龙门古镇保护与实践，参加苏州平江历史街区、临海古城历史街区、兴城古城区、潮州市义、兴、甲三巷、绍兴书圣故里、八字桥历史街区、上海静安区3号街坊进行保护与整治，为周庄镇、张掖市、九华山风景区、山海关古城、苏州胥门历史地段、苏州双塔地段、苏州干江路、广东肇庆白沙龙母庙制定保护规划。② 为了总结古镇保护的经验教训，促进以古镇为依托的旅游文化事业健康发展，江苏省组织人员从古镇保护机制、旅游市场、发展战略、古镇经济、文化、社区、环境等方面对20世纪80年代以来该省在古镇保护与旅游文化发展方面的工作进行了研究，梳理了国际、国内对于古城古镇古村落在保护和旅游发展上的成功经验。③

传统村落与民居是弥足珍贵的中华民族历史文化遗产，是中华民族历史文化传承的载体，是民风民俗、民族风情的符号。2013年12月12日，习近平总书记在中央城镇化工作会议上指出："要让城市融入大自然，不要花大力气去劈山填海，很多山城、水城很有特色，完全可以依托现有山水脉络等独特风光，让居民望得见山、看得见水、记得住乡愁。"④ 这为全国古城古镇古村落保护和开发利用提供了一个重要遵循。以此为

---

① 阮仪三：《江南六镇》，河北教育出版社2002年版。
② 阮仪三：《护城踪录：阮仪三作品集》，同济大学出版社2001年版。
③ 《江苏古镇保护与旅游发展研究》课题组编著：《江苏古镇保护与旅游发展研究》，东南大学出版社2014年版。
④ 习近平：《在中央城镇化工作会议上的讲话》（2013年12月12日），载中共中央文献研究室编《十八大以来重要文献选编（上）》，中央文献出版社2014年版，第603页。

指导，福建省漳州市突出重点，推进整治，启动洪坑村、埭尾村等第一批 12 个古镇古村保护和整治项目，投入数十亿元加快闽南文化生态走廊建设，该项目将闽南建筑元素融入沿途村庄及驿站建设，并推进闽南生态文化走廊古村落整治。还加快重点古村落整治，实施"千村整治百村示范"工程，推进 12 个美丽乡村示范村建设。①

还有人对西安地区及周围十多个古镇和一大批名胜古迹进行研究，呼吁将这批古镇和名胜古迹纳入规划，使之得到应有的保护和开发利用。② 有人对河南古镇保护存在的相关问题进行了研究，分析了河南朱仙镇、神垕镇、石板岩乡的保护与转型，为古镇保护与转型提供了极具价值的参考。分析了安徽宏村、江苏周庄、山西平遥等古城古镇古村落的保护与转型情况，使之能够成为古镇保护转型可供借鉴的案例。③

21 世纪以来，一些学术团体和机构召开了多次学术研讨会从文化遗产保护和文化旅游开发角度讨论古城古镇古村落保护开发中遇到的一系列问题，对古镇保护从理论上进行探讨，并且总结在实践过程中的得失利弊。

例如，2002 年 10 月广东省文物博物馆学会召开文物保护与利用学术研讨会，以文物保护与利用为主题，从考古调查发掘、文物征集保管、文物修复保护、古建维修保养等方面，对古城古镇古村落的保护进行了广泛的讨论。④ 2008 年 6 月 20—22 日，在广州市召开了华南地区古镇古村落保护与发展学术研讨会，与会者以开平碉楼与村落、小洲村古建筑、从化松柏堂古村落、深圳古村落、番禺石楼大岭村、龙胜古城、双洋历史文化名镇、张谷英村古建筑群、湘西老司城、广州长洲岛、上海市黄浦区 174 街坊安培洋行、营丘古城、广西程阳八寨、羌族传统建筑为个案，围绕中国建筑文化遗产保护利用问题、传统民居改造更新与持续性

---

① 《漳州古镇古村整治与保护》编委会：《漳州市古镇古村保护与整治》，2014 年。
② 贺福怀：《古城保护与长安古镇》，2007 年。
③ 吴怀静：《河南地域文化特色的历史古镇保护与转型研究》，中国水利水电出版社 2015 年版。
④ 广东省文物博物馆学会编：《文物保护与利用》（第二辑），岭南美术出版社 2002 年版。

发展问题、在城市化进程和新农村建设中大力加强古村落古建筑保护问题，展开了广泛的讨论。① 2011年5月24—25日，在贵州青岩古镇召开"贵州古镇保护与旅游开发论坛"，就一些名城名镇的现状、旅游开发中存在的问题、如何处理好保护与旅游开发的关系等问题进行了交流探讨，最终形成了《青岩宣言》。其主要内容是：提高认识，增强古镇保护的紧迫感；科学规划，遵循"保护第一"的原则，合理有序地进行保护与开发；明确了古镇保护与开发的理念、措施、策略，同时也提出了一些亟待解决的问题。建议对全省名城名镇作一次普查，做到心中有数；对名城名镇的保护与开发制定一些法规；对一些确有保护价值，但经济欠发达、保护资金存在困难的名城名镇给予专项资金扶持。② 2012年4月15日，以"古镇文化的活态保护与上海国际文化大都市建设"为主题的三林文化论坛在上海三林古镇举行。从城市整体规划、法律资源保障、非物质文化遗产活态保护、民俗田野调查、历史根源探寻、文化空间塑造等角度，阐述、探讨了上海在现代化发展进程中如何挖掘、传承、发展古镇文化，从而保护与传承上海城市文脉，推动上海国际大都市建设的多种方式。③

川渝地区古镇保护与开发利用工作自20世纪八九十年代就开展起来，在国家提出的城乡统筹发展的背景下，城市和乡村建设的力度和发展速度都是十分快的。那么，运用古镇保护与开发利用的基本原则，探索适合川渝地区自然地理环境和历史人文环境的保护理论和方法，促进城乡建设的可持续发展就是题中应有之义。重庆大学建筑城规学院在理论探讨和保护实践方面做了大量的工作。其中，有研究者对几十年来川渝地区古镇保护的实践进行了回顾，提出了现实中还存在的一些问题，对古镇生成发展、构成格局、保护的总体策略、技术方法、制度环境进

---

① 中国民族建筑研究会编：《华南地区古村古镇保护与发展（广州）研讨会文集》，中国广州，2008年6月20—22日。

② 贵州省文物局等编：《贵州古镇保护与旅游开发青岩论坛论文集》，中国贵阳青岩，2011年2月。

③ 上海市群众文化学会、《群文世界》杂志社编：《古镇文化的活态保护与上海国际文化大都市建设研讨会论文集》，中国上海，2012年5月。

行了探讨。① 有研究者指出古镇保护中存在的问题,表现为割断历史文脉的"建设性破坏"、缺乏地域文化特色的"千城一面"现象、顾此失彼的城市新旧协调问题、不顾文脉和建城环境的"形象工程""政绩工程"等,实质都是对城市文脉和城市文化的忽视所致。从而提出"文脉切片"理论模型,指出城市特色本质在于建筑和城市文脉中所蕴含的城市文化和城市精神。② 有研究者运用文化线路(Cultural Routes)遗产保护概念对川盐古道,及其沿线的传统聚落的保护利用进行研究。③ 有研究者比较分析了中、西方历史文化遗产保护理论和方法成果,提出了我国遗产保护理论创新的趋向和实践发展的方向。④ 还有研究者从多学科角度分析重庆地区历史文化村镇保护利用的价值评价体系⑤,认为川渝地区的历史文化名城、名镇、保护现状不容乐观。出于经济与文化建设发展的需求,通过总结近年风貌整治的经验得失,认为积极保护名城古镇,科学合理地开展风貌整治值得推广。⑥ 有人对嘉陵江流域自然系统及人类系统发展演化的特点进行了专题研究,提出了流域人居环境区域发展统筹、空间结构及城乡统筹、文化旅游统筹、流域水资源开发及管理统筹、流域水生态环境保护统筹的发展策略。⑦ 有研究者以农村聚落可持续发展为导向,对川西平原"林盘"文化的个性特色和历史文化底蕴进行了发掘。⑧ 有研究者从地域文化特征的角度对川西平原25个古镇进行研究,试图发现这些古镇在建筑风貌、空间形态、民风民俗方面的共同特征,找到川西平原古镇保护与合理利用的一般规律。⑨ 有研究者通过对国内外古镇保护相关理论及实践的研究,总结归纳古镇保护中具有代表意义的方法、

---

① 戴彦:《巴蜀古镇历史文化遗产适应性保护研究》,东南大学出版社2010年版。
② 孙俊桥:《走向新文脉主义》,博士学位论文,重庆大学,2010年。
③ 赵逵等:《川盐文化线路与传统聚落》,《规划师》2007年第11期。
④ 陈蔚:《我国建筑遗产保护理论和方法研究》,博士学位论文,重庆大学,2006年。
⑤ 曲明晓:《重庆市历史文化村镇保护性利用价值研究》,硕士学位论文,重庆大学,2012年。
⑥ 戴宇:《科学合理风貌整治,积极保护名城古镇》,《四川建筑》2010年第2期。
⑦ 周学红:《嘉陵江流域人居环境建设研究》,博士学位论文,重庆大学,2012年。
⑧ 方志戎:《川西林盘文化要义》,博士学位论文,重庆大学,2012年。
⑨ 曾浩强:《成都历史文化名镇现代适应性更新研究》,硕士学位论文,成都理工大学,2014年。

原则；以周子古镇为例，对古镇的景观组成、要素、古镇景观面临的主要威胁进行深入分析，提出古镇保护的对策和建议。① 有研究者以江津中山古镇、塘河古镇、白沙古镇为实例，分析了重庆地区古城古镇古村落在物质文化保护、非物质文化遗产保护，以及古镇旅游开发方面的利弊得失，试图构建重庆历史文化村镇保护利用的评价体系。②

综合已有的研究，既有宏观理论方面的，也有具体实践方面的；既有典型个案的，也有区域性的；既有理论研究，也有实践经验教训总结。本项研究正是借鉴既有的研究成果在实践的基础上进行的。

三 理论意义

（1）本书从整体上考察古镇的人工、人文与环境要素，古镇的特色、类型与兴变，古镇保护、发展与开发利用的关系，古镇的整体性保护，古镇要素的保护，古镇的开发利用，试图揭示在古镇存在的传统基础散失之后，古镇的保护与发展、开发与利用、传统与现代的辩证关系问题。在吸收既有研究成果的基础上，进一步阐发古镇保护与开发利用要正确处理三对关系——保护与发展的关系、保护与开发利用的关系、传统与现代的关系。

（2）本书进一步阐发古镇整体保护与开发利用要把握两层含义——整体保护古镇格局，保护古镇独特的个性和魅力，保护古镇的街巷空间，保护村镇的总体布局，以及街巷、水系等物质要素的格局肌理和风格，处理好城市与自然的关系；整体保护古镇要素，包括自然环境要素、人工环境要素、人文环境要素，以及非物质文化遗产。

（3）本书明确提出古镇保护与开发利用要突出三个重中之重——一是保护古镇个性；二是保护活态的古镇；三是搞好产业的转型升级。

---

① 廖科：《古镇聚落景观保护研究——以四川蓬安周子古镇为例》，硕士学位论文，西南大学，2013年。

② 曲明晓：《重庆市历史文化村镇保护性利用价值研究》，硕士学位论文，重庆大学，2012年。

四 研究价值

（1）明清之际，重庆地区兴起了大量的场镇。但随着时代的变迁，保持着传统风貌和鲜活的生活样态的古镇、古村落已经为数不多。住房和城乡建设部、国家文物局公布的7批中国历史文化名镇名村名单中，重庆地区有24个古镇、古村落榜上有名。这批古镇面临着室内居住环境恶化、水电气配套设施不齐、外观面貌不整等问题，街道狭窄，居民为了改善居住环境大量翻新房屋致使古镇整体风貌遭到破坏、古镇文化元素流失等问题，因此，古镇、古村落亟待保护，其蕴藏的历史文化信息亟待我们去发掘。本书以綦江东溪古镇和荣昌万灵古镇为主，兼及其他古镇，从古镇保护与开发利用角度对古镇的文化底蕴、民风民俗进行发掘，为古镇保护与开发利用提供一份可资借鉴的研究成果。

（2）现存完好的重庆地区古镇大多形成于明清之际。这与当时四川地区大量接纳来自湖广、江西等地区的移民及居民增长密不可分。这些古镇大多分布于长江、嘉陵江及其支流沿岸，以及陆路交通沿线地区。本书分析了重庆地区古镇的兴起与变迁、类型与特色，以及古镇的人工、人文与环境要素，古镇保护、发展与开发利用的关系，古镇的整体性保护，古镇要素的保护，以及古镇的开发利用。

（3）随着交通条件、场镇功能、城镇布局的变化，古镇赖以存在的基础发生了很大改变，古镇还有没有可能保持其兴起和繁盛阶段时期的热闹，如果不能，作为历史文化遗产的古镇如何保护和利用？如果能够，又如何保护和利用？

五 主要内容

本书分析了古镇人工环境要素、人文环境要素、自然环境要素，古镇的特色、类型与兴变，古镇保护、发展与开发利用的关系，古镇整体性保护与要素保护，以及古镇开发利用要保护古镇个性、保护活态的古镇、搞好产业的转型升级。

（1）古镇人工、人文与环境要素。主要厘清古镇的概念，分析中国和重庆的古镇及其分布情况。古镇保护与文化旅游开发要从古镇的人工环境要素、人文环境要素、自然环境要素中找准保护与开发、保护与发展的契合点。

（2）古镇特色、类型与兴变。由于中国幅员辽阔，地理环境、风土人情、社会观念存在一定的差别，使得大江南北古镇各具特色、类型丰富多样。本书根据古镇的兴起、自然和人文地理特征、功能结构，以古镇保护与文化旅游开发为出发点，将古镇划分为不同类型。古镇的变化主要体现为古镇赖以存在的基础发生了变化、传统街道建筑年久失修、建设性破坏、旅游性破坏。

（3）古镇保护、发展与开发利用的关系。古镇保护与旅游开发要处理好三对基本矛盾：一是保护与发展的矛盾；二是保护与开发的矛盾；三是传统与现代的矛盾。保护是就古镇环境要素而言（包括人工环境、人文环境、自然环境），发展是就古镇适应经济社会发展（包括城市化、现代化）而言，开发主要是文化旅游市场开发，传统是就古镇的过去而言，现代是就古镇活在当下而言。我们应该深度思考保护、发展与开发之间，以及传统与现代之间的辩证统一关系，本章主要解决形而上的问题。

（4）古镇的整体性保护。包括保护古镇独特的个性和魅力、街巷空间、总体布局，以及街巷、水系等物质要素的格局肌理和风格；处理好城市与自然的关系，以建设"山水城市"作为城市规划和建设的最高理想。古镇规划保护要根据其文化资源类型和分布规律，制定功能分区，进行单个文物保护单位的保护、重点保护区保护，打造传统风貌协调区，完善古镇的整体风貌。建筑物的保护与整治必须根据建筑物的价值和保存状况确定其方式，包括修缮、维修、改善等。

（5）古镇的要素保护。包括古镇核心区域及其周边的自然环境保护（例如古树、溪河、绿化地带），目前尚存的或即将消失的历史文化遗存、民宅大院、宗祠庙宇、街巷空间、古镇布局，活在当下的古镇居民生活、民风民俗，以及非物质文化遗产等。

（6）古镇的开发利用。首先要对旅游市场进行分析，旅游市场需要什么样的古镇？什么样的古镇是人们最需要的旅游对象？哪些人群需要古镇旅游？古镇开发要选择适合自身特点的战略定位，突出个性特色；

整合区域旅游资源，实现与周边旅游资源的共赢。要谨慎论证古镇开发的可行性，谨慎选择古镇旅游开发经营战略，谨慎选择古镇产业转型升级战略。基础设施建设是古镇旅游开发的基础，要将基础设施建设作为一项基础性的工作重点推进。

六　重点难点

（1）古镇保护要突出个性保护。每一个地区都形成了与自然环境、风土人情、民风民俗、民族传统相互映衬的以建筑特色为代表的古镇个性。古镇个性是通过各种古镇要素综合作用从整体上显现出来的，仅仅重视某些方面而忽略其他方面都会使古镇的个性特征受到损害。因此，在古镇规划保护中，应该深入挖掘古镇历史文化底蕴，张扬古镇所在区域的文化个性，从整体上保护古镇的历史文化遗产、历史环境要素；保护古镇的环境风貌特征、保持古镇良好的生态环境；整合古镇所在区域的非物质文化遗产、民风民俗，保护古镇的活态文化，维护居民的正常生活。

（2）要突出古镇的活态保护。文化旅游市场需要的古镇是生活着的古镇、原生态的古镇，而不是过度商业化的古镇、造假古董的古镇。要合理开发利用古镇文化旅游资源，真正让祖先留下的宝贵遗产造福人民，这就要把保护与开发利用结合起来，克服急功近利，保留活态的古镇。如何将文化旅游产业开发投资获利与保护活态的古镇结合起来，是一个需要慎重对待的问题。

（3）培育能够支撑古镇可持续发展的新兴产业。古镇之兴盛，根本上要靠古镇居民留得住、有门路、能致富，要靠古镇能够保持人丁兴旺，保持鲜活的传统生活样态。而做好传统产业转型升级、找准适合古镇发展的产业道路是保持古镇可持续发展的希望所在，古镇旅游的转型升级是一个关系着古镇兴衰的问题。这既是一个重点，也是一个难点问题。

（4）当下古镇赖以存在的基础发生了深刻的变化，保存着古香古色的传统建筑和古朴淳厚的民风民俗的场镇，往往处于偏远的农村地区，表现出交通不便、经济社会发展水平低、现代化程度低；还有一些场镇半显现代繁华，半是传统风貌。在古镇存在的传统基础散失之后，如何把握古镇保护与发展、开发与利用、传统与现代的平衡点是一系列的复杂问题。

七 主要观点

（1）随着古镇赖以存在的交通条件、场镇功能的巨大变化，以及受到现代化、城镇化的影响，当下古镇与昔日古镇已经有很大的不同。有些古镇已经发展成为乡镇机关所在地，其现代化程度与昔日不可同日而语，古镇的政治、经济地位实际上提高了；有些场镇则失去了昔日的繁华，失落在偏远的农村地区，往往表现出交通不便、经济社会发展水平低、现代化程度低，但是保存着古香古色的传统建筑和古朴淳厚的民风民俗；有些场镇半显现代繁华，半显传统风貌。

（2）古镇整体保护要重视格局保护和要素保护

第一层含义是格局保护。保护古镇独特的个性和魅力，保护古镇的街巷空间，保护古镇的总体布局，以及街巷、水系等物质要素的格局肌理和风格；处理好古镇与自然的关系，以建设"山水园林城市"作为古镇规划和建设的最高理想。

第二层含义是古镇要素保护。自然环境是古镇保护的基础，要保持古镇风貌的完整性；整体保护古镇文物古迹、空间格局、空间尺度、街巷河道的传统景观特征和传统风貌等人工环境要素；古镇保护就要深入挖掘古镇文化，古镇的开发必须围绕保持和发扬其特有的风貌和文脉而设计；保护古镇的非物质文化遗产，非物质文化遗产是最能体现一个地方民族民俗特色的东西。它是当地居民世代相承、与群众生活密切相关的各种传统文化形式和文化空间，是具有重要价值的文化资源。

（3）古镇保护要正确处理三个关系

古镇保护要协调整体性保护与可持续发展之间的矛盾，在二者之间找到契合点。保护要在发展中保护，发展要在保护中发展。古镇保护要树立保护的发展观、保护的整体观，保护的基础是发展。在现实的地域环境中，发展对于重庆地区古镇来说，既是生死攸关的迫切问题，也是推动古镇复兴的现实条件，我们需要在经济发展和文化保护之间寻找一个平衡点，这一点至关重要。

古镇保护要处理好保护与开发利用的矛盾，树立开发利用的发展保护观。没有开发利用就没有古镇保护，也就不可能真正促进古镇发展。科学规划是古镇保护与开发利用的前提，规划的核心是要解决古镇的可持续发展，关键是要处理好保护与开发、共性与特色、传统与现代、挖掘与创新之间的关系。

古镇保护要在继承历史文化传统与适应现代化、城镇化的潮流之间找到平衡点，做好二者之间的取舍。古镇保护要置身于现代文化，在面向未来的前提下实现新型城镇化、现代化与保护历史之间的平衡，找到古建形式与新型城镇化、现代化发展之间的平衡点。要深植于传统文化。任何一个国家现代化的发展，根基必须深深扎根于自己民族的文化土壤之中，努力地按照本民族的特色来发展自己，徜徉于活态文化。旅游景区的重中之重，在于尽可能不让游客打扰到遗产地居民的正常生活。古镇开发要建立一项能够架起沟通文化遗产保护和社区发展桥梁的总揽性政策，尽力保护那些影响了他们世代生活的古典建筑和城市肌理。让游客能短暂停留，乡村旅游必须转变旅游经济的增长方式，即把"赶场式"旅游转变为生态旅游，把观光旅游转变为休闲旅游，让游客在旅游中增长知识，提高素质，陶冶情操，愉悦身心，在旅游中获得健康。

（4）古镇保护要突出三个重点

一是保护古镇个性。每一个地区都形成了与自然环境、风土人情、民风民俗、民族传统相互映衬的以建筑为代表的特色古镇。古镇的个性是在历史长河中受到浓厚的地域文化熏陶而逐渐成长起来的，因此，它深深地保留着古镇沧桑的烙印，深深地铭刻着地域历史文化的烙印，它不是以古镇要素的某一个或几个方面体现出来的，而是以古镇的整体物质文化、非物质文化形态展现出来。古镇的魅力就在于其独特的个性特征，这是任何古镇保护与开发利用都回避不了的问题。在古镇规划保护中，应该深入挖掘古镇历史文化底蕴，张扬古镇所在区域的文化个性，从整体上保护古镇的历史文化遗产、历史环境要素；保护古镇的环境风貌特征，保持古镇良好的生态环境；整合古镇所在区域的非物质文化遗产、民风民俗，保护古镇的活态文化，维护居民的正常生活。

二是保护活态的古镇。市场需要的古镇是生活着的古镇、原生态的古镇，而不是过度商业化的古镇、造假古董的古镇。要合理开发利用古镇旅游文化资源，真正让祖先留下的宝贵遗产造福人民，这就要把保护与开发利用结合起来，克服急功近利，保留活态的古镇。

三是搞好产业的转型升级。古镇之兴盛，根本上要靠古镇居民留得住、有门路、能致富，要靠古镇能够保持人丁兴旺，保持鲜活的传统生活样态。而做好传统产业转型升级、找准适合古镇发展的产业道路是保持古镇可持续发展的希望所在，古镇旅游的转型升级是一个关系着古镇兴衰的问题。

八 基本思路和方法

（1）社会调查方法。古镇的文化一部分留在现实生活中，一部分散落在方志、典籍里，还有一些只能通过古镇居民口述。因此，为了实现研究目的，作者对綦江东溪古镇、荣昌万灵古镇、酉阳龚滩古镇、龙潭古镇、彭水郁山古镇、巴南丰盛古镇、潼南双江古镇、永川松溉古镇等进行了长期的实地考察调查，采访了对地方文化有深入研究的专家学者，获取了一手资料。

（2）文献查阅方法。在各地走访过程中，作者收集了一批地方文献资料，同时，广泛收集国内外古镇保护与旅游开发利用的理论研究成果和丰富实践，对这些资料进行细致的分析整理，撰写形成了本书。

（3）借鉴整体观研究方法，从古镇自然环境要素、人工环境要素、人文环境要素角度分析古镇保护的要素，从整体保护着眼展开研究。运用整体研究方法，注意阐明保护与发展、保护与开发利用、传统与现代的关系，对古镇个性特征、保护活态的古镇、做好传统产业转型升级等关系古镇保护与开发利用的根本性问题展开研究。

目　　录

第一章　中国名镇名村的分布 ……………………………………（1）
　　第一节　中国名镇名村 …………………………………………（1）
　　第二节　重庆名镇名村 …………………………………………（11）
　　本章小结 …………………………………………………………（23）

第二章　古镇要素及其价值 ………………………………………（24）
　　第一节　古镇的要素和价值 ……………………………………（24）
　　第二节　重庆古镇街区价值分析实例 …………………………（53）
　　本章小结 …………………………………………………………（58）

第三章　古镇特色、类型与兴变 …………………………………（60）
　　第一节　古镇特色 ………………………………………………（60）
　　第二节　古镇类型 ………………………………………………（64）
　　第三节　古镇之兴 ………………………………………………（67）
　　第四节　渝东南地区水陆交通与场镇之兴 ……………………（87）
　　第五节　古镇之变 ………………………………………………（101）
　　本章小结 …………………………………………………………（115）

第四章　古镇保护、发展与开发利用的关系 ……………………（117）
　　第一节　古镇的保护与发展 ……………………………………（117）
　　第二节　古镇的保护与开发利用 ………………………………（127）

第三节　古镇的传统与现代 …………………………………… (134)
　　本章小结 ………………………………………………………… (138)

第五章　古镇的整体性保护 ……………………………………… (141)
　　第一节　整体性保护的内涵 …………………………………… (141)
　　第二节　建设"山水城市"之理想 …………………………… (146)
　　第三节　保护古镇街巷总体格局 ……………………………… (152)
　　本章小结 ………………………………………………………… (161)

第六章　古镇的个性保护 ………………………………………… (162)
　　第一节　保护古镇个性特征 …………………………………… (162)
　　第二节　分片区分层次保护 …………………………………… (168)
　　第三节　不改变文物原状 ……………………………………… (180)
　　本章小结 ………………………………………………………… (182)

第七章　古镇要素的保护 ………………………………………… (184)
　　第一节　自然环境要素保护 …………………………………… (184)
　　第二节　人工环境要素保护 …………………………………… (187)
　　第三节　深入挖掘古镇文化 …………………………………… (199)
　　第四节　保护非物质文化遗产 ………………………………… (203)
　　本章小结 ………………………………………………………… (205)

第八章　古镇的开发利用 ………………………………………… (207)
　　第一节　旅游市场分析 ………………………………………… (207)
　　第二节　古镇开发的战略定位 ………………………………… (210)
　　第三节　抢救性保护与合理利用 ……………………………… (216)
　　第四节　编制规划与有效实施 ………………………………… (221)
　　第五节　基础设施建设 ………………………………………… (226)
　　第六节　产业转型升级 ………………………………………… (232)
　　本章小结 ………………………………………………………… (240)

结　论 …………………………………………………（242）

参考文献 …………………………………………………（248）

第 一 章

中国名镇名村的分布

本章对住房和城乡建设部、国家文物局公布的七批历史文化名镇名村的分布情况和重庆的古镇及其自然地理环境、历史文化遗存、人文特色与文化旅游开发资源进行比较分析。

第一节 中国名镇名村

古镇是介于城市和村落之间的独特空间形态：一方面，古镇与传统农业经济有着千丝万缕的联系，但相对来说，它不如城市独立，也没有城市的坚壁厚垒，而是直接面向广大乡野农村；另一方面，古镇聚集了众多商人与手工业者，比乡村更具商业活力与文化影响力。作为一种适应传统农耕社会的空间聚落形式，古镇在中国的建置历史十分悠久。在漫长的岁月长河中，这一独特的空间形态，伴随着中国古代农业经济的发展在大江南北遍地开花。[①]

住房和城乡建设部、国家文物局于2003年10月8日发布的中国历史文化名镇和中国历史文化名村评选条件为：建筑遗产、文物古迹和传统文化比较集中，能较完整地反映某一历史时期的传统风貌和地方特点、民族风情，具有较高的历史、文化、艺术和科学价值，辖区内存有清朝以前年代建造或在中国革命历史中有重大影响的成片历史传统建筑群，

---

① 赵春兰、杜抒、黄运昇编著：《蜀韵古镇——多维视野下的古镇文化遗产保护与利用》，四川大学出版社2019年版，第124页。

总建筑面积在 5000 平方米以上（镇）或 2500 平方米以上（村）的镇（村），均可参加全国历史文化名镇（名村）的申报评定。按照 2008 年《历史文化名城名镇名村保护条例》，申报历史文化名城、名镇、名村应该具备的条件：一是保存文物特别丰富；二是历史建筑集中成片；三是保留着传统格局和历史风貌；四是在历史上具有一定的政治、经济、文化、交通、军事地位。

按照国家颁布的名镇、名村评选标准，2003—2019 年共评选出七批中国历史文化名镇、名村，共计 799 个。第一批，2003 年 10 月 8 日公布，共计 22 个，其中名镇 10 个，名村 12 个；第二批，2005 年 9 月 16 日公布，共计 58 个，其中名镇 34 个，名村 24 个；第三批，2007 年 5 月 31 日公布，共计 77 个，其中名镇 41 个，名村 36 个；第四批，2008 年 10 月 14 日公布，共计 94 个，其中名镇 58 个，名村 36 个；第五批，2010 年 7 月 22 日公布，共计 99 个，其中名镇 38 个，名村 61 个；第六批，2014 年公布，共计 178 个名镇名村，其中名镇 71 个、名村 107 个；第七批，2019 年公布，共计 271 个，其中名镇 60 个、名村 211 个。[1] 在七批名单中，中国历史文化名镇 312 个，中国历史文化名村 487 个。"一大批古镇、古村落被纳入保护名录，得到真实、完整的保护，为全面系统地保护好各类历史文化资源、讲好中国故事、传承好中华文明奠定了重要基础"。[2] 如表 1—1 所示。

表 1—1　　　　　　　中国历史文化名镇名村（七批）

省（区、市）	古镇（村）名称
山西省	第一批：静升镇；西湾村 第二批：碛口镇；皇城村、张壁村、西文兴村 第三批：汾城镇、娘子关镇；梁村、良户村、郭峪村、小河村 第四批：大阳镇；师家沟村、李家山村、夏门村、窦庄村、上庄村

---

[1] 数据来源于住房和城乡建设部、国家文物局公布的 7 批中国历史文化名镇名村名单。
[2]《住房和城乡建设部、国家文物局组织开展第八批中国历史文化名镇名村申报认定工作》，住房和城乡建设部网站，2023 年 8 月 19 日，https://www.gov.cn/lianbo/bumen/202308/content_6899082.htm。

续表

省（区、市）	古镇（村）名称
山西省	第五批：新平堡镇、润城镇、店头村、大阳泉村、西黄石村、苏庄村、湘峪村、王化沟村、北洸村、冷泉村、阎景村、光村
	第六批：周村镇；丁村、郭壁村、大周村、拦车村、冶底村、奥治村、谷恋村、伯方村、屯城村
	第七批：萌城镇、横河镇、高都镇、宗艾镇、曲村镇、西阎镇、杏花村镇；得胜堡村、安家皂村、辛庄村、宋家庄村、桃叶坡村、瓦岭村、上董寨村、下董寨村、南庄村、上盘石村、乱流村、乌玉村、大粜村、琚寨村、东庄村、岳家寨村、虹霓村、霞庄村、古寨村、牛村、南安阳村、尧沟村、上伏村、府底村、泽城村、固隆村、东沟村、贾泉村、石淙头村、天井关村、渠头村、洞八岭村、陟椒村、段河村、积善村、上阁村、尉迟村、武安村、嘉峰村、旧广武村、后沟村、上安村、段村镇段村、洪山村、南庄村、大靳村、董家岭村、下洲村、南东村、南河村、龙门河村、马跑泉村、史伯村、曹公村、古桃园村、许村、彩家庄村、西庄村、孙家沟村、前青塘村、三交村、高家垣村、南洼村、夏家营镇段村
内蒙古自治区	第二批：美岱召村
	第三批：五当召村
	第四批：王爷府镇、多伦淖尔镇
	第六批：隆盛庄镇、库伦镇
	第七批：博克图镇
西藏自治区	第三批：昌珠镇
	第四批：萨迦镇
	第六批：帮兴村、吞达村、错高村
	第七批：陈塘镇、杰德秀镇、托林镇；科迦村
青海省	第四批：郭麻日村
	第五批：电达村
	第六批：街子镇；班前村、大庄村、拉则村
新疆维吾尔自治区	第二批：鲁克沁镇；麻扎村
	第三批：惠远镇
	第四批：阿勒屯村
	第五批：博斯坦村、琼库什台村
	第六批：可可托海镇

续表

省（区、市）	古镇（村）名称
宁夏回族自治区	第四批：南长滩村
甘肃省	第二批：哈达铺镇 第三批：青城镇、连城镇、大靖镇 第四批：陇城镇、新城镇 第五批：金崖镇 第六批：街亭村、胡家大庄村 第七批：红城镇；河口村、继红村、罗川村
浙江省	第一批：西塘镇、乌镇；俞源村、郭洞村 第二批：南浔镇、安昌镇、慈城镇、石浦镇 第三批：东浦镇、前童镇、佛堂镇、二十八都镇；深澳村、厚吴村 第四批：蟠滩镇、岩头镇、龙门镇、新市镇；三门源村 第五批：鹤溪镇、盐官镇；新叶村、屿北村、山头下村、高迁村、大济村、南阁村、许家山村、寺平村、冢斜村 第六批：崇仁镇、芝英镇、西屏镇、东沙镇；碗窑村、嵩溪村、河阳村、大陈村、荻港村、桦溪村、芹川村、福德湾村、下樟村、霞山村、独山村、郭吴村、西溪村、龙宫村 第七批：观海卫镇、顺溪镇、双林镇、菱湖镇、枫桥镇、桃渚镇、住龙镇；上吴方村、李村村、茆坪村、李家坑村、走马塘村、方家河头村、柿林村、倍磊村、管头村、梓誉村、南坞村、清漾村、灵山村、泽随村、岭根村、张思村
安徽省	第一批：西递村、宏村 第二批：渔梁村、江村 第三批：三河镇、毛坦厂镇；唐模村、棠樾村、屏山村 第四批：许村镇、万安镇、水东镇；呈坎村、查济村、南屏村 第五批：黄村、关麓村 第六批：桃花潭镇、西溪南镇、大通镇；黄田村、龙川村、雄村、龙岗村、灵山村、坑口村、卢村 第七批：苏埠镇、东流镇、陵阳镇；瞻淇村、昌溪村、石门高村、石家村、碣头村

续表

省（区、市）	古镇（村）名称
江苏省	第一批：周庄镇、同里镇、甪直镇 第二批：木渎镇、沙溪镇、溱潼镇、黄桥镇 第三批：淳溪镇、千灯镇、安丰镇；陆巷村、明月湾村 第四批：锦溪镇、邵伯镇、余东镇、沙家浜镇 第五批：东山镇、荡口镇、沙沟镇、长泾镇、凤凰镇；礼社村 第六批：黎里镇、震泽镇、富安镇、大桥镇、孟河镇、周铁镇、栟茶镇、古里镇；杨湾村、东村、焦溪村、三山村、漆桥村、余西村、杨柳村 第七批：光福镇、巴城镇、界首镇、临泽镇；杨桥村、沙涨村
福建省	第一批：古田镇；田螺坑村 第二批：和平镇；培田村、下梅村 第三批：福全村、城村、桂峰村 第四批：嵩口镇；廉村、漈下村、赖坊村 第五批：霍童镇、九峰镇、五夫镇、元坑镇；三洲村、中心村、漈头村、芷溪村、琴江村、大源村、闽安村 第六批：湖坑镇、中山镇、湖头镇、杉洋镇、双溪镇、石壁镇；竹贯村、中复村、土坑村、埭尾村、浦源村、仙蒲村、半月里村、忠山村、良地村、济川村、东洋村、钟腾村、御帘村 第七批：贡川镇、安海镇、岵山镇、梅林镇、洋中镇、三都镇；林浦村、紫山村、山寨村、东坂村、下曹村、樟脚村、西安村、福林村、石桥村、塔下村、河坑村、金坑村、锦屏村、初溪村、丁黄村、水头村、汤屋村、社前村、上山村、壁洲村、坦洋村、晓阳村、楼下村、西昆村、桃溪村、长洋村、前洋村、下党村
山东省	第二批：朱家峪村 第三批：东楮岛村 第四批：新城镇；雄崖所村 第五批：李家疃村 第六批：南阳镇；高家庄子村 第七批：王村镇、大汶口镇；梭庄村、蒲家庄村、徐家村、齐西村、上九山村、前王庄村

续表

省（区、市）	古镇（村）名称
上海市	第二批：枫泾镇 第三批：朱家角镇 第四批：新场镇、嘉定镇 第五批：南翔镇、高桥镇、练塘镇、张堰镇 第六批：金泽镇、川沙新镇；下塘村、革新村 第七批：罗店镇
四川省	第二批：平乐镇、安仁镇、老观镇、李庄镇；莫洛村、迤沙拉村 第三批：黄龙溪镇、仙市镇、尧坝镇、太平镇 第四批：恩阳镇、洛带镇、新场镇、昭化镇、福宝镇、罗泉镇；萝卜寨村 第五批：龙华镇、赵化镇、清溪镇；天宫院村 第六批：艾叶镇、牛佛镇、白衣镇、二郎镇、五凤镇、横江镇、云顶镇；新溪村、乐道街村 第七批：元通镇、三多寨镇、鄢江镇、柳江镇、石桥镇、上里镇、毛浴镇
重庆市	第一批：涞滩镇、西沱镇、双江镇 第二批：龙兴镇、中山镇、龙潭镇 第三批：金刀峡镇、塘河镇、东溪镇 第四批：走马镇、丰盛镇、安居镇、松溉镇 第五批：路孔镇、白沙镇、宁厂镇 第六批：温泉镇、濯水镇；安镇村 第七批：罗田镇、青羊镇、吴滩镇、石蟆镇、龚滩镇
云南省	第二批：黑井镇；白雾村 第三批：沙溪镇、和顺镇；诺邓村 第四批：娜允镇；郑营村、东莲花村 第五批：州城镇、凤羽镇、新安所镇；云南驿村 第六批：金鸡村、文盛街村、曲硐村、清水村 第七批：河西镇、鲁史镇、光禄镇、平坝镇；翁丁村、城子村

续表

省（区、市）	古镇（村）名称
贵州省	第二批：青岩镇、土城镇；云山屯村
	第三批：旧州镇、西江镇；隆里村、肇兴寨村
	第四批：旧州镇、天龙镇；丙安村、增冲村、马头村、楼上村（楼上古寨）
	第五批：怎雷村、鲍屯村、上郎德村、龙潭村
	第六批：大同镇、寨英镇、云舍村、岜沙村、地扪村、大利村
	第七批：镇山村
河南省	第二批：神垕镇、荆紫关镇；临沣寨（村）
	第三批：赊店镇
	第四批：朱仙镇、古荥镇、竹沟镇；张店村
	第五批：冢头镇
	第六批：嵖岈山镇、道口镇、白雀园镇
	第七批：翟集村、冢王村、下宫村、山头赵村、一斗水村、双庙村、庙上村
江西省	第一批：流坑村
	第二批：瑶里镇；渼陂村、理坑村
	第三批：上清镇；贾家村、燕坊村、汪口村
	第四批：葛源镇、罗田村、严台村、白鹭村、陂下村、延村、天宝村
	第五批：富田镇、钓源村、竹桥村、关西村、虹关村、沧溪村
	第六批：安源镇、河口镇、驿前镇、浒湾镇、永和镇、石塘镇；思溪村、东龙村、桑园村、东源曾家村、塘边村、湖洲村
	第七批：山口镇、塘湾镇、临江镇、礼芳村、英溪村、曾家村、新园村、周田村、柘溪村、爵誉村、游垫村、全坊村、疏口村、岐山村、湖坪村、篁岭村、西冲村
湖南省	第一批：张谷英村
	第二批：里耶镇
	第三批：上甘棠村、高椅村、干岩头村
	第四批：靖港镇、芙蓉镇
	第五批：寨市镇、浦市镇；坦田村、龙溪村、板梁村、五宝田村
	第六批：高沙镇、边城镇；老司城村、芋头村、坪坦村、上堡村、大园村、兰溪村、捞车村
	第七派：文家市镇、聂市镇、芦洪市镇；沩山村、沙洲瑶族村、永丰村、石泉村、龙家大院村、楼田村、虎溪村、明中村、荆坪村、双凤村

续表

省（区、市）	古镇（村）名称
陕西省	第一批：党家村 第二批：杨家沟村 第四批：陈炉镇 第五批：青木川镇、凤凰镇 第六批：高家堡镇、蜀河镇、熨斗镇、尧头镇；柏社村
湖北省	第二批：周老嘴镇、七里坪镇；大余湾村 第三批：瞿家湾镇、程集镇、上津镇；滚龙坝村 第四批：汀泗桥镇、龙港镇、枝城镇；两河口村 第五批：熊口镇；羊楼洞村、庆阳坝村 第六批：石牌镇、安居镇、歧亭镇；鱼木村、杏花村 第七批：清溪镇；上冯村、下容村、柯大兴村、金寨村、前湾村、漫云村、祝家楼村、宝石村
河北省	第二批：暖泉镇；鸡鸣驿村 第三批：广府镇；于家村、冉庄村、英谈村 第四批：大社镇、天长镇；偏城村、北方城村 第五批：固新镇、冶陶镇；大梁江村 第六批：伯延镇、代王城镇；王硇村、上苏庄村、小龙窝村、花驼村、开阳村 第七批：吕家村、南留庄村、南西堡村、宋家庄村、大固城村、任家涧村、卜北堡村、边城村、北盆水村、西沟村、绿水池村、崔路村、林沟村、内阳村、龙化村、大贺庄村、什里店村、原曲村、南王庄村、北岔口村
北京市	第一批：下村 第二批：灵水村 第三批：琉璃渠村 第四批：古北口镇 第五批：焦庄户村 第六批：水峪村
天津市	第四批：杨柳青镇 第五批：西井峪村

续表

省（区、市）	古镇（村）名称
辽宁省	第二批：永陵镇 第四批：牛庄镇 第六批：孤山镇、前所镇 第七批：石佛一村
吉林省	第四批：叶赫镇、乌拉街镇 第六批：白龙村
黑龙江省	第三批：横道河子镇 第四批：爱辉镇
广西壮族自治区	第二批：大圩镇 第三批：黄姚镇、兴坪镇；大芦村、高山村 第四批：秀水村 第五批：扬美村 第六批：界首镇、恭城镇、贺街镇、中渡镇；旧县村、江头村、福溪村、榜上村、月岭村 第七批：福利镇、那良镇；同江村三江坡、蔡村、朗梓村、云龙村、萍塘村、大楼村、岭塘村（硃砂垌）、长旺村、庞村、谭良村、榜山村、龙安村、龙井村、秀山村、龙道村、荷塘村、大田村、英家村、玉坡村、三堡村
广东省	第一批：大旗头村、鹏城村 第二批：沙湾镇、吴阳镇；南社村、自力村、碧江村 第三批：赤坎镇、唐家湾镇、碣石镇；大岭村、塘尾村、翠亨村 第四批：石龙镇、秋长镇、洪阳镇；歇马村、南岗古排村、前美村 第五批：黄圃镇、百侯镇；石塘村、茶山村、上岳古围村、松塘村 第六批：斗门镇、西樵镇、松口镇、茶阳镇、三河镇；塱头村、良溪村、浮石村、苏二村、林寨村、磜镇石寨村、大安镇石寨村 第七批：程洋冈村、水东村、五星村
海南省	第三批：崖城镇 第四批：中和镇、铺前镇、定城镇 第五批：保平村、十八行村、高林村

资料来源：住房和城乡建设部、国家文物局公布的七批历史文化名镇名村名录，https://www.gov.cn/govweb/zwgk/2012-12/20/content_2294327.htm。

表1—2　　　　　　　　中国名镇名村分布

省（区、市）	名镇	比重	名村	比重	省（区、市）	名镇	比重	名村	比重
浙江	27	8.7%	44	9.0%	湖南	10	3.2%	25	5.1%
四川	31	10.0%	6	1.2%	河北	8	2.6%	32	6.6%
江苏	31	10.0%	12	2.4%	山西	15	4.8%	96	19.7%
安徽	11	3.5%	24	5.0%	陕西	7	2.2%	3	0.6%
贵州	8	2.6%	16	3.3%	山东	4	1.2%	11	2.3%
重庆	23	7.4%	1	0.2%	北京	1	0.3%	5	1.0%
云南	11	3.5%	11	2.3%	湖北	13	4.2%	15	3.1%
福建	19	6.1%	57	11.8%	天津	1	0.3%	1	0.2%
上海	11	3.5%	2	0.4%	内蒙古	5	1.6%	2	0.4%
广西	9	2.9%	29	6.0%	甘肃	8	2.6%	5	1.0%
江西	13	4%	37	7.6%	新疆	3	1.0%	4	0.8%
广东	15	4.8%	25	5.1%	西藏	5	1.6%	4	0.8%
青海	1	0.3%	5	1.0%	宁夏	0	0	1	0.2%
河南	10	3.2%	9	1.8%	辽宁	4	1.2%	1	0.2%
吉林	2	0.64%	1	0.2%	黑龙江	2	0.64%	0	0
海南	4	1.2%	3	0.6%					

说明：名镇占比以312为基数；名村占比以487为基数。

从表1—2可以看出，名镇数量比较多的省（区、市）有四川、江苏、浙江、重庆、福建、山西，数量分别为31、31、27、23、19、15，占比分别为10%、10%、8.7%、7.4%、6.1%、4.8%。名村数量比较多的省（区、市）有山西、福建、浙江、江西、河北、广西，数量分别为96、57、44、37、32、29，占比分别为19.7%、11.8%、9%、7.6%、6.6%、6.0%。

如果分析中国古镇及其分布情况，不难发现四川、江苏、浙江和重庆所拥有的古镇数量分别是全中国的第一、二、三名。四省（市）的古镇总数几乎占了全国的半壁江山，由此可见，以浙江和江苏为代表的江南水乡古镇与四川、重庆古镇以其无穷的魅力吸引着世人的目光。经过历史的演变，它们都展现出了丰富而深厚的内涵和有价值的人文传统，这两地古镇在空间、地理、环境以及当代保护方面具有很强的代表性。

山西、福建、浙江、江西、河北、广西的名村数量几乎占到国家公布的七批名村总数的 61%，秦晋高原、武夷山脉的独特自然风光和历史文化底蕴，使得这里仍然是人们理想的生活地方；鄱阳湖、洞庭湖平原、华北平原优越的自然环境和古老的民风民俗、富足的生活，也使得这一广袤的地域人文鼎盛，居民生活繁盛不衰。我们还看到，广西因为有着优美的自然环境和最为集中的少数民族文化，使得这里有着得天独厚的生活条件，其良好的旅游资源也博得世人的青睐。

第二节 重庆名镇名村

重庆市在国家公布的 7 批历史文化名镇名村中，共占 24 个（包括名镇 23 个、名村 1 个）。其中第一批：涞滩镇、西沱镇、双江镇。第二批：龙兴镇、中山镇、龙潭镇。第三批：金刀峡镇、塘河镇、东溪镇。第四批：走马镇、丰盛镇、安居镇、松溉镇。第五批：路孔镇、白沙镇、宁厂镇。第六批：温泉镇、濯水镇；安镇村。第七批：罗田镇、青羊镇、吴滩镇、石蟆镇、龚滩镇。而公布的第一批全国特色景观旅游名镇有北碚区静观镇、荣昌县万灵镇（路孔镇）、奉节县兴隆镇，第二批有大足县宝顶镇、奉节县白帝镇、忠县石宝镇、涪陵区蔺市镇。第二批全国特色景观旅游名村有永川区茶山竹海镇茶竹村、江津区四面山镇洪洞村。表 1—3 梳理了重庆地区名镇名村保存现状。

表 1—3 重庆地区名镇名村

古镇名	自然景观	历史遗存	人文特色	资料来源
龙兴古镇	距重庆市中心 36 千米，设施完善。绿树成荫，小桥流水，空气清新，风光秀丽	距今 600 多年历史，尚存 12 条传统街区，保存古寨、庙宇、传统民居	200 多位历史名人，保存川剧表演、腰鼓、身歌，土特产龙兴豆腐干、老腊肉	

续表

古镇名	自然景观	历史遗存	人文特色	资料来源
磁器口古镇	位于重庆主城区，嘉陵江、清水溪、凤凰溪环绕，背后依托凤凰山、金碧山、马鞍山	宋代始建，发掘古窑遗址20多处，尚存12条传统街巷，明清建筑，街道由石板铺成	茶馆林立，有说书、传统剧目表演，传统小吃种类丰富，春节期间举办庙会	
涞滩古镇	距重庆市合川城区28千米。涞滩古镇准确来说是一个古寨，建于清咸丰年间，占地0.25平方千米，濒临渠江，自然环境独特优美。三面悬崖峭壁，一面可通行人	占地64.85平方千米，始建于唐宋。现存瓮城古寨建于清嘉庆至咸丰年间。古寨系石砌城墙，石板地面，保留木构小青瓦民居400余间。保存古庙、二佛寺、摩崖石刻、禅宗六祖造像、十六罗汉（据传是十八罗汉—五百罗汉塑像演变的始祖）、参天古榕、古戏楼。保存明代石牌坊、清代舍利塔林、明清墓群和一些石刻题记，以及脍炙人口的"二佛八景"	二佛古寺香火旺盛，街市兴旺，特色佳肴有土鸡、罗氏老豆干、渠江鱼、米酒	
丰盛古镇	距重庆市中心61千米。位于南川、巴南、涪陵交界之地，"一脚踏三县"。地质地貌类型丰富，自然景观较多	周边有古寨、寺庙遗址50处左右，福寿街、半边街、十字街保存完整，两侧均为2—3层穿斗木结构建筑，老街街道以石板铺就	非物质文化遗产丰富，烟熏豆干、手磨豆花很有特色。舞狮、龙灯妙趣横生	

续表

古镇名	自然景观	历史遗存	人文特色	资料来源
龚滩古镇	位处酉阳、彭水、沿河交界处，阿蓬江于此处汇入乌江，乌江、阿蓬江崖壁耸峙，雄伟壮丽，碧水蓝天，诗意画廊，别有洞天。酉阳—彭水公路穿越镇中心	唐代始建。原镇于2005年10月至2008年4月搬迁至现址。搬迁复建了12处县级文保单位，包括董家院子、董家祠堂、冉家院子、周家院子、杨家行、半边仓、三抚庙、武庙正殿等古老建筑，以及第一关石刻、永定成规碑等历史遗存。复建3.8万平方米风貌民居	美食有香菌、荞麦粑粑、烧白、绿豆粉、酿豆腐，特色饮品有宜居茶、苦荞酒，土家族特色织品——西兰卡普。吃刨猪汤是当地传统节俗	①
龙潭古镇	深居武陵山区龙潭河畔，享酉水河、龙潭河之惠泽。位处酉阳东部，距酉阳县城40千米	该镇有1700余年历史，历来即为县佐驻地。最初地址在渤海乡梅树村，清雍正十三年（1735）重建于现址。现存传统街道两条，长度大约3.5千米，传统民居建筑面积86473平方米。代表性建筑有万寿宫、禹王宫、天主堂、书院、经院、赵世炎故居、龙潭中学、200多处四合院、50多座土家吊脚楼。街心宽度5米，皆大小街巷以青石板铺成	该镇现有居委会22个、人口8.4万。民族文化浓郁，民俗活动丰富多彩，主要有灯会、花灯、舞龙、舞狮、赛龙舟。特色小吃有辣茶、李正元羊肉面、肖麻子米豆腐、汽汽糕	②

---

① 龚滩历史文化名镇保护采访、采访人：龚义龙、刘洪彪，采访对象：重庆市酉阳县文管所，2022年6月24日。

② 酉阳土家族苗族自治县志编纂委员会编：《酉阳土家族苗族自治县志（1986—2005）》，方志出版社2018年版，第46—47页。龙潭历史文化名镇保护采访，采访人：龚义龙、刘洪彪，采访对象：重庆市酉阳县文管所，2022年6月23日。

续表

古镇名	自然景观	历史遗存	人文特色	资料来源
偏岩古镇	又称金刀峡镇，是邻水、合川、江北之间的交通要道。沿河筑堤，靠堤建屋，粉墙黛瓦，枕河而居，临河开窗，颇有江南水乡小桥、流水、人家的情调	乾隆二十四年（1759）开始建立场镇，名称为接龙场，属江北厅礼里六甲。正街由长条青石铺筑，长达400多米。镇中段一座石桥将传统街道分为上、下街。代表性建筑有武庙、戏楼、禹王庙、玉屏书院	上街位处交通要道，店铺林立。该镇集交通、交往、赏景、休闲、娱乐于一体，具有良好的旅游开发前景。民间艺术有秧歌舞、打连响、山歌会，民间工艺丰富多彩。特色饮食—水排骨、豆花饭、小米酢肉	
万灵古镇	距荣昌城区14千米。享有濑溪河之利，宋、明时期，境内因水陆交通便利，是大足至荣昌、荣昌至泸州的水运要道，形成水码头。青山环抱，碧水萦回，翠竹白杨，石桥马帮。周边有螺罐山风景区、岚峰森林公园、渝西植物园、三奇湖生态旅游区	大荣寨传统街区依山就势而建，保存完整，始建于清嘉庆五年（1800）。明清老街、漕运码头、古城墙、古寨门、东汉岩墓群、宋代千佛石窟、明代古寺、古桥保存较为完好。修复衡升、太平2道寨门、濑溪河船闸、木水车、34处街居、沿河石板路。古镇周边文物景点有天主教堂、宝城寺、中国西部陶都	特色产业主要有畜牧业、夏布、陶器、红碎茶产业，特色产品有陶艺制品、工艺折扇、夏布制品、红碎茶叶、牛角工艺品，特色饮食有羊肉汤、铺盖面、黄凉粉、卤白鹅、猪油泡粑、烤乳猪、清江豆豉鱼。新建白银湾民俗文化村、梦里水乡等一批高档农家乐	①

---

① 荣昌县志编修委员会：《荣昌县志（1986—2005）》，四川科学技术出版社2018年版，《概述》第1页，第85—86、546—549页。《荣昌县志》编修委员会编纂：《荣昌县志》，四川人民出版社2000年版，《总述》第4—5页。

续表

古镇名	自然景观	历史遗存	人文特色	资料来源
中山古镇	古称三合场、龙洞场，距江津城区56千米、重庆主城中心96千米，位于江津区南部，渝、川、黔交界之处。该镇处于大娄山余脉，背面靠山，前临笋溪河，依山就水而形成传统街巷格局，穿斗木结构吊脚楼建筑。周边有大圆洞森林公园、四面山风景区、福宝古镇	现存街道龙洞、荒坪坝、高升桥，全长约3千米，有过街廊棚，代表性建筑万寿宫、古庄园、古寺庙、商业老街。周边保存白鹤林张氏民居、龙塘余氏民居、枣子坪民居、双峰寺古寨、双峰寺、太平寺汉墓群、万寿桥、禁卖发水米打假碑	该镇凭借独特的地理位置优势，历来商贸繁荣。旅游产业发展迅速，正在建设"渝西老年产业园"、"爱情天梯"、四面山景区、大园洞景区。正大力发展生态种养业，培育"千字"旅游品牌（千年古镇、千米长宴）。多部电视剧在此取景拍摄，吸引国内外游客。旅游商品山区土家禽、生态猪、高滩蜜、中山麻、太和米。临河吊脚楼客栈	①
塘河古镇	距江津城区48千米，距重庆主城区78千米，处于川、渝接壤区，周边有黑石山—滚子坪景区	该镇濒临塘河而建，因此得名。建镇历史至少自明代开始。传统街区古建筑群约4万平方米，青石板街道，穿斗木构，粉墙黛瓦。现存王爷庙、清源宫、朱家洋楼、石龙门庄园、廷重祠、孙家祠堂、江合桥、32111钻井队塘一号纪念井等历史遗存	传统民俗有庙会、大戏、川剧、放竹排、赛龙舟	②

---

① 白沙古镇、中山古镇、塘河古镇、石蟆古镇、吴滩古镇历史文化保护传承采访，采访对象：重庆市江津区文管所，采访人：龚义龙、刘洪彪，2018年9月21日。

② 白沙古镇、中山古镇、塘河古镇、石蟆古镇、吴滩古镇历史文化保护传承采访，采访对象：重庆市江津区文管所，采访人：龚义龙、刘洪彪，2018年9月21日。

续表

古镇名	自然景观	历史遗存	人文特色	资料来源
石蟆古镇	地处江津区西部、渝、川、黔交界之地	传统历史街区始建于元代，大约300米，木质榫卯结构建筑，木质板墙，盖青瓦，青石板街道。该镇周边保存有石蟆清源宫，占地1700平方米，始建于明正德五年（1510），旁有古樟树12株；刘洪泽墓（葬于道光年间）；张氏宗祠（建于同治年间）；千佛岩摩崖造像，大小佛像千余尊；刘伯承避难处	有乡镇企业67家、形成了甘蔗、蚕桑、青果生产基地	①
白沙古镇	位于渝西南长江之滨、三峡之尾，山川秀丽，被称为"老重庆"的缩影	宋太宗雍熙四年（987）建镇，有古镇、民俗、教育、名人、抗战、酿酒、影视等七大文化名片。历史建筑集中成片，保存文峰、东华、石坝、高家坳、板板街等老街老巷38条，约8.5千米，核心保护区9.5万平方米，代表性建筑有寺庙、书院、洋房、古码头。周边历史遗存有：千担岩崖墓群、白沙古井、白沙王政平民居、朝天嘴码头刘氏民居、张爷庙、夏仲实公馆、	产城融合、文旅融合、城乡统筹示范小城市，先后设立非遗文创孵化园、职教产业园、特色农业园、4A旅游景区、重庆影视城（江津白沙）。支柱产业有酿酒业，多部影视拍摄基地	②

---

① 白沙古镇、中山古镇、塘河古镇、石蟆古镇、吴滩古镇历史文化保护传承采访，采访对象：重庆市江津区文管所，采访人：龚义龙、刘洪彪，2018年9月21日。

② 白沙古镇、中山古镇、塘河古镇、石蟆古镇、吴滩古镇历史文化保护传承采访，采访对象：重庆市江津区文管所，采访人：龚义龙、刘洪彪，2018年9月21日。

续表

古镇名	自然景观	历史遗存	人文特色	资料来源
		卞小吾故居、七七纪念堂、鹤年堂、高洞电站、黑石山题刻群、国民政府审计部旧址、国立中央图书馆旧址、国民党党史编纂委员会旧址、第二陆军医院旧址、聚奎书院、白沙新运纺织厂旧址、四川省立重庆女子师范学院旧址、朝天咀码头		
吴滩古镇	位处璧山、江津、永川交界地区，前临津璧河	聂荣臻元帅出生和学习过的地方。始建于明代，完好保存着3条老街，长度858米，青石板街道，穿斗夹壁墙。有宅院、祠堂、中兴桥楼、万寿宫、杨氏洋房	江津区正在整治周边环境，保存历史文脉	①
走马古镇	位于重庆主城九龙坡区，与璧山、江津相邻，是重庆与成都之间的重要驿站	建镇历史可追溯至汉代，明清之际鼎盛。现存传统街道800米，炊烟袅袅。现存慈云寺遗址、古驿道遗址、孙家大院、老茶馆、铁匠铺、古戏楼、禹王宫、南华宫、万寿宫	盛行品茶、说书、看川剧。每年三月举办桃花节，二、五、八日赶场天，热闹非凡，还原了一个活态的古镇。特色饮食胡子饺子、三门口汤锅	②

---

① 白沙古镇、中山古镇、塘河古镇、石蟆古镇、吴滩古镇历史文化保护传承采访，采访对象：重庆市江津区文管所，采访人：龚义龙、刘洪彪，2018年9月21日。

② 走马历史文化名镇保护采访，采访人：龚义龙、刘洪彪，采访对象：重庆市九龙坡区文管所，2018年9月25日。

续表

古镇名	自然景观	历史遗存	人文特色	资料来源
松溉古镇	距永川城区约40千米，距重庆主城区143千米，濒临长江，背靠松子山，自然环境优美，空气清新	古驿道全长10千米，宽0.6—1.2米，该镇人文遗存丰富，有独特的长江码头文化。街道由石板铺砌而成；历史遗存有明清建筑、祠堂和庙宇、石板路、夫子坟、古县衙、陈公堰、长江温中坝，代表性建筑有位于解放街的陈家大院，位于松子街的罗家祠堂，解放街松溉印刷厂旧址，东岳庙水文测点，大阳沟45号商会旧址，解放街、核桃街、正街、临江街、大阳沟、上码头民居群、黄桷树街邓迪人故居。周边有飞龙洞摩崖石刻、九僧山渡槽	该镇饮食文化独特。特色饮食有长江鱼、松溉醋、盐白菜、高粱酒、盐花生，谓之松溉"五宝"	①
安居古镇	距重庆城区66千米、距铜梁城区17千米。国家4A级景区。涪江、乌木溪、琼江、筦溪汇流于此。古镇依山筑城、面水而居	始建于隋朝，明朝建县，清初撤销。历史上有"安居八景""九宫十八庙"、翰林大院、湖广会馆、妈祖庙、城隍庙、下紫云宫、引凤门、会龙桥，周边重要旅游景点有潼南双江古镇、大足石刻、合川钓鱼城	人文鼎盛，自宋至明清进士、举人、解元、翰林多达200余人。享水陆交通之利，历来商贸繁盛。有安居水力发电站	②

① 《永川区第三次全国文物普查成果专辑》编委会编：《见证永川》，中国戏剧出版社2013年版。

② 安居古镇保护采访，采访人：龚义龙、刘洪彪，采访对象：重庆市铜渠区文管所，2018年9月26日。

续表

古镇名	自然景观	历史遗存	人文特色	资料来源
东溪古镇	位于渝、黔接壤地区，綦河下达长江，上溯黔境，东丁河、福林河、桥沟河在镇域注入綦河。环境古朴，风貌别致，生活恬淡闲适，素有"小苏州""小成都"的美誉	唐、宋、元、明、清、民国，直至当代，这里都是一个富庶繁华的集镇，西汉时开辟的川黔青石板古道穿过场镇。5000余棵黄葛树和明清穿斗结构的吊脚楼尤致清幽，现存代表性建筑有"四街六院""三宫八庙"、麻乡约民信局、"旌表节孝"牌坊、太平桥、上平桥、太平古寨、琵琶古寨、陈氏宗祠。这里曾属夜郎古国、僚人故里，曾发生刘伯承东溪剿匪、贺龙三临东溪、东溪米案等历史事件	东溪历来是一个商贸云集、繁华的水码头。历史、宗教、民俗、农耕、木雕、红色、抗战、码头、盐茶等旅游文化资源丰富，可满足观光度假、文化展示、探幽访古、民俗风情、绘画摄影等不同需求	①
濯水古镇	位于黔江区南部，距城区26千米。东为五福岭山，西有麒麟山，中间为阿蓬江冲积平坝，沐珠河、蒲花河与阿蓬江在此汇流，形成"两山一江"地貌。森林覆盖率66.6%。风光秀丽，大气磅礴	旅游资源丰富，有世界最长的风雨廊桥、临江而建的土家吊脚楼、古色古香的青石板街、徽派风格的历史建筑群、百年历史的"天理良心"道德碑、鬼斧神工的天生三桥、幽静曲回的暗河溶洞、传唱至今的后河古戏及本地农耕与现代科技相结合的现代农业观光园等自然人文历史景观，是一个集千年古镇、现代农业观光、地质奇观和土家民俗风情于一体的综合型旅游景区	产业以蚕桑、烤烟、生猪等传统种养殖业及特色经果业为主，建有黄金梨、红心柚、柑橘、草莓、油菜、脆红李、桃子、青脆李、花椒、银杏等特色产业基地。"非遗"有后河戏、绿豆粉制作、石鸡砣土陶制作	②

---

① 政协重庆市綦江区委员会编：《古镇东溪》，湖南地图出版社2013年版，第5—26页；中共綦江县东溪镇委员会、綦江县东溪镇人民政府编：《东溪志》，2011年，第6—12页。

② 濯水古镇保护规划采访，采访对象：重庆市黔江区濯水镇人民政府，采访人：龚义龙，2019年3月25日。

续表

古镇名	自然景观	历史遗存	人文特色	资料来源
郁山古镇	位于彭水县东北部，后江河、后灶河、中井河汇流于此始称郁江。该镇依山傍水	汉武帝于此立涪陵县，以后历朝在此设立治所。历史久远，历史遗迹遗存有开元寺山门、黄庭坚衣冠冢、丹泉井、太平桥、南宋鸡冠城遗址、清代黔彭军民厅遗址、衙门井、汉代盐井鸡鸣井、郁山盐业遗址群、后灶古盐道、唐太子李承乾墓遗址和20世纪30年代当地民众为贺龙立的德政碑、抗日阵亡将士纪念碑	先秦时期已经开发郁山盐丹，直至20世纪80年代，这里一直是重要的食盐生产地。镇周围盛产水稻。目前，该镇需要规划设计发展战略，亟待发掘深厚的民族文化底蕴	①
洪安古镇	位于县城东部，距城区47千米，地处渝、湘、黔的接合部，东与湖南花垣县茶洞镇隔洪安河相望，南与贵州省松桃县迓驾镇隔洪安河相邻。森林覆盖率15.8%	洪安文物遗存、遗址和景点较多，有猫岩悬棺葬、洪安汛遗址、封火桶子屋建筑群、二野前委旧址、象鼻吸水、三不管岛、语录塔、吊脚楼、拉拉渡、九龙坡、翠翠岛、连心坝、龙门泉、渝东南第一门等	"12个一工程"（边贸市场、河滨路、三不管岛开发、三不管风雨桥、二野进军大西南纪念碑等）实施后，该镇逐渐向集边贸、旅游于一体的小城镇迈进	②

---

① 彭水县志编纂委员会编纂：《彭水县志》，四川人民出版社1998年版，第119—121页。
② 秀山土家族苗族自治县县志编纂委员会编：《秀山县志（1986—2005）》，方志出版社2011年版，第52—53页。

续表

古镇名	自然景观	历史遗存	人文特色	资料来源
双江古镇	地处涪江之畔。场镇有猴溪、浮溪两条河流交汇，因而得名"双江"。北枕银龙山，南屏金龙坡，溪水和山峦环抱古镇，极具山水特色	该镇是杨闇公烈士、杨尚昆、杨白冰的故乡。建于明末清初，现存9条街道。代表性建筑有禹王宫、邮政大院、长滩四知堂、惠民宫、兴隆街大院、源泰和大院。有杨闇公旧居陈列馆。周边景区有大佛寺	茶馆、酒楼、商铺见证着古镇的历史和繁华，舞龙、舞狮、川剧表演能让人们领略到地道的巴渝风情。该镇美食有白鲩鱼、陈凉粉、头刀菜、杨家香柚	
宁厂古镇	位于巫溪县境内。古镇依山傍水，前临大宁河，秀水、幽峡、奇峰、怪石、悬棺、栈道点缀在大宁河上，百里画廊，山水灵秀幽静	该镇有深厚的历史文化底蕴。据说有4000多年制盐史，最盛时期有336眼灶。传统街区建筑多为吊脚楼，长度大约3.5千米，街道路面以青石板铺就。现遗存68眼灶址，厂房3万平方米。尚存明末农民起义军活动遗址	该镇现正在修建盐业博物馆，完善民宅大院，修复吊脚楼，修复3大古建筑。游人至此，可以观赏优美的山光水色。特产有党参、黄连	
云安古镇	距云阳旧城15千米	西汉时期已经开始制盐，场镇大约兴起于唐宋之际，抗日战争时期盐业生产一度迅猛发展。三峡大坝蓄水后，榫楼、文峰塔、维新学堂、文昌宫、滴翠寺、东岳庙、帝王宫、青衣庵、祖师庙等一批重点文物搬迁到新城	目前，古镇正在打造文化、生态旅游观光景区	

续表

古镇名	自然景观	历史遗存	人文特色	资料来源
西沱古镇	位于石柱县境内，隔长江与忠县石宝寨相望	该镇因商业而兴于秦汉之际，唐宋之际成为区域贸易中心地。原存云梯街因三峡大坝蓄水淹没500米，现尚存部分有1314级台阶、113个平台。代表性建筑有下盐店、紫云宫、禹王宫、南城寺、万天宫、关庙、二圣宫、崔绍和民居、永成商号、福尔岩摩崖造像	现已建成深水良港，周边有黄水国家森林公园。美食有当归茴香汤、荷叶霸王鸡、八宝养生汤、长江跳水鱼，小吃有油炸绞绞、油炸米豆腐、手工炒菌等	
青羊古镇	距涪陵城区43千米。青羊湖面积广阔，生态优良；青烟洞峡谷、工农竹海、新桥水库引人入胜	境内有陈万宝庄园古建筑群，共有14处庄园，建筑艺术精美，规模宏大，风格独特。境内还有苏东坡"桂岩"题刻。庄园、墓葬、寨堡、驿站文化遗存丰富，种类齐全	该镇正大力发展特色种植业，推进"十百千万"基地建设。有民歌、秧歌、八排锣鼓等非物质文化遗产	
安镇古村落	属于涪陵青羊镇，距涪陵城区40千米	该村是川东著名的大地主陈万宝家族发迹、繁衍之地。家族经商致富之后，修建了14座大宅院	养殖业发达，主要产业有蔬菜种植、畜禽养殖	
温泉古镇	又称温汤井，距开县城区27千米	开州区温泉镇自西汉时期开始制盐，现存40余处盐井、盐灶遗址。北宋开始出现场镇，繁盛于明清时期	矿藏、地热资源丰富，周边有七里潭、仙女洞景区	

续表

古镇名	自然景观	历史遗存	人文特色	资料来源
罗田古镇	距万州城71千米，处齐岳山麓。可冬天赏雪，夏天避暑。有枫香水库、磨刀溪、红岩石林	相传始建于明代。清乾隆十七年（1752）增筑建场。目前尚存3条历史街区。历史文化遗存有普济桥、字库塔、四合院、向氏古墓葬群、金黄甲大院、禹王宫	良田环绕，边贸活跃。特产有罗田大米	

表1—3统计了重庆地区27个历史文化名镇、1个名村（重庆地区还有一些古镇古村亟待研究，这里不一一列出）。这些镇村虽然广泛分布于重庆西部、中部、渝东北、渝东南，自然景观、历史遗存、人文特色不完全相同，但也有一些共同的地方，主要表现在：保存着传统历史文化街区，街区尚有一些保存基本完好的祠、宇、宫、庙、民宅大院，名镇周边散点分布着一批历史建筑、墓葬、题刻和其他文物点；名镇背靠青山，面临绿水，或处于大江之畔，或是几条江河溪流汇合之处，自然环境优美，空气清新，恬静优雅，高低起伏，错落有致；每个名镇都保存着丰富的非物质文化遗产，饮食各具特色，特产种类繁多。这些要素使重庆古镇具有与东、西、南、北、中部地区差异明显的独特地域特征。

本章小结

本章对国家公布的七批历史文化名镇名村进行了统计分析，在799个名镇名村中，名镇数量312个、名村数量487个。四川、江苏、浙江、福建、山西是名镇数量最多的地区，山西、福建、浙江是名村数量最多的地区。国家公布的名镇名村中，重庆共有24个，其中名镇23个、名村1个。重庆地区名镇名村有着历史街区集中成片、文化遗址遗存丰富、保存着活态的传统生活、自然地理环境优美等共同特点，但是各个古镇古村落的自然景观、历史遗存、人文特色不尽相同，具有独特的个性特征。

第二章

古镇要素及其价值

本章主要厘清古镇的概念，梳理中国及重庆的古镇及其分布情况。古镇保护与旅游开发要从古镇的人工环境要素、人文环境要素、自然环境要素中找准保护与开发、保护与发展的契合点。

第一节 古镇的要素和价值

古镇原本不是作为一种旅游资源而存在，而是广大农村乡土建筑的聚落地。但是，随着社会经济的发展，古镇传统民居数量和分布地越来越少，这种稀缺性资源与现代化建筑景观、生活方式形成强烈差异，并引起了人们的重视，这一资源类型的旅游价值和经济价值逐步显现出来。因此，具有古老、独特的建筑外貌和丰富内涵的古镇逐渐作为旅游资源被开发出来，成为一种新兴的旅游产品类型。

人们对古镇价值的认识和侧重点是不同的。例如，盘州古城位于贵州西部六盘水市，乌蒙山区自然景观和悠久的历史文化赋予该处独特的文化旅游开发价值。有研究者认为贵州盘州古城的价值主要体现在历史文化价值、城市景观价值、旅游休闲价值、经济转换价值。[1] 贵州西部的织金古城是该省早期确定的四个历史文化名城之一，自然景观、历史文化遗存、人文景观门类齐全，包括佛寺、道观、文庙、书院、会馆、祠

---

[1] 祝天华：《加强盘县古城的保护与开发，推动古城经济发展》，载贵州省文物局编《贵州古镇保护与旅游开发青岩论坛文集》，2011年5月，第152页。

堂、衙署、宝塔、牌坊、泉井、津梁、古道、民居、店铺、作坊等方方面面。有研究认为该城的价值主要体现在历史文化价值、艺术价值、情感价值、使用价值和经济价值。[①] 河南钧都神垕古镇位于河南禹州市西南部，因钧瓷而繁荣驰名，神垕古镇的价值主要体现在社会价值、建筑价值、环境价值、人文价值（见表2—1）。

表2—1　　　　　　　　　钧都神垕古镇的价值

特色价值	价值分析
社会价值	历史悠久，源头清晰，主题突出，历史事件背景宏大、真实
建筑价值	（1）历史遗存总量较大，砖结构建筑为主，集中在明清时期，并且重要历史建筑如寨门、宗祠、寺庙等保存较为完好 （2）古建筑类型丰富，如古民居、宗祠、戏台、寺庙等，并且相对集中，整体保存完好 （3）单体建筑中，宗祠寺庙规模较大，历史价值高；民居院落群体丰富，特色突出 （4）建筑构件如石雕、木雕、柱础、门窗等历史遗存丰富，艺术价值较高
环境价值	（1）古镇整体格局基本完整，如山—镇关系、河流水系、十字轴线、主要街巷等基本完好 （2）古镇肌理环境基本完整，如街巷尺度、建筑色彩、石板路面、院落等，整体和谐度较高，构成古镇遗存的基础层面
人文价值	民间艺术丰富多彩，各种活动规模宏大，居民参与积极性高

资料来源：吴怀静：《河南地域文化特色的历史古镇保护与转型研究》，中国水利水电出版社2015年版，第96页。

古镇独特的魅力很大程度是古建筑、碑铭石刻、牌坊、古桥、古寨、古墓、遗址、祠庙宫观会馆、化石、古树等历史环境要素。这些要素可以进一步概括为历史文化积淀深厚、文物古迹众多、建筑古老、历史文化街区集中成片、人文内涵深厚、民族民俗文化独特、自然环境优美等方面，上述历史文化价值、社会价值、人文价值、城市景观价值、旅游

[①] 陈正祥：《织金县古城保护与开发的浅见》，载贵州省文物局编《贵州古镇保护与旅游开发青岩论坛文集》，2011年5月，第182页。

休闲价值、经济转换价值、艺术价值、情感价值、使用价值、经济价值、建筑价值、环境价值都是从古镇的历史环境要素归纳提炼出来的。这是我们认识古镇价值的基础。

一 历史文化积淀

文化积淀深厚是古镇保护的基础，深厚的文化积淀也是古镇旅游最大的兴趣点。凡有意古镇保护与旅游开发者，无不将发掘古镇悠久的历史文化作为首要工作。例如，贵州省镇远古镇将历史追溯到汉高祖五年（前202）设县，至今已有2280多年的历史，其中1300多年作为府、道、专署所在地。[①] 贵州省赫章县将历史追溯到夜郎古国时期，重点打造可乐遗址（因位于毕节市赫章县可乐乡而得名），该遗址在2000年的考古发掘被评为全国十大考古新发现，可乐遗址被誉为"贵州考古发掘的圣地、夜郎青铜文化的殷墟"。赫章县还发掘了多处史前文化遗址，另有反映夜郎文化的民族古籍上万卷。[②]

目前，重庆地区仍然保存着具有传统生活样态的古镇，许多古镇具有久远的建镇历史，有些古镇的历史可以追溯到先秦、两汉之际。例如，巫溪县宁厂古镇有4000多年制盐历史；云阳县云安古镇至少自西汉已经开始制盐，唐宋之际已经兴起了场镇；重庆市开州区温泉井古镇在西汉时期开始制盐；彭水县郁山古镇的历史至少可以追溯到汉武帝时于此设立涪陵县，以后历朝历代设立治所于此；酉阳县龚滩古镇的历史可以上溯1700年，唐代开始建镇，蜀汉时期在此设置汉复县，唐武德二年（619）于此设置洪杜县，麟德二年（665）移治龚湍；酉阳县龙潭镇有1700年历史，历来都是县佐的驻地；重庆市綦江区东溪镇的历史至少可以追溯至西汉在此开辟川黔青石板古道，历唐、宋、元、明、清至当代，都是繁华的商业集镇；重庆市九龙坡区走马镇建镇的历史可以追溯到汉代，明清之际达到鼎盛；石柱县西沱镇因商业贸易而兴起于秦汉之际，

[①] 蒋映生、李吉科：《文化旅游"镇远模式"的人本探索》，载贵州省文物局编《贵州古镇保护与旅游开发青岩论坛文集》，2011年5月，第124页。

[②] 李木奎：《打造赫章夜郎古城，再展夜郎雄姿》，载贵州省文物局编《贵州古镇保护与旅游开发青岩论坛文集》，2011年5月，第187页。

当地成为贸易中心，北宋开始出现场镇；秀山县洪安镇的历史可以追溯到先秦。

除此之外，唐宋时期兴起的场镇有重庆市合川区涞滩镇、江津区石蟆镇、白沙镇、永川区安居镇、沙坪坝区磁器口镇，明清之际兴起的场镇有重庆市江津区塘河镇、吴滩镇、渝北区龙兴镇、万州区罗田镇，都经历了千百年的沧桑变迁。

古老的建镇历史，必然使各个古镇沉淀起深厚的历史文化遗存。例如，郁山古镇遗存的盐井——丹泉井、鸡鸣井，至少是秦汉之际人们生产生活的见证；开元寺山门、唐太子李承乾墓、南宋鸡冠城遗址、黄庭坚衣冠冢，至少可以佐证唐宋之际人们在这里的活动；清代黔彭军民厅、贺龙德政碑、抗日阵亡将士碑，这都是古镇历史的生动写照。[①] 深厚的历史文化底蕴是古镇的价值所在和开发的基础。特别是作为中国抗日战争大后方的川渝两地保存着大量抗战遗址，这是一笔宝贵的财富，古镇保护与旅游开发应当引起足够的重视。

綦江区东溪古镇位处于川黔古道，早在西汉时就已经开始建场。夔溪河和福林河两岸的岩壁和大石上遗留着僰人穴居的遗迹和20个汉代僰人崖墓，是先秦时期僰人活动于此的历史见证。七孔子崖上保存的崖墓，其石壁上雕刻的人物、耕牛、马、孔雀和挽发髻头像，M4墓室后壁左侧龛刻的"永和四年四月"文字，墓室上雕刻的行云纹、辐射纹、几何纹装饰图案，留下了僚人在此活动的身影，见证了夜郎古国曾经对当地产生的深刻影响。[②] 翼王石达开有过"东溪决策"，刘伯承曾在东溪剿匪，贺龙曾经借道东溪，吴佩孚曾经驻兵东溪，东溪米案、抗战物资运输、国民政府军事参议院进驻，无不见证东溪历经沧桑。

酉阳县龙潭镇的历史也很悠久。元明之际为宣王洞属地，清雍正十三年（1735）改土归流改设酉阳县，于此设立县丞；改设酉阳直隶州后，

---

① 郁山历史文化名镇保护采访，采访人：龚义龙，采访对象：重庆市彭水县文管所、郁山镇文化宣传志愿者苏兵，2022年6月22日。

② 政协重庆市綦江区委员会编：《古镇东溪》，湖南地图出版社2013年版，第19、21、27页。

在此设州同。民国设县，在此设县佐"。①

永川区松溉镇始建年代至少可以追溯到南宋，时人陈鹏飞偕妻在此设馆教学，可知当时松溉已有场镇。据玉皇观内保存的知县徐先登《德政碑》可知，明万历年间，松溉县治曾经移于此镇。清顺治十八年（1661）也设县治于此，知县赵国显锐意招抚流亡。民国初年，该镇名为松溉场，或称松溉乡。抗战时期，在该镇设立纺织实验区。②久远的建镇历史，使松溉镇保存下来丰富的历史遗址、遗存。古驿道，始建于清代，全长10千米，宽0.6—1.2米，由石板铺砌而成，连接着永川松溉镇与江津朱杨溪镇，至今仍有一半保存完好。水街子古城墙遗址，清代建筑，位于该镇水街子，条石砌成，高6米，长约50米，整体保存情况一般，风化腐蚀较为严重。陈家大院位于解放街，始建于清代晚期，占地面积约4亩，内部分为4个独立的院落；罗家祠堂位于松子山街，主体建筑始建于明代，清代翻修，建筑总面积约600平方米；正街上50—56号民居、临江街49号、30号、02号、75—77号民居，均为清代建筑、小青瓦屋顶、悬山式房顶、一楼一底木结构房屋；核桃街民居群，建于清代。黄桷树街6号邓迪人故居，建于民国五年（1916）；大阳沟民居，始建于民国；上码头民居群包括10—16号、30号，修建于民国；解放街民居始建于中华民国时期；松溉印刷厂旧址位于解放街119号；大阳沟45号商会旧址修建于中华民国时期。茅园村飞龙洞摩崖石刻，镌刻于道光十二年（1832）。九僧山渡槽修建于中华人民共和国成立初期；东岳庙水文测点位于该镇旗山村东江四队东岳庙大门前50米，刻于20世纪五六十年代。③

从郁山镇、东溪镇、龙潭镇、松溉镇的历史演进可以看出，在自先秦、秦汉至当代的历史长河中，古镇居民生产生活留下了丰富的历史文化遗产，它们层层积累、沉淀在古镇及其周边。我们抽丝剥茧，仔细梳

---

① 酉阳土家族苗族自治县志编纂委员会编：《酉阳土家族苗族自治县志（1986—2005）》，方志出版社2018年版，第46—47页。

② 松溉历史文化名镇保护采访，采访人：龚义龙，采访对象：重庆市永川区文管所，2018年5月27日。

③ 永川区第三次全国文物普查成果专辑编委会编：《见证永川》，中国戏剧出版社2013年版，第21、25、112、132、141—142、162、175、180、187—189、191、198、200页。

理，可以对古镇的历史变迁有一个总体的把握，从而也为古镇保护与旅游开发利用提供最为原始的依据。

二 历史环境要素

古镇一般都保存很多具有中华民族建筑风格的古建筑（包括祠庙、宫观、会馆、古民居、古街），它们与碑铭石刻、牌坊、古桥、古寨、古墓、遗址、化石、古树，共同构成独具特色的古镇历史环境要素，损毁其中任何一项也就伤害了古镇的自然历史过程，伤害了古镇的整体性和延续性，这是古镇保护特别需要注意的地方。很多古镇，例如贵州省盘州古城、青岩古镇、安龙古镇、湖南省岳阳市张谷村、河南省朱仙镇，在保护和文化旅游开发时都注意到此点。

贵州省盘州古城的历史文化要素有红色文化基因，文庙、城隍庙、南观庙、水星寺、城垣、北门、鼓楼、凤山书院、北门桥等众多完好或已经修复的古建筑，张道藩故居、谢家旧宅、范家公馆、冯家龙门、陈家旧宅等保存完好的清代、民国建筑。[①]

贵阳市历史文化遗产青岩古镇是明初湖广至贵州、云南古道上的一个重要驿站，经过几百年历史的沉淀，留下了一些古建筑、古遗址，当地政府利用这份历史文化资源进行文化旅游景观塑造，引来了东北、西北、东南、西南各地游客。贵州省青岩古镇保存着具有南方山地特色的山寨城堡，以城墙为界，先后建有九寺、八庙、五阁、二祠、一宫、一院等37座寺、宇、祠、观。在这里，保存着佛教、道教建筑，寺庙建筑具有浓郁的明清贵州古建传统风格，小青瓦二重檐，各殿宇、戏楼的额枋、撑拱、垂柱精雕细刻，多有精美的浮雕图案。古镇东西南北原有牌楼8座，现仅存3座。民居广泛使用石材木材修建，多为传统四合院，大门多种多样，是贵州式的垂花门形式，小腰门、檐口装修华丽，额枋、龙门雀替、垂柱均为透空雕花饰，寓意富贵吉祥的图腾纹样。青岩的大街小巷均铺以石板，围墙亦多用平毛石垒砌，有的不用灰浆干砌，古镇

[①] 祝天华：《加强盘县古城的保护与开发，推动古城经济发展》，载贵州省文物局编《贵州古镇保护与旅游开发青岩论坛文集》，2011年5月，第146—148页。

是一座风貌独特的石头城。①

安龙古镇位于珠江上游南盘江北岸，是著名的历史文化名城，被誉为"龙城"。南明永历政权曾以此镇为陪都，留下了永历行宫、御校场、古城墙、三王墓等遗址遗迹。又留下许多古街古巷及古民居建筑，有些古街古巷以名人姓氏命名，如王家巷、景家巷、杨家巷、太史巷（市巷）、景家冲、马家坝、罗家院；有的以方位命名，如北门坡、老南门、西关上、东门口、东边龙井、西边龙井；有的以省名命名，如广东街、四川庙、湖南会馆、江西会馆；有的以生肖命名，如鼠场坝、马场坝、接龙桥、牛市上。不胜枚举，各有千秋。②

湖南省岳阳市张谷英村始建于明嘉靖四十一年（1562），到清嘉庆年间已成为具有相当规模的古建筑群，现存总面积达5万多平方米，有1700多间房屋厅堂、206个天井、60多条巷道，四通八达，独具特色，整个聚落连成一片，呈"干支式"结构，每片都为"丰"字形平面布局。张谷英村古建筑群平面构思之巧妙，排水、防火的独到之处，令人叹为观止。③ 2003年，该村被评为中国历史文化名村。

河南省开封市朱仙镇的现代格局是明清鼎盛时期形成的，镇区内建筑特色主要以明清时期风格体现，镇内知名的庙宇就达100余处，其中以岳飞庙、关帝庙和清真寺建筑最为出名，其余历史建筑包括西大街两侧古民宅建筑群和近现代代表性建筑等。④

河南省禹州市神垕镇是以钧瓷文化创意为主导的文化旅游型城镇。该镇历史悠久，留下众多历史文化遗存。现有全国重点文物保护单位1处、省级文物保护单位15处、市县级文物保护单位2处，各种古寺庙、古民居、古祠堂等50余处。悠久的历史给神垕镇留下了极其丰富的文物

---

① 肖进源、张贵东：《构建和谐青岩——文物保护与旅游发展浅析》，载贵州省文物局编《贵州古镇保护与旅游开发青岩论坛文集》，2011年5月，第37页。

② 张扬：《对安龙古城保护与开发的思考》，载贵州省文物局编《贵州古镇保护与旅游开发青岩论坛文集》，2011年5月，第134页。

③ 蔡道馨：《张谷英村古建筑群及其保护》，载中国民族建筑研究会编《华南地区古村古镇保护与发展（广州）研讨会文集》，中国广州，2008年6月20—22日，第79—82页。

④ 吴怀静：《河南地域文化特色的历史古镇保护与转型研究》，中国水利水电出版社2015年版，第37页。

古迹。① 该镇被评为中国第二批历史文化名镇。

这说明，古镇保护与文化旅游开发大多以古镇的历史环境要素为基础。重庆现存几十个古镇基本上都有比较深厚的历史文化底蕴，这在本书其他地方均有提及。例如，龚滩古镇除了拥有独特的自然地理环境之外，在历史上还有着繁荣的码头经济文化，现存文物古迹丰富而完整，历史文化遗产深厚。重庆市綦江区东溪古镇完整地保存着古建筑（包括祠庙宫观会馆、古民居、古街）、碑铭石刻、牌坊、古桥、古寨、古墓、遗址、化石、古树（见表2—2），特色鲜明，这是进行古镇保护和文化旅游开发的历史文化基础。

表2—2　　　　　　　　东溪镇历史文化遗产

类别	文保单位	文物描述
古建筑	东溪古建筑群	清代建筑，位于书院街、朝阳街，含南华宫、万天宫、王爷庙、太平桥、上平桥。市级文物保护单位
	麻乡约民信局	清同治六年（1866）始建，民国三十八年（1949）竣工。位于书院街丁字路口处，北面是綦江区东溪镇到赶水镇的公路。建筑面积220多平方米。县级文物保护单位
	三合楼	清乾隆十年（1745）于琵琶溪、紫荆溪、白杨溪三溪汇流之处修建一座吊脚楼，命名为三合楼。川黔古盐道从旁经过，路旁植有高大的黄葛树，古树掩映下的古楼、古道景色清幽，每年三、四月间常有大批美院师生来此写生
	国民政府军事参议院	中华民国年间建筑。位于东溪镇永乐村13社双桂园，西距东丁公路50米，位于小盆地西边5里处。原为陈氏宗祠，抗战西迁之后，曾为国民政府军事参议院。县级文物保护单位
	龙云旧居	位于东溪镇竹园村一社石坝嘴。文物点

---

① 吴怀静：《河南地域文化特色的历史古镇保护与转型研究》，中国水利水电出版社2015年版，第67页。

续表

类别	文保单位	文物描述
碑铭石刻	南平僚碑	汉高祖元年（前206年）刊立。位于东溪镇一社区太平桥，距太平古渡口20米，4块石碑并排而立，间距1米许，每块碑高2.4米，宽1.2米。县级文物保护单位
	"抚我孑遗"碑	中华民国十二年（1923）贺龙过境，与曹天泉谈判后立下此碑。位于东溪镇一社区太平桥大桥至承平滩路约200米处，西距王爷庙100米。高4.2米，宽1.45米，厚0.5米。县级文物保护单位
	一石三碑	清光绪十九年（1893）始刻。位于渔沱。在一块高约8米、宽约10米的巨大岩石上刻有三块碑。县级文物保护单位
	杨键堂德政碑	清咸丰二年（1852）刊立，位于东溪镇上场复兴桥50米41号处，北为背街。碑高3米，宽1.6米，厚0.5米。县级文物保护单位
	"气死莫告状"石刻	雕刻年代不详。位于东溪镇竹园村1社观音岩，东距东溪场镇约800米。高7米，宽4.4米，石壁正中刻"气死莫告状"五字，左刻"读好书，说好话，行好事，作好人"；右刻"愿天常生好人，愿人常行好事"。县级文物保护单位
	乌龟石	年代无考。位于东溪镇一社区太平桥金银洞峡谷河中，在上平桥以西30.5米处。县级文物保护单位
	石雕神牛	南宋端宗景炎三年（1278）始雕。位于东溪镇福林村委会南100米，南距福林桥60米。卧姿，长1米、宽0.8米、高0.52米。县级文物保护单位
	神石	年代无考。位于东溪镇一居委会，东丁河入綦河口上游20米。县级文物保护单位
牌坊	"旌表节孝"牌坊	清光绪十七年（1891）修建，位于竹园村。总高11米、宽8.2米，阴刻"大清光绪十七年辛卯八月洗陈时若时宜谨暨"。保存较为完好。县级文物保护单位

续表

类别	文保单位	文物描述
古桥	上平桥	清康熙六年（1667）建。全长24米、宽2.5米，位于金银洞瀑布下方。市级文物保护单位
	太平桥	明洪武三年（1370）建。位于东丁河、福林河汇入綦江河处，长30米、宽5米，桥拱跨度9.1米、通高8.7米。市级文物保护单位
	福林桥	明万历四十五年（1617）始建。全长29米、宽5.5米、高7.48米。位于东溪福林村1社，西距村委会10米。县级文物保护单位
古寨	太平古寨	位于大安村3社，北距綦河100米。始建于咸丰三年（1853）。相传石达开率5万太平军攻打此寨，两昼夜未下。县级文物保护单位
	太平古寨——刘伯承剿匪作战遗址	綦江县东溪镇大安村3社太平寨门。县级文物保护单位
	琵琶古寨	东溪镇永乐村4社琵琶山，北距东溪场镇约1千米，耕地千多亩。清咸丰年间，为防御太平军，当地乡绅督修，有寨门6座。县级文物保护单位
	威安古寨	清同治三年（1864）建。全寨面积30亩，存残墙。位于东溪农建村4组
古墓	七孔子崖汉墓群	东汉至六朝。东溪镇福林村6社，位于福林河右岸50米约高于河面20米处的沙质崖壁上，墓茔共20座。县级文物保护单位
	七孔子崖汉墓	东汉至六朝。东溪上榜村3社，墓西15米为张启贵家住房。县级文物保护单位
	张文魁之墓	清乾隆五十七年（1792）。三棺大墓，墓底座至墓冠顶高9.2米、宽6.3米。位于东溪大安村
	吴家古墓	清咸丰九年（1859）。面积75平方米，位于东溪福林村3组，倒竹湾山中
	黎家古墓	北宋仁宗庆历七年（1047）。面积89平方米，共三棺，现敞开，均为空棺。位于东溪龙井村黎家嘴
	西汉古墓	西汉。位于东溪三镇村12组。保存完好

续表

类别	文保单位	文物描述
遗址	庙山万天宫——贺龙过东溪活动遗址	綦江县东溪镇三镇村10社。县级文物保护单位
	东溪米案遗址	綦江县东溪镇一社区太平桥40—52号。文物点
	南华宫——东溪文化剧团抗战宣传活动遗址	綦江县东溪镇二社区朝阳街18号。市级文物保护单位
	万天宫——东溪文化剧团抗战宣传活动遗址	清康熙二年（1663）始建。位于朝阳街28号。建筑面积1200平方米。前殿面阔三间20米，进深三间9米，通高8米；60余平方米戏台及观戏楼；正殿面阔五间20米，进深四间15米，通高10米。市、县级文物保护单位
	后乐园——綦江地下党组织重要活动遗址	綦江县东溪镇农场小湾。文物点
	东溪中学飞机楼遗址	綦江县东溪镇新市场83号东溪中学校内。文物点
	新知识书店遗址	綦江县东溪镇正街三十号。文物点
祠庙宫观会馆	双桂园	又名陈氏新村，是陈氏的宗祠，距场镇2公里，位于永乐村十三社。土木结构，重檐悬山顶，面阔七间20米，通高8米，四级台阶。民国二十七年（1938），国民党中央军事参议院迁驻此宅。县级文物保护单位
	龙华寺	雍正四年（1725）始建，中华民国三十二年（1943）扩建。位于上场，前临川黔公路，后靠东溪河。占地400平方米。县级文物保护单位
	水口寺	位于大金银洞瀑布上50米。此地于清乾隆四十九年（1784）建有一寺，此寺又正好在东丁河大金银洞上的水口处，故名水口寺。土木结构，呈一字形，占地800多平方米，建筑面积400多平方米。无存。现此处设有5家茶馆，因小桥流水、古木参天，生意兴隆
	佛灵寺	清宣统元年（1909）建立，建筑面积200多平方米。东溪镇福林村1社福林场，该寺塑有23尊菩萨，主要供奉观世音、弥勒佛等。西15米为福林场。县级文物保护单位

续表

类别	文保单位	文物描述
祠庙宫观会馆	白云寺	清道光十三年（1833）建立。有上中下三殿。位于东溪白云村6组。无存
	黄沙寺	清乾隆四年（1739）建立。位于东溪杨柳村9组。原建筑坐南向北，土木结构，有进殿、正殿、左右侧殿，面积486平方米。无存
	观音寺	清乾隆十五年（1750）建立。坐东向西，面积248平方米，分上下殿、左右侧殿，口字形，中有天井。位于东溪三镇村4组。无存
	活佛寺	清乾隆四十九年（1784）修建。坐东向西。位于东溪农建村10组。无存
	金鱼寺	清乾隆四十四年（1779）修建。石木结构。位于东溪龙井村1组。无存
	凉水寺	清咸丰七年（1857）修建。土木结构，坐南向北，面积357平方米。位于东溪草坪村。无存
	王爷庙	始建于清乾隆六年（1741）。位于綦江河左岸与东丁河交汇处，太平桥西，占地640平方米，建筑面积360平方米。市、县级文物保护单位
	大雄殿庙	明崇祯二年（1629）始建，占地400多平方米。由官府营造，庙内供奉释迦牟尼及燃灯佛祖，内有保存完好的太平缸，外观保存完好。县级文物保护单位
	帝母庙	始建于清雍正元年（1723），位于东溪镇二社区9号下场汽车站、林业站处，占地800多平方米。县级文物保护单位
	牛王庙	清乾隆二年（1737）修建。砖木结构，口字形，占地100多平方米，建筑面积75平方米。位于东溪鸡市坡。无存

续表

类别	文保单位	文物描述
祠庙宫观会馆	骑龙庙	清嘉庆元年（1796）修建。坐南向北，土木结构，有上下两殿。位于东溪长堰4组。外观结构基本完好
	下庙	清光绪十二年（1886）修建。坐南向北，土木结构。位于东溪巩固村1组。无存
	上庙	清光绪二十三年（1897）修建。此庙坐南向北，分上下两殿，中有天井。位于东溪巩固村4组。外观保存基本完好
	庙灵岗	清咸丰九年（1859）修建，坐西向东，庙基长8米、宽5米，存大小菩萨23尊，完整的有7尊。位于东溪白云村4组
	观音庙	清乾隆六十年（1795）修建。此庙系石窟寺，建在岩石上，离地面15米，呈"凹"形。位于东溪三镇村3组。基本完好
	杨柳桥庙	清乾隆五年（1740）修建。坐西向东，分正殿、右侧殿、左厢房，共三间，面积198平方米。位于东溪杨柳村3组。无存
	观音庙	清光绪三十年（1904）修建。土木结构，有正殿、右侧殿、左厢房。此庙坐东向西。位于东溪新设村5组。无存
	土风庙	清乾隆六年（1741）修建。土木结构，有正殿、左右厢房，面积104平方米。坐东向南。位于东溪新设村8组。残存
	地母庙	民国二十七年（1938）修建。坐东向西，庙房三间，分正殿、左右厢房。位于东溪镇紫街上场。改作学校
	文昌庙	清宣统三年（1911）修建。坐西向东，土木结构，有进殿、正殿、左右厢房，口字形，面积433平方米。位于东溪三镇村6组。无存
	观音庙	清嘉庆十三年（1808）修建。砖木结构，面阔4米、进深6米。位于东溪上书村2组。无存
	四缘庙	清咸丰四年（1854）修建。坐东向西，土木结构，建筑面积439平方米。位于东溪上书村11组。无存

第二章　古镇要素及其价值　37

续表

类别	文保单位	文物描述
祠庙宫观会馆	回龙庙	清乾隆五十七年（1792）修建，坐西向东，属土、木、石结构，建筑面积259平方米，位于东溪福林村1组。基本完好
	庙溪河庙	清嘉庆二年（1797）修建，建筑面积325米。位于唐家村5组。保存基本完好
	飞龙山庙	清嘉庆五年（1800）修建。土木结构，面积319平方米。位于东溪唐家村3组。无存
	石庙	清嘉庆三年（1798）修建。石木结构，庙墙体主要由条石砌成。面积1325平方米，菩萨19尊。改建学校
	禹王庙	清乾隆四十八年（1783）修建。砖木结构，口字形，建筑面积1300多平方米。位于东溪草鞋市至柜子市之间。无存
	庙基坪	清咸丰四年（1854）修建。原建筑系土木结构，坐南向西，面积415平方米。位于东溪大安村。无存
	观音阁	始建于清康熙十八年（1679），位于上平桥南桥头相邻位置，左为川黔古盐道天梯，前临东丁河，后靠烟墩山，建筑面积340平方米，砖木结构，内供有菩萨41尊。县级文物保护单位
	魁阁	清嘉庆四年（1799）修建。坐东向西，木屋结构，庙房三间，面积54平方米。位于东溪镇紫场。无存
	万寿宫	清光绪元年（1875）始建。坐东向西，土木结构，分上、下殿，左右厢房，面积343平方米。位于东溪紫场。改建为医院
	万天宫	康熙二年（1663）始建，建筑面积1200平方米。位于朝阳街28号，市、县级文物保护单位
	南华宫	清乾隆元年（1736）始建。占地面积800平方米，建筑面积440平方米，存前殿、正殿、厢房。位于朝阳街18号，市、县级文物保护单位
	万寿宫	清乾隆五十一年（1786）修建。砖木结构，口字形，建筑面积400多平方米。位于东溪柜子市。无存

续表

类别	文保单位	文物描述
祠庙宫观会馆	天上宫	中华民国十一年（1922）修建。坐北向南，土木结构，进深15米、面阔19米，分大殿、侧殿、厢房、天井。位于东溪琵琶山上的东北部。仅存遗址
	万天宫	清乾隆十年（1745）修建。坐北向南，土木结构，庙房四间，分进厅、正殿、左右侧殿，口字形，面积240平方米，位于东溪三镇村9组。改作村委会
	金家祠堂	清嘉庆十四年（1809）修建。坐西向东，土木结构，房屋三间，面积132平方米。位于东溪镇紫四居一组
化石	化石	古生物化石。国家级文物
古树	古树	千年古树12棵，500年古树120棵，300年古树250棵，100年古树300棵

资料来源：政协重庆市綦江区委员会编：《古镇东溪》，湖南地图出版社2013年版。

在历史环境诸要素中，古建筑最能体现古镇风貌、历史文化底蕴、民风民俗。例如，綦江东溪古镇完整地保留着清代以来的街道布局、建筑格局，单体建筑物保存完好，使其具有较高的历史文化价值、古建筑研究价值、城市景观价值、旅游休闲价值。

走进东溪，映入眼帘的是青石板铺就的林荫街道，两旁幽深的四合院，造型各异的封火墙，古朴典雅；溪水潺潺的东丁河、福林河、綦河临河的吊脚楼，斑驳的古桥等，都使人产生难以忘怀的印象。南华宫、万天宫建筑技艺精湛，以传统的抬梁式、穿斗木结构为主，造型瑰秀，结构精工。在艺术装饰上，南华宫戏台穿枋上的雕龙、雕凤、封神榜人物、三国人物、技场比舞等，各具情态，栩栩如生。万天宫门前和正殿前房顶上塑有龙凤，重达数吨，颇为壮观，而展示一个个历史典故的镂空木刻浮雕群，更显古技艺之精华。[①]

没有庙，就没有庙会。寺庙是古镇形成的基本条件之一，所谓"因寺成镇，因庙成镇"。过去，寺庙是乡镇的中心，围绕着寺庙的香客、小

---

① 政协重庆市綦江区委员会编：《古镇东溪》，湖南地图出版社2013年版，第7页。

商小贩,逐渐托起了市镇的轮廓。

江南很多古镇都有城隍庙,且居于城镇中央。例如,距离上海市区仅40多千米的朱家角就有两座名刹,一座是始建于元代的圆津禅院,另一座是位于淀山湖边的报国寺,显示出宗教对这座小镇的深远影响。位于成都市双流区西南的古镇黄龙溪也有众多寺庙、宫观,保存较好的寺庙有金华庵、古龙寺、潮音寺和镇江寺,尤以位于古镇中心的古龙寺香火最为旺盛。古龙寺位于正街南首,坐西向东,是黄龙溪镇修建最早的一座寺。该寺形制开阔,林郁葱葱,中央庭院有几棵千年黄葛树。古龙寺多年来一直是镇上居民的精神寄托之处,也诉说了古镇当年的繁华史。[1]

重庆地区的各个古镇基本上都有数量不等的祠、庙、宫、观。例如,东溪古镇在历史上出现过龙华寺、水口寺、佛灵寺、白云寺、黄沙寺、观音寺、活佛寺、金鱼寺、凉水寺、王爷庙、大雄殿庙、帝母庙、牛王庙、骑龙庙、下庙、上庙、庙灵岗、观音庙、杨柳桥庙、土风庙、地母庙、文昌庙、四缘庙、回龙庙、庙溪河庙、飞龙山庙、石庙、禹王庙、庙基坪、观音阁、魁阁、万寿宫、万天宫、南华宫、天上宫、金家祠堂,保存完好的有龙华寺、佛灵寺、王爷庙、大雄殿庙、骑龙庙、上庙、庙灵岗、观音庙、回龙庙、庙溪河庙、南华宫、金家祠堂。丰盛古镇老街区曾经修建有很多寺庙宫观,包括万天宫、万寿宫、禹王宫、江西庙、文庙、过街楼庙(接龙寺)等,万寿宫、万天宫、过街楼庙等已被拆毁,建造年代和建筑原貌已无从考证。保存较好的是禹王宫。[2] 万灵古镇、偏岩古镇、双江古镇,也都较为完整地保存着一批古庙、会馆、祠堂,成为古镇旅游最大的看点。

川渝古镇还有一个共同的地方,就是几乎每一个古镇都完整地保存着数量不等的会馆,例如洛带古镇的四大会馆——广东会馆、湖广会馆、江西会馆和川北会馆大都反映了故土的建筑风格。广东会馆高14米左

---

[1] 赵春兰、杜抒、黄运昇:《蜀韵古镇——多维视野下的古镇文化遗产保护与利用》,四川大学出版社2019年版,第137页。

[2] 重庆市巴南区文化广播新闻出版局编:《重庆市巴南区丰盛古镇文化遗产保护与开发对策与建议》,2011年7月,第14—15页。

右，形制宏大，在古镇的建筑空间中居于中心地位。綦江东溪古镇的万天宫也称川主庙，蜀人会馆，始建于清康熙二年（1663），供奉川祖，位于东溪朝阳街28号，建筑面积1200平方米；南华宫始建于清乾隆元年（1736）；广东会馆（南华宫），占地800平方米，位于东溪镇朝阳街18号。会馆是川渝古镇不同于全国其他古镇的具有"突出普遍的价值"的文化旅游要素，是川渝古镇保护与旅游开发最核心的要素。万灵古镇的湖广会馆里，国家级非物质文化遗产川剧的演出仍在进行，使得该镇神形兼备，保存着鲜活的生活样态。

会馆林立成为巴蜀地区场镇、城市一大奇观。在清代巴蜀地区究竟有多少会馆，曾引起过不少研究者的兴趣。一种看法是全巴蜀108个县有移民会馆1400个，"川主宫"等本土会馆有335所。① 另一种看法为巴蜀旧籍居民会馆"川主宫"有346座。移民会馆与"川主宫"两项合计达1746座。据推算，清代巴蜀地区的会馆约2000座。② 清代巴蜀地区的会馆之多，在全国可谓名列前茅。

巴蜀地区各场镇、城市建立的会馆既然如此之多，每逢岁时节庆，酬神唱戏成为会馆重要的活动之一，看戏也便成为人们最重要的娱乐项目。仪陇县学训导丁治棠便记录了光绪年间成都会馆的酬神唱戏活动。光绪二十三年（1897）四月十五日至成都述职，住南打金街荣隆店，至六月初二日离蓉，一个半月期间，屡看川戏，逐日记载，留下珍贵史料（见表2—3）。③

表2—3　　　　　　　　丁治棠看川戏日程

月	日	地点	演出剧目	主要演员	班社
4	16	火神（三圣街）	八仙图	赵方堂（正旦）	
4	18	火神庙	举禹鼎		
4	19	坝坝戏（王家坝）	活捉三郎		宾乐班

---

① 蓝勇：《清代四川土著和移民分布的地理特征分析》，《中国历史地理论丛》1995年第2期，第155页。

② 孙晓芬：《明清的江西湖广人与四川》，四川大学出版社2005年版，第401—402页。

③ 蒋维民：《移民入川与舞台人生》，成都科技大学出版社1998年版，第45—75页。

续表

月	日	地点	演出剧目	主要演员	班社
4	20	湖广馆	挂画、调叔	张四娃（小旦）	文星班
4	23	三义庙（提督街）			复兴班
4	25	火神庙	山海关、活捉王魁	满族人某	庆华班
4	26 上午	火神庙	空城计、烤火下山、夜明珠、八郎看母	张四娃	文星班
4	26	火神庙	双免缘	张四娃	文星班
4	28	浙江馆	八郎看母	张四娃	文星班
5	1	府城隍庙	守睢阳		泰洪班
5	10	三义庙	封神		泰洪班
5	11	三义庙	打祝家庄		福兴班
5	12 上午	湖广馆	斩严东楼		庆华班
5	12 下午	三义庙	张罗花		文星班
5	13 上午	浙江馆	采桑、拜月		
5	13 下午	浙江馆	捡芦柴	黄金凤	宾乐班
5	17	府城隍庙	郝氏醋	黄金凤	宾乐班
5	18	府城隍庙	战巨鹿		
5	19	浙江馆	波罗花、禅真逸史	张四娃	文星班
5	29	江西馆	胭脂乳		文星班

资料来源：（清）丁治棠：《丁治棠纪行四种》，清光绪二十三年刊刻，四川人民出版社1984年版。

郭沫若记述了在嘉定府城读书期间礼拜天到陕西街的秦晋公所看唱戏的情景，分析了会馆兴衰的过程。

吃中饭的时候，一位从戏场回来的同学说：清和班的王花脸下午唱《霸王别姬》。这真是含有无限的魔力的一句话。王花脸是嘉定优伶界有数的名角，《霸王别姬》是他的拿手好戏，这把我害羞的心事完全打破了。红纽袢的葱白竹布长衫，光头，松三把的长搭辫，还拿着一把张开时要超过半圆以上的黑纸扇。——这实在是极不庄重的一种装束，就这样跑到秦晋公所。旧式的戏场在演戏的时候，舞台前面的左右两翼要摆着两列连环的二十排左右的高脚长凳，正中和后部空着，看戏的人不是立在这空着的地方，便是坐在那高脚凳上，坐凳的要被征收座钱，大概看半天戏每个人顶多不过十文钱的光景。不消说这种高脚凳是谁也想争着坐的，特别是靠近舞台的最前两排，在未开戏以前总时常是坐满了的。①

会馆酬神唱戏当然只是场镇、城市社会生活的一部分。巴蜀地区各场镇一般都设有茶馆、酒店，市集之期，茶房酒肆，沉湎成风。这些仍然是今天场镇活动的重要内容。

场镇半径既是人们从事商业活动的基本圈子，也是人们联姻的范围，人们也围绕场镇从事其他社会活动。"场镇市场的职能首先是为了满足农民的需求而交换他们的产品。农民不仅需要日常生活品，还需要磨工具者和阉割牲畜的人、开业医生和'牙医'、宗教专家和算命人、理发匠、无数的艺人，甚至于有的需要代书人等提供的劳务。这些劳务中有很多不是在所有集日都能得到，承办这些劳务的流动人员只是不时地到每个基层市场上去。"② 清代巴蜀地区场镇如此之多、功能如此之多，以致场镇成为人们十分重要的社会活动场所。

场镇也是官方进行社会控制的重要地方。这主要表现在兴建新的场镇必须经官府批准，场镇往往是官府集中实施教化的地方，也是官府缉拿土匪流氓，查拿私宰、私铸、邪教、窝赌、窝贼、酗酒、打架，行使基层行政管控的场所。

三　历史文化街区

重庆地区古镇绝大多数还保存着数量不等的历史文化街区。其中，龙兴古镇尚存12条传统街巷，磁器口古镇有12条传统街巷，涞滩古镇传统街区尚存小青瓦民居400余间，丰盛古镇3条传统街道保存完整，龚滩

---

① 郭沫若：《郭沫若全集》第11卷《文学编》，人民文学出版社1992年版，第106—109页。

② [美]施坚雅：《中国农村的市场和社会结构》，史建云、徐秀丽译，虞和平校，中国社会科学出版社1998年版，第25页。

古镇复原 3.8 万平方米风貌民居，龙潭古镇有两条传统街道 3.5 千米、建筑面积 86473 平方米，偏岩古镇上下街 400 多米，万灵古镇完整保存着 502 米老街，中山古镇保存传统街道 3 千米，塘河镇保留古街道 4 万平方米，石蟆古镇保存着 300 米老街，白沙古镇有老街老巷 38 条、全长 8.5 千米、核心保护区占地面积 9.5 万平方米，吴滩古镇保存 3 条老街、858 米，走马古镇保存 800 米老街，松溉古镇完整地保存着老街 26 条、长度达 6000 米，东溪古镇有老街 4 条，双江古镇有老街 9 条，宁厂古镇街区 3.5 千米，罗田古镇街区 391 米。各个古镇尚存的传统街区，构成古镇核心保护区域。

重庆地区古镇街区布局具有鲜明的地域特色，建筑物一般为两层，或者前店后居，或者上居下店，每栋建筑物之间相互勾连。街巷多为石板铺就，宽度一般为 4—5 米，街心 3 米，自由灵活，与沿街建筑物配合，尺度宜人。街道是集商业活动、家庭起居、邻里交往为一体的复合空间，因此，沿着街巷刻意留出一些"袋形"空间，供人们驻足交谈、歇息。古镇房屋多为普通民宅，也有一些民宅大院、寺庙宫观点缀其间，房屋布局一般不追求严格的轴线，而是因地制宜，与周围的环境实现有机结合，相映成趣。古镇大部分单体建筑物多为木质榫卯结构，青瓦屋面，檐口深出，色彩素雅，构成朴实典雅的方格，反映了朴实的结构性能特征，外墙面一般采用板墙或夹壁墙粉白，小木柱较为精巧，形象自然。

例如，巴南丰盛古镇因位于交通要道而兴，自宋代建场以来，便是巴县通往南川、涪陵、木洞、洛碛的必经之地，因位于涪陵、巴县、南川交界的地方，成为周边地区的商品集散地。古镇老街区占地面积约 0.8 平方千米，各条街道长 200—300 米，宽 2.5—3.5 米，目前保留下来的街巷和建筑多为清代修建，街道以青石板、青条石及不规则块石铺成，街道两旁建有 2—3 层清式穿斗木结构民居、店铺，古镇的各类建筑沿"回"字形街道布局，向外圈层式发展，最终形成五边形的古镇布局。古镇在东西南北有四个场口，与外部交通联通，东往涪陵，南出南川，西行木洞，北至洛碛。四个场口如同四个城门，均设栅子口，两边有石柱，安装木板门，形成具有防护功能的城门，四个场口均有一个平坝。现在四个场口的栅门已不复存在，但栅门遗迹尚存。古镇老街区尚存禹王庙、江西庙又称万寿宫、文庙等古老建筑,在古镇的周围,历史上有规模较大、香火旺盛的紫云寺、铁瓦寺、云香寺、法祖寺、官房寺、兴福寺等宗教建筑,有些已经损毁,有些成为民居,还有的只留下遗址。丰盛古镇地处交通要道,历来为兵家必争之地,故当地富商、地主多修建碉楼以保全一方。多数碉楼为土石结构,为3—4层,每层面积80—150平方米,均设有小窗以便瞭望外部情况,又可作为射击孔。明末清初极盛时期,街区及其周围耸立着数十座碉楼;岁月剥蚀,多数碉楼已经坍塌,仅保存数座基本完好。除碉楼外,旧时在古镇周边的山顶上还修建有不少寨堡,用以战乱之时藏身和防卫。如今寨堡已基本损毁,不复存在,能够辨认的遗址有冠山寨、老鸦寨、铁瓦寨、太平寨等。[①] 碉楼、寨堡、古镇的四个场口栅门所构成的防御体系,体现出丰盛古镇独特的防御文化。这在重庆地区较为少见。

丰盛古镇集中连片的历史文化街区与周围的古民居、庙宇、碉楼、寨堡文化旅游等建筑类文化遗产互相映衬、相得益彰,进一步凸显了古镇保护与文化旅游开发价值。因此,与其他古镇一样,丰盛古镇的保护必将是整体保护,文化旅游开发必将是整体开发,从而彰显其整体效应。

四 历史人文环境

历史上人们活动的身影深藏于遗址、遗存、文献典籍、口传记忆之中,今人与古人之间已经无法面对面直接交流,我们只能通过一些文化载体重拾历史上人们活动的片段瞬间、探寻他们留下的只言片语。每一座古镇,都经历过长短不等的历史演进过程,在这个过程中必然积淀丰富的文化内涵。重庆文物考古人员认为,该地区历史人文环境可以概括为:历史悠久;巴蜀、巴渝传统文化根基深厚;古代厚重少文,近代厚积薄发、城市兴起;工商业发达;西南重要的交通枢纽;开放发展,大城市、大农村、大库区,城市建设突飞猛进。[②] 相应地,重庆地区古镇也大致具

[①] 重庆市巴南区文化广播新闻出版局编:《重庆市巴南区丰盛古镇文化遗产保护与开发对策与建议》,2011年7月,第1—3页。

[②] 幸军、程武彦主编:《巴渝记忆 重庆文脉——重庆市第三次全国文物普查》,重庆出版社2015年版,第102页。

备这些特征。

从东溪古镇深厚的历史文化积淀，我们可以领略到中国传统文化的博大精深，感受到"天人合一"的建筑理念。东溪四街、七巷、三宫、六院、八庙、民居等建筑物，在选址、形态结构、色彩、命名等方面，体现出中国传统文化中的儒家道德、五行等观念规范，也体现出古镇居民传统的价值观、审美观和经济文化地域特色。三宫、六院、八庙建筑呈"井"字形，以穿斗木结构为主，寓"井中有水，水火不容"之意，以水制火孽，祈愿小镇平安。两湖会馆（禹王庙）、广东会馆（南华宫）、蜀人会馆（万天宫）等作为移民文化的产物，一方面反映出移民时期移民族群之间，既互相包容又相互独立的心态，另一方面也反映出各个移民族群的建筑传统风貌。众多的文物古迹，浓厚的人文内涵，提升了东溪古镇的文化品位。

东溪古镇深厚的人文底蕴是与其古老的建镇史分不开的。位于长江一级支流綦河上游的东溪古镇，早在西汉时期就已开辟，从秦汉至于当代，这里都是一个富庶繁华的集镇，特别是明清鼎革后，将县衙署移于东溪，使之成为全县的行政中心。由于东溪古镇是黔、滇、桂、湘入川的必经之道，也是川东地区最大的驿站，使得当地商业贸易繁荣，山货物美价廉，驿站四通八达，古镇呈现着欣欣向荣的景象，清朝康乾时期，东溪常住人口达3万多，日流动人口近5000多人。

自西汉开始，东溪涌现出众多的历史名人，许多影响深远的历史事件在东溪镇发生，层层叠加，积淀起深厚的历史文化底蕴。

綦江文物考古人员认为，东溪古镇是僚族的故乡，有一字排开的四块"南平僚碑"为历史的佐证。东溪古镇曾经是夜郎古国的北部边境。唐代诗仙李白被朝廷流放时，曾经到过东溪，留下"金溪玉泉"石刻。翼王石达开率兵至东溪扎下大营，做出攻占成都的决策。中华民国二年（1913）刘伯承到东溪剿匪，打响军旅生涯的第一仗。中华民国二十七年（1938），国民政府军事参议院迁到"双桂园"，又名陈氏新村，副院长张翼鹏手书一联，刻于门条石上，上联"乃安斯寝"，下联"莫之于京"，横批"义门世家"。中华民国十二年（1923），贺龙借道东溪，与曹天泉谈判之后，曹天泉立下"抚我子遗"碑，以自励。中华民国十五年

(1926），发生震动全川的"东溪米案"。此外，这里还涌现出了危抚辰、罗振声、艾仲伦、吴举宜等杰出人物。

松溉古镇深厚的人文内涵可以从老街区及其周边的历史文化遗址、遗存体现出来。南宋之际，在永川东南边陲紧靠长江的松溉古镇居住着一位与苏东坡、张子昭同时被誉为"注经三杰"的经学家陈鹏飞，因知识渊博深受几位朝廷重臣的赏识。"靖康之变"发生后，陈鹏飞反对议和，力主北伐，得罪了秦桧，遂不辞而别，偕妻返回松溉镇，隐姓埋名，自号潜溪散人，在当地设馆讲学，从不间断，逝世后，与夫人合葬于镇东旗山村。明万历二十一年（1593），永川知县徐先登将县衙迁于松溉，开始了该镇作为永川县城的历史。清代，先后在此设立县衙门、统爷衙门、把总等。明清两代均将县衙设立于松溉，表明了该镇地理位置和政治、经济、文化地位之重要。永川县衙今已原址修复，对外开放。解放街陈家大院似乎仍在叙述着其主人昔日的辉煌。陈氏家族之兴起于陈氏三兄弟，老二陈秉刚继承祖业在家教书育人，老大陈海门、老三陈昂高经营副业。陈氏孙辈出现了陈文贵、陈文镜两兄弟，陈冲就是陈文贵的孙女。陈家大院内有一口古井，现已不再使用。邵家大院坐落于邵家坝子，邵氏祖先以酿酒业发家致富。在清朝，邵氏子孙邵涵考中进士，官至侍郎，后因罪问斩。如今邵家大院内还有一棵绿意盎然的香樟树。秦氏为松溉古镇的首富，秦家大院也是镇上最大的院落，大院还设有三个地下防空洞。秦氏家族为了保护家园还自发修建了碉楼，成为向土匪开第一枪的大户人家。民国初年军阀混战，碉楼屡被毁坏，而秦家大院也被土匪付之一炬。位于松子山街的罗家祠堂，始建于明代，清代翻修，而今，罗氏家族根据原貌对祠堂进行了部分修缮，重新修造外面的戏台和观众席，由罗家子孙进行看护。据说，每年的清明节，罗氏家族都在这里举办罗氏宗亲会，以祭奠祖先。在祠堂内摆放着从罗氏始祖到16世祖的灵位。据介绍，罗家祠堂还在不断进行完善。[①]

[①] 永川区政协文史资料编辑委员会、永川区文化委员会编：《永川文史资料选辑第31辑·永川文物与文化遗产》，第31—32、34、177—180页。松溉历史文化名镇保护采访，采访人：龚义龙，采访对象：重庆市永川区文管所，2018年5月27日。

洪安古镇位于花垣县茶洞古镇、松桃县迓驾古镇、秀山县洪安古镇交界之处，同一条河流在秀山县叫洪安河，在花垣县叫花垣河，在松桃县则称松桃河，著名作家沈从文的著作《边城》中的"边城"，就是指这一带。该镇文物遗存、遗址和景点较多，有猫岩悬棺群、洪安汛遗址、封火桶子屋建筑群、二野前委旧址、象鼻吸水、三不管岛、语录塔、吊脚楼、拉拉渡、九龙坡、翠翠岛、连心坝、龙门泉、渝东南第一门等。①

洪茶渡口（又称拉拉渡）系位于洪安古镇与茶洞古镇之间花垣河上的渡口，建于中华民国三十一年（1942），共38级阶梯，阶梯以石条铺面，以水泥浇灌，长14米，垂直6米，两级装卸台。码头渡口，有拉索渡船供往来行人通过。1949年11月7日，中国人民解放军第二野战军第十二军先头部队由此处搭建浮桥渡河入川。二野前委旧址，系刘伯承、邓小平、张际春、李达等领导人入川后的第一个驻所——洪安古镇复兴银行（今洪安营业所）。凤鸣书院（现为民族中学）位于县城南，建于清嘉庆二十三年（1818），为解放战争时期川东地下党秀山特别支部活动据点和解放军进军大西南时二野前委及其司令部旧址。1949年12月1日凌晨，刘伯承、邓小平率二野前委直属机关由洪安古镇进驻凤鸣书院，于12月4日离开。前委在这里组建了重庆军管会，并部署了成都战役。②

其他古镇无不拥有丰富的历史人文内涵。例如，彭水郁山古镇留下大唐太子李承乾、宋代文人黄庭坚、共和国元帅贺龙的足迹；酉阳龙潭古镇曾留下赵世炎、王勃山、刘仁、赵君陶、赵世兰儿时的身影；潼南双江古镇是革命烈士杨闇公生长的地方。大宁古镇、云阳古镇、郁山古镇在千百年间活跃着制盐工人、商贩脚夫；西沱古镇、丰盛古镇等一大批古镇上背夫的号子犹然回荡在历史的星空。无论是探古访幽，还是观光赏景、休闲娱乐、采风摄影，都可以在这些古镇得到一定程度的满足，深厚的历史文化底蕴始终让人们流连忘返。

---

① 秀山土家族苗族自治县县志编纂委员会编：《秀山县志（1986—2005）》，方志出版社2011年版，第52页。

② 秀山土家族苗族自治县县志编纂委员会编：《秀山县志》，中华书局2001年版，第246、546页。

五 民族民俗文化

古镇的价值还体现于独特的民族民俗文化特色之中。在祖国的大江南北，每一个地区都形成了与自然环境、风土人情、民风民俗、民族传统结合在一起的特色古镇，从而使其具有"突出普遍的价值"（OUV）。黄土高原的窑洞、新疆地区的平顶房、东北地区的火墙火炕、游牧地区的帐篷、武陵山区的吊脚楼、福建广东江西交界地区客家人修筑的围龙屋，不仅仅是一种独特的建筑，它们更是种种民俗文化的载体。江南水乡古镇保持着原汁原味的水乡特色和富有情调的水乡民俗风情。这里的古建筑、古街巷、古桥、驳岸等，体现着原汁原味的江南水乡风貌，保持着富有特色的活态民俗文化，在水乡风情中透出浓厚的文化底蕴，充分体现了自然、艺术和哲学的完美结合，很好地展示了江南水乡地域文化的独特性。[①] "天府之国"成都平原自古"水旱从人，不知饥馑"，养成了人们闲适安逸的生活习俗，泡茶馆、听川剧、品川菜、吃火锅成为一张张地域名片。

中国少数民族众多，每种民族文化都很有个性，民族文化与地域文化难分泾渭、浑然一体、交相辉映。

重庆地区现存少数民族主要是土家族和苗族，他们在生产劳动和社会生活中创造了十分丰富的民族民俗文化，历史上在重庆地区生活过的僚人、仡佬族等也留下了部分遗址遗存。重庆地区文物考古工作者认为，重庆地区的民族文化内涵丰富，形式多样，既有像西兰卡普、摆手舞这类非物质文化遗产，也有大量的物质文化遗产，分布的中心区域在渝东南地区。物质文化及遗产有土家族、苗族民居、土司遗址、少数民族墓葬、民族碑刻等。民俗文化范围很广，包括衣食住行、生产、信仰、节庆活动等多个方面，涉及全部的社会生活和相应的社会关系，又反映上层建筑的各种制度和意识形态。通过民俗文化，人们可以了解到一个民族或本民族某个地区风俗文化的发展和变化，了解这些民俗现象怎样规

---

① 苏州市规划局编：《苏州古镇保护规划》，中国建筑工业出版社2016年版，第176页。

范和促进人们的社会生活，并使之巩固、发展，或得到调整。① 重庆地区少数民族集中分布于渝东南，这片区域的古镇兼具民族民俗文化的独特个性和巴渝文化的一般特性。

长期受到巴蜀文化的熏陶，重庆地区古镇的民风民俗有着一些共同的特征，例如说四川话、吃川菜、听川剧、泡茶馆。但是，每一个重庆古镇也都有其独特的民风民俗。位于重庆中部地区的磁器口古镇、龙兴古镇、丰盛古镇、偏岩古镇、涞滩古镇、双江古镇、安居古镇、走马古镇、万灵古镇、白沙古镇、吴滩古镇、青羊古镇、安镇村，显然受巴蜀、巴渝文化影响更加深刻一些；位处川、渝、黔交界地区的中山古镇、塘河古镇、石蟆古镇、东溪古镇、松溉古镇，受到巴蜀、巴渝、滇黔文化的影响，表现出更加复杂的民风民俗；位于湘、鄂、渝、黔交界地区的郁山古镇、洪安古镇、龙潭古镇、龚滩古镇、濯水古镇显然受到滇黔文化、荆楚文化、湖湘文化的影响，饮食习惯、建筑风格、歌舞戏曲、语言习惯无不深深地打上这几种文化的烙印；而位于渝、陕、鄂交界地区的云安古镇、宁厂古镇、温泉古镇、西沱古镇、罗田古镇受到荆楚文化、秦晋文化、巴蜀文化、巴渝文化的影响，风俗习惯又呈现出不一样的特征。

酉阳濯水古镇是渝东南驿道、盐道、商道上的一个驿站和商埠，湖湘文化、滇黔文化、巴蜀文化、巴渝文化在这里交汇，深处武陵山区腹地的濯水古镇又长期受到土家族、苗族文化浸染，从而塑造了独特的舞蹈、戏曲、饮食、建筑文化和民族心理。该镇四面环山，临江而建，房屋建筑以吊脚楼为主，穿斗木结构，白墙黛瓦。土家吊脚楼、风雨廊桥、青石板街、徽派风格的会馆、宫殿、戏楼，以及汪、余、樊、龚四大家族遗存下来的大院、商号、钱庄，处处透着历史的影子，述说着昔日的繁华。该镇非物质文化遗产有源于宋代的石鸡坨古陶瓷制作艺术、濯水绿豆粉、西兰卡普、泉孔老酒酿制工艺，还有后河戏、打莲宵、龙狮舞、摆手舞、莽号、苗鼓、腰鼓、婚轿、龙舟，特色小吃有金包银饭、懒豆

---

① 幸军、程武彦主编：《巴渝记忆 重庆文脉——重庆市第三次全国文物普查》，重庆出版社2015年版，第211—213页。

腐、烟熏腊肉、油茶汤、魔芋豆腐、炕洋芋、烤红苕、烧嫩苞谷、酢广椒，等等。濯水古镇街道中段立着一块高约1米、宽约50厘米的石碑，阴刻着"天理良心"四个大字，以警示人们经商、为人处世要讲究天理良心。石碑立于清光绪十四年（1888）。①

悠久的历史塑造了永川松溉古镇的民风民俗。该镇紧邻长江，因港口码头而繁兴，整体布局与长江垂直；传统街区、建筑群、青石板路错落有致，保存完整；单体建筑绝大多数为穿斗石木结构，民宅多为悬山或硬山顶，会馆为庑殿或歇山顶，青瓦木壁，串架夹壁，前店后院。一座典型的院落有前院、过厅、正厅、后院，中间是天井，两边是厢房，具有典型的巴渝山水城镇风貌。松溉古镇代表性手工工艺有木雕、石刻、竹编、藤编、木工；代表性民俗活动有龙舟、庙会，端午龙舟竞渡，是当地一道亮丽的风景线，东岳会于每年农历3月27日举行，东皇会举行时间为每年3月28至29日。②

东溪古镇素有"小成都"之称，居民恬淡闲适的生活和民俗民风远近闻名。东溪古镇"突出普遍的价值"（OUV）是以其完整的文化形态而存在的，这一文化形态，不仅包含古建筑群、古朴的环境以及众多的文物遗存等凝固的、静止的事物，而且包括世世代代生活在这些古街房子里的古镇人传统的生存状态，即他们传统的生活方式、生产方式和文化方式。东溪古镇最具特色与最具生命力的特征在于人文与自然环境的相生兼容，其淳朴的民风，闲适的生活节奏，简单的日常生活起居，富有乡土气息的生活用具、生产工具及手工艺品，热闹的赶场天及节庆庙会等民风民俗，经过千百年来的沉淀传承，仍然相对完整地保留着。

六　自然环境

当我们提倡古镇保护与文化旅游开发相结合的理念时，自然环境要素的地位就凸显出来了。几乎所有古镇都是在"天人合一"理念之下，

---

① 濯水古镇保护规划采访，采访对象：重庆市黔江区濯水镇人民政府，采访人：龚义龙，2019年3月25日。

② 松溉历史文化名镇保护采访，采访人：龚义龙，采访对象：重庆市永川区文管所，2018年5月27日。

人们在很长的历史过程中依山就势、伴水而居建构房屋而形成的。无论是小桥流水的"水"还是山中人家的"山",都是古代先民出于对自然的理解与尊重而改造自身环境的典范,也是对"天人合一"传统思想的实践。江南"鱼米之乡"的居民利用水乡泽国的天时地利,发展临水而生的居住形态;巴蜀"天府之国"的居民顺应山形地势,开发出独特的山地建筑形式。①

水是江南水乡古镇的"魂"。江南水乡因水而生,依水而兴。因地处长江三角洲,古代居民依靠舟楫这一重要的交通工具往来于十里八乡,通达长江甚至大海。众多贯穿古镇的河流、沟渠、湖泊、人工运河成为将各地物资聚集于古镇的通道。可以说,江南的大多数古镇都是因水成街、因水成市、因水成镇,城镇的空间布局根据流经该地的河道形态而设,或呈"十"字形,或呈"井"字形,水路串起了整个古镇的方方面面。如果说古镇是一个人的身体,那么河流、沟渠、湖泊、人工运河所形成的水路网无疑就是江南水乡古镇的骨骼与血脉,它成为居民生活、交通和贸易的中心,也是城镇与周边农村及城市的纽带。江南水乡古镇的建筑布局强调"亲水",建筑物大多背靠河流,面向前街,形成前街后河、临水筑屋的格局。不少楼宇都有水墙、水阁甚至穿过房屋的水巷。前街是居民做生意步行来往的场所,后河则是人们日常生活中洗衣、洗菜、聚集和出行的重要场所。水路和旱路两种流线空间在桥梁与河埠广场交会,也成了居民主要的公共空间。②

与江南水乡、"天府之国"相比,重庆地区自然环境总体上具有山脉绵延、河流纵横交织的特征,山地约占总面积的60%、丘陵约占30%、平原约占10%;河流具有山区河道特征,狭谷多分布在山区,宽谷多分布在丘陵区,主要峡谷有长江三峡、嘉陵江小三峡、乌江峡谷、大宁河小三峡等;雨量充沛,植被茂盛。这些条件,使得大多数重庆地区古镇都能依山傍水,自然环境十分优美。从东溪古镇、龚滩古镇、丰盛古镇,

---

① 赵春兰、杜抒、黄运昇编著:《蜀韵古镇——多维视野下的古镇文化遗产保护与利用》,四川大学出版社2019年版,第147页。

② 赵春兰、杜抒、黄运昇编著:《蜀韵古镇——多维视野下的古镇文化遗产保护与利用》,四川大学出版社2019年版,第139页。

我们都能够深切地感受到重庆地区古镇独特的自然环境风貌。

綦江东溪古镇布局以自然山水为基础，依山就势，结构合理，疏密有序，将人工环境与自然山水环境有机结合，古镇、人、自然"三位一体"，构成了东溪古镇山水园林的特色，有"小苏州"之美誉。在太平桥地区，綦河、东丁河、福林河两岸的传统民居星罗棋布，依山势地形而建，错落有致。自太平古渡口至金银洞飞瀑拾级而上，沿途水声潺潺，丰水季节形成"飞流直下三千尺"的壮丽景观，两岸密布5000余棵黄葛树。古木参天。徜徉其间，犹如步入仙境，令人流连忘返。古建筑依山就水布局，与山水园林相互映衬，共同构成古镇和谐的立体环境，丰富了观赏空间，彰显"小桥、流水、人家"的清幽意境。正因如此，古镇成为四川美术学院、重庆书画院、渝州画院、重庆教育学院师生的写生基地。

酉阳龚滩古镇位于乌江峡谷地带。从清泉乡到木洞乡，江水碧绿，两岸悬崖峭壁，奇山、幽洞、灵泉、飞瀑自然天成，纤道、栈道攀缘在悬崖峭壁上，蜿蜒蛇行，形成乌江画廊中最有特色的景观段。离镇区不远的清泉老街长约1千米，全系青石板铺就，光可鉴人。"上三步、下三步"之说真切地道出了起伏有致之韵。狭长街道两侧，木质穿斗榫卯结构的吊脚楼飞檐翘角，土家民居风味甚浓。

巴南丰盛古镇虽是陆路码头，但其优美的自然环境又别是一番风格。该镇所在地属于浅丘谷地，平均海拔500米，山峦重叠，沟壑纵横，植被茂盛，森林覆盖率达到40%，气候宜人，水质较好，物产丰富。古镇建造设计者巧妙地将山体与万天宫、万寿宫连成轴线，对"师法自然"手法的巧妙运用，体现出人们对自然的尊重与崇拜。在丰盛古镇的东山和西山，一列列山峰屹然耸立，构成重庆东侧的天然屏障。由于重要的地理位置，古人在丰盛古镇周边先后修建了铁瓦寨、冠山寨、一碗水寨、义和寨、山羊寨和寒坡岭寨等16个山寨。时过境迁，岁月剥蚀，古寨已经不复存在，但多数古寨的寨基、寨墙尚存。丰盛古镇的文化旅游开发设计，可以在凤凰山顶设立观景台，既可以俯瞰错落有致的古老街区，又可以观看朝阳、晚霞和云海。①

重庆地区古镇具有与江南水乡古镇、天府之国古镇、黄土高原古镇、闽西土楼迥异的风格，以中西部地区的涞滩古镇、偏岩古镇、渝东南地区的龙潭古镇、龚滩古镇、濯水古镇、渝东北地区的大宁古镇为代表的重庆地区古镇，无不具有得天独厚的自然地理环境，每一座古镇同中有异，各具个性。钱学森院士倡导的建设山水城市的构想，在重庆地区是最有条件实现的。

第二节　重庆古镇街区价值分析实例

慈云寺—米市街—龙门浩历史文化街区与朝天门—八省会馆街区隔江相望，东水门大桥贯通，使这两大片历史文化街区交相辉映、浑然一体，从而也使得这两片历史文化街区充满商机，活力无限，前景广阔。然而，对两个历史文化街区的保护与利用的强烈反差，以及随着东水门大桥落成通车，对大桥两端街区连片改造升级接踵而至，使得这个历史街区的整体保护与利用提上了议事日程。这里首先对这几片街区的历史文化价值、建筑价值、旅游开发价值、商业价值，以及其他潜在的价值进行介绍。

一　历史沿革

该街区保存着宋元以来各个时期重庆经济、社会、文化发展鲜活的历史记忆，其现存遗址、建筑最早可追溯到唐代。慈云寺的历史可追溯到唐朝，现存建筑重建于乾隆二十二年（1757），原名观音庙。1927年云岩法师（慈云和尚）募资重修扩建，当时重庆军政界要人刘湘、潘文华、潘昌猷等亦出力资助，扩建后的寺庙焕然一新。龙门浩、觉林寺的历史也可以追溯到南宋。据考证，"龙门"二字镌刻于南宋绍兴年间（1131—1162），觉林寺也于此期建造。清代"湖广填四川"移民运动在这个街区

---

① 重庆市巴南区文化广播新闻出版局：《重庆市巴南区丰盛古镇文化遗产保护与开发对策与建议》，2011年7月，第59页。

留下了深刻的历史记忆，鄂中里因居民主要是湖南、湖北人而得名，下浩正街在乾隆年间成市。近代重庆开埠之后，龙门浩街区集中建造了一大批外国人设立的洋行、公司和银行。国民政府内迁重庆之后，这个街区驻有一大批领馆、机关、学校和工厂。

从慈云寺、觉林寺的建造，到周家湾、鄂中里等街道的形成，再到开埠时期留下的洋行、公司、银行办公楼，抗战时期留下的旧址，上千年的积淀，使得慈云寺—米市街—龙门浩历史文化街区旅游文化资源丰富而厚重，历史文化品位极高。

二　在重庆城市史上的地位和作用

慈云寺—米市街—龙门浩历史文化街区的发展是重庆城市发展的一面镜子，这里留下了唐宋以来重庆城市发展的每一串足迹，一个现代化大都市，其历史发展序列至今能够如此完整地保存，恐怕无出其右者。徜徉于这几个历史文化街区，就如同穿梭于重庆的时空隧道。因此，对这几片街区整体打造和利用，实际上是还原了重庆城市发展沧桑与曲折的历程。

（一）街区本身的价值特色与重庆历史文化价值特色的联系

该街区本身的价值特色即是重庆历史文化价值特色的突出体现，这几片街区的价值特色在很大程度上保存着重庆历史文化价值特色。

一是自然人文景观丰富。重庆素以山水雄奇、自然人文景观丰富著称。而这个街区背倚南山，前临长江，外围景观集中体现了自然人文景观丰富这一特色。尤其是清代重庆十二景就有四景在南滨路，呼归石、诞（弹）子石等巴渝古老的传说，曾给世世代代重庆人以美妙的想象；黄葛晚渡、海棠烟雨、龙门皓月、字水宵灯等沿江名景，曾是重庆人记忆中最富有诗意的乐章。这些景观均分布于这几片街区外围的滨江地段。

二是宗教文化资源丰富。重庆地区素以宗教文化资源丰富著称，这里有慈云寺、千佛寺、大佛寺、觉林寺等千年古刹，其中著名的就是全国唯一一座僧、尼共在的慈云寺。

三是其较为完整地保存着开埠时期的历史文化风貌。南滨路上保留下来的开埠时期的建筑遗址，既见证了西方列强对中国西南地区的殖民掠夺，也见证了重庆这座城市在近现代受西方文化影响所发生的变化。

四是重庆为抗战陪都，素称英雄之城。抗战内迁，重庆形成了沿长江东起唐家沱，西到大渡口，沿嘉陵江北到磁器口、童家桥，沿川黔公路南到綦江的工业区，这是当时抗战大后方唯一的以兵工、炼钢、机械、造船、纺织、化工为主干的综合性工业区。抗日战争爆发前，重庆城区常住人口约70万，抗战西迁之后，城区人口数量骤增，达到150万—200万。由于南滨路得天独厚的山水资源，抗战时期也成为许多达官贵人的聚集地。如杜月笙公馆、美国使馆酒吧、英国海军俱乐部、仁济医院、"永存别墅"、"周家院子"、"黄家院子"等建筑遗存见证了抗战西迁这段悲壮的历史和当时这片街区的繁华。

五是该街区较为完整地保存了重庆历史文脉与建筑文化风貌。这几片街区几乎原汁原味地保留着吊脚楼、石板街、太平缸，这里的原住居民还能讲述发生在重庆城市的古老的故事。

（二）本街区在重庆城市形成和发展中的地位

重庆城市历史悠久。公元前316年秦惠文王派张仪灭亡巴国之后，在其地分设5郡23县[①]，其中巴郡治江州（今重庆主城区）。三国蜀汉时，李严父子在重庆筑城。宋末彭大雅为抗击元兵在重庆筑城。农民领袖明玉珍至正二十二年（1362）攻克重庆，次年，在重庆建都称帝，国号大夏。明洪武初年，戴鼎在重庆筑城。清康熙二年（1663）四川总督李国英补修重庆城。

近代以前，重庆城市主要集中在两江交汇之处的渝中半岛。但是，清代以来与渝中半岛隔江相望的长江南岸地位日渐凸显。前清"湖广填四川"移民运动促使巴蜀地区场镇广泛兴起，这个街区见证了这一段历史。清代中期，龙门浩街区的周家湾、下浩正街已经形成街市。近代，这个街区更加繁荣，两江三岸的城市格局更加凸显。这一街区对重庆城市发展作出重要贡献，进而成为重庆城区重要组成部分是在开埠以后。

---

① （晋）常璩撰：《华阳国志》卷一《巴志》，卷三《蜀志》，刘琳校注，成都时代出版社2007年版，第47页。

三 开发利用的价值

慈云寺—米市街—龙门浩历史文化街区具有较高的历史文化价值、建筑价值、旅游开发价值、商业价值以及其他潜在的价值，整体保护这几片街区也就是保护了重庆城市发展的文化脉络，同时，这几片街区的旅游开发价值、建筑价值、商业价值以及其他潜在的价值，使这项工程能够实现社会效益和经济效益双赢。

（一）街区历史价值

这个历史文化街区保存着唐宋以来重庆这座城市绵延不绝的历史记忆。一条街巷、一栋建筑物、一条道路，甚至一条堡坎，都有着一段凄美的故事，讲述着一段难忘的历史。这里有自唐宋以来各个时期的历史文化，慈云寺、觉林寺、千佛寺、大佛寺烟火亘古绵延，倾诉着人们对宗教的虔诚崇拜。周家湾、鄂中里、米市街、禹王宫是300多年前"湖广填四川"移民运动留下的深刻历史记忆。

19世纪90年代，随着法国、日本、美国、德国等国势力逐步入侵中国西南，重庆成为西方列强在西部地区进行经济掠夺的主要据点。尽管重庆被动开放，但是外国商品和资本的输入，使得重庆由川东一隅的内陆城市迅速发展成为长江上游开放最早的商贸中心。清宣统三年（1911），重庆有外国洋行、公司49家，工厂11家，现在这一历史文化街区还保留着立德洋行、法国水师兵营、聚兴诚银行以及长江对岸渝中区白象街江全泰号等开埠时期的建筑。抗日战争时期，大量机关、使馆、金融、工业、教育、文化和科学技术机构及人才荟萃于重庆，现在还保存的美国使馆酒吧旧址、比利时大使馆旧址、意大利大使馆旧址、武昌中华大学旧址、中央电影摄影场等，留下了抗战内迁的悲壮记忆。[①] 总之，唐宋以来各个时期都在这片街区留下了深刻的历史记忆，这也正是这片街区的历史价值之所在。

时过境迁，曾经在这些建筑物活动过的主人可能早已逝去，然而，

---

① 幸军、程武彦主编：《巴渝记忆 重庆文脉——重庆市第三次全国文物普查》，重庆出版社2015年版，第18—19页。

深刻的历史记忆却永远难忘。重庆开埠时期聚福洋行开办者黄锡滋，安达森洋行开办者瑞典商人安达森，白理洋行开办者英国商人白耳理和买办古学渊，卜内门洋行的开办者英国人卜内及门氏，等等，一方面将西方先进生产方式和经营方式传入中国内陆地区，另一方面又充当着殖民掠夺的急先锋。1937年，随着中央电影摄影场西迁重庆的"中电"演员孙渝、赵丹、白杨、王人美、魏鹤龄、胡蝶、吴茵、顾而已、金焰、高占非等，在极端艰苦的条件下先后拍摄《孤城喋血》《中华儿女》《长空万里》等故事片。

总之，该街区发生过的重要历史事件和重要人物的活动，使得这片街区蕴藏着丰富的历史文化资源。

（二）街区社会文化价值

这个街区积淀了各个历史时期人们的生产生活方式、思想观念、风俗习惯和社会风尚。这片街区与朝天门、江北嘴位于长江与嘉陵江交汇之处，自古千帆麇集、百舸争流，长江、嘉陵江航运的便利条件培育了重庆的码头文化。自唐宋以来，慈云寺、觉林寺、大佛寺、千佛寺宗教活动绵延不绝，培育了街区的宗教文化。明代"渝城八景"和清代"巴蜀十二景"，有黄葛晚渡、海棠烟雨、龙门皓月、字水宵灯四个景观位于街区外围，四景民俗活动与街区历史文化交相辉映，民俗文化极为丰富。开埠以来，欧美文化元素在这片街区呈现，古老的中华文明中增添了西方文化因素，悄无声息地改变着重庆城市的社会文化面貌。因此，在这片街区既可以感受到码头文化的直白，还可以体会宗教文化的氛围；既可以享受田园诗般的民俗活动，亦可以感受到西洋文化的情趣；既可以感受到农耕文明下场镇的特色，还可以体会近代化以来都市的文明。

（三）街区历史文物与历史建筑价值

这个历史街区有国家级文物保护单位美国大使馆海军武官处旧址，市级文物保护单位卜内门洋行旧址、慈云寺、法国水师营，聚福洋行轮船公司、黄锡滋产业建筑群、安达森洋行旧址、比利时使馆旧址、美国使馆别墅群旧址、字水题刻等区级文物保护单位，新华信托储蓄银行旧址等一大批文物点。正是因为这片街区文物保护单位密集，故整体保护与利用是十分必要的。

街区有一些中西合璧的历史建筑。例如，新华信托储蓄银行旧址为两楼一底砖木结构中西式建筑。永兴洋行高管住宅为一栋二楼一底砖木结构中西式建筑。海关别墅旧址为一楼一底后连一平房、砖石木混合结构中西式建筑。而下浩董家桥民居是一座典型的中国传统建筑，该建筑坐北朝南，木结构，穿斗梁架，悬山式人字坡屋顶，前坡小青瓦屋面，后坡为玻纤瓦屋面，木板墙、山墙的山尖部分为夹壁泥墙，房屋背面的格子窗保存较好。作为传统的民居建筑，该建筑具有一定的历史价值。只有总体规划设计，整体保护与利用，这片历史文化街区的建筑历史和艺术价值才能完美地显现出来。

四　街区的特色

慈云寺—米市街—龙门浩历史文化街区集码头文化、宗教文化、民俗文化、开埠文化、抗战文化、建筑文化于一体，旅游资源蕴量丰富，历史文化品位较高，文物保护迫在眉睫。对它的保护与利用是一个问题的两个方面。一方面，保护这几片历史文化街区即是保存重庆城市发展文脉；另一方面，整体保护这几片历史文化街区具有极高的社会价值和经济价值。对这几片历史文化街区整体保护与打造，将使这个区域商机无限，长江、嘉陵江汇流之区的旅游业开发的整体价值倍增。同时，基于这几个历史文化街区深厚的历史文化底蕴，量身打造，可以实现有旅游、有文化、有经济效益，必将成为重庆市新的经济增长点和新的集旅游、文化、休闲、娱乐于一体的好去处。

本章小结

本章我们分析了重庆地区名镇名村的环境要素及其价值。重庆地区古镇历史文化积淀深厚、历史环境要素（文物古迹、古建筑）丰富、历史文化街区集中成片、人文内涵深厚、民族民俗文化独特、非物质文化遗产种类众多。环境要素可以概括为人工环境要素、人文环境要素两个方面，后者多是活在当下的人类活动。古镇保护应以整体的观念，寻找人工环境要素、人文环境要素、自然环境要素之间的相互联系，"这是人居环境科学的核心,也是它的方法论,甚至可以说是人居环境科学的真谛所在"。① 古镇保护与文化旅游开发应当在人居环境科学的指导下,寻找古镇保护与文化旅游开发、古镇保护与社会发展的最佳契合点。

---

① 吴良镛:《人居环境科学导论》,中国建筑工业出版社2001年版,第214页。

第三章

古镇特色、类型与兴变

由于中国幅员广阔，地理环境、风土人情、社会观念存在一定的差别，使得大江南北古镇各具特色、类型繁多。本章根据古镇的历史形成、自然和人文地理、城市物质要素和功能结构对比分析，以古镇保护与文化旅游开发为出发点，从自然人文景观角度分析古镇特色、类型及兴变。

第一节　古镇特色

据2008年统计，我国有620多个市、1600多个县、200多个县级市、19000多个镇、20多万个村。① 已经进行旅游开发的古镇超过200多个，具有潜在资源开发优势的古镇有1000多个。② 2019年年底，我国有333个地级行政区划、2846个县级行政区划、38755个乡镇级行政区划，其中有21013个镇。③ 2003—2019年共评选出七批中国历史文化名镇、名村，共计799个。④ 2023年7月29日，住房城乡建设部、国家文物局发布《关于组织申报第八批中国历史文化名镇名村的通知》，到本书出版之时

---

① 施德法：《在城市化进程和新农村建设中大力加强古村落古建筑保护》，载中国民族建筑研究会编《华南地区古村古镇保护与发展（广州）研讨会文集》，中国广州，2008年6月20—22日，第68—69页。

② 曹昌智：《水乡古镇文化旅游与可持续发展》，载中国城市规划学会历史文化名城学术委员会、昆山市人民政府编《2008年古镇保护与发展周庄论坛》，中国江苏周庄古镇，2008年4月，第43页。

③ 国家统计局编：《中国统计年鉴2020》，中国统计出版社2020年版，第3页。

④ 数据来源于住房城乡建设部、国家文物局公布的1—7批中国历史文化名镇名村名单。

为止，进行了一定保护和深入研究的历史名镇名村只有799个，尚有数量庞大的镇村需要抢救性保护和开发利用。

我国地域辽阔、气候多样、地形地貌千差万别，在长期的历史进程中，数以万计的小城镇因所处的地理环境不同以及社会经济功能差异，孕育出了各自不同的地域文化和民俗风情，也形成了以地域划分的多个体系。① 在此基础上，各个地区形成了各具特色的城市、集镇和农村，它们包括太湖流域的水乡古镇群、皖南古村落群、川渝黔交界古村落群、晋中（南）古村落群、粤中古村镇群。②

吴文化实际上是一种水文化，包括由水文化滋养而形成的稻作文化、渔文化、船文化、桥文化、蚕桑文化。吴文化又是一种开放性的区域文化，吴文化的历史可以理解成是一部不断融合、吸取、整合周边地区文化，并不断丰富自身内容的历史。③ 遍布江南地区的水乡古镇是吴文化滋养下形成的一种古镇类型，是在江南地区经济和文化鼎盛的时期（13—16世纪）发展成为具有经济、居住和生产等多种功能的城镇的。④ 周庄、同里、甪直、南浔、乌镇、西塘、龙门、木渎、朱家角、新场、前童、安昌就是水乡古镇的代表。

在很长的一段时间，以周庄、乌镇、西塘等为代表的江南水乡让人趋之若鹜、流连忘返，而成都平原上的古镇，孤芳自赏，偏安一隅。如果说江南水乡古镇是集万千宠爱于一身的大家闺秀，那么成都平原的古镇更像是犹抱琵琶半遮面的小家碧玉，芳华不让，却更多一分羞涩。⑤ 在各种优越的自然和人文条件的滋养下，成都平原地区自古以来就崇尚安逸生活与休闲文化，但在这种共同的文化背景涵养下，由于古镇形成的

---

① 赵春兰、杜抒、黄运昇编著：《蜀韵古镇——多维视野下的古镇文化遗产保护与利用》，四川大学出版社2019年版，第124页。

② 《江苏古镇保护与旅游发展研究》课题组：《江苏古镇保护与旅游发展研究》，东南大学出版社2014年版，第202页。

③ 苏州市规划局：《苏州古镇保护规划》，中国建筑工业出版社2016年版，第89页。

④ 阮仪三：《阮仪三与江南水乡古镇》，董建成摄影，上海人民美术出版社2010年版，第10页。

⑤ 赵春兰、杜抒、黄运昇：《蜀韵古镇——多维视野下的古镇文化遗产保护与利用》，四川大学出版社2019年版，第117页。

具体条件千差万别，使得每一座古镇又有各自的个性特征。浓厚的川西客家风貌，成为洛带古镇的一张地域名片。平乐古镇、上里古镇因位处交通要道，以繁盛的商贸而兴，自古便以茶马古道、南方丝绸之路上第一镇著称，其风貌又是一番意趣。安仁古镇因享有"沃野千里"的得天独厚的自然地理条件，而产生富甲一方的大户人家，朱门豪宅便成为人们对这座古镇最深刻的印象。黄龙溪古镇因其山水秀美、古香古色，成为成都人的乐园。罗城古镇因井盐贸易而兴，因船形的街道轮廓而成为人们向往之地。罗泉古镇充塞的盐文化，使其主题凸显。柳江古镇轻纱薄幔，古韵悠长，以"柳江烟雨"著称。街子古镇钟灵毓秀、古钟悠远、香烟缥缈，吸引着众多香客信徒、访古探幽者的目光。[1]

与深受自然环境垂爱的江南水乡、天府之国不同，坐落于闽南山区的古镇，民居、祠堂、家庙、府第、池塘、广场兼备，形成另外一种风格特色。漳州古镇古村落繁多且富有特色，最具代表性的是各具特色的土楼和闽南古建筑群落。梅林古镇、仙都古镇、书洋古镇、云水谣古镇大致都保存着数量不等的土楼。[2]

处于云贵高原的贵州，每一个古镇也都是在特定的地理条件和自然环境以及在人文历史发展和孕育中逐步形成和发展起来的，每一座古镇都是古往今来所有的物质文明和精神文明的总和。[3]

在珠江三角洲西缘的五邑侨乡，碉楼散布于山区、丘陵和平原。每一个镇乡都有碉楼。即使在繁华的闹市区，也随处可以看到饱经沧桑的碉楼与现代化的建筑为伴。据说历史时期开平有3000多座碉楼，民间一直流传着"无碉不成村"的俗语。至今，开平还保存着1833座碉楼，集中分布在中部潭江冲积平原的塘口、百合、赤坎、蚬冈、长沙五镇。拥有如此众多碉楼的地方，在全国还找不到第二处，在世界上也是罕见的。

---

[1] 赵春兰、杜抒、黄运昇：《蜀韵古镇——多维视野下的古镇文化遗产保护与利用》，四川大学出版社2019年版，第5页。

[2] 许荣勇：《漳州市古镇古村保护与整治》，漳州市正华网印有限公司2014年印刷，《前言》第1页，第14、19、26—28、77、90页。

[3] 吴建伟：《坚持科学发展观，保护和利用好名镇文化资源》，载贵州省文物局编《贵州古镇保护与旅游开发青岩论坛文集》，2011年5月，第17页。

因此，开平有"中国碉楼之乡"的美誉。开平碉楼不仅是一种具有良好视觉形象的乡土建筑而且是历史文物和美学观赏对象。走进碉楼，走进碉楼所在的村落，就如同走进了侨乡先民们的内心世界，开平碉楼藏的大量非物质文化就会一一呈现，从而彰显出碉楼建筑艺术和碉楼文化的魅力。[1]

位于广州市海珠区东南部的小洲村有着深厚的历史文化底蕴，古祠堂、古庙宇、古民居、古桥、古树、古街巷、古井得到完整的保护、修复和合理的利用，具有典型的岭南建筑风格的古建筑、灰筒瓦脊、砖雕灰塑别具一格。[2]

武陵山区的古镇，除了面临着巍峨雄伟、起伏绵延的群山、波涛汹涌奔流不息的江河，还呈现出显著的土家族、苗族民族特色。位处乌江下游的龚滩古镇、龙潭河滨的龙潭古镇、酉水流域的里耶古镇、石堤古镇、王村古镇，位于濯水、蒲花河交汇处的濯水古镇，无不集山川雄奇、民族特色于一身，显示出其与众不同的特性。位处灵溪河畔的永顺老司城，是彭氏土司对当地800多年统治的历史见证。昔日的"九街十巷"早已不存，鹅卵石铺成的街道斑驳陆离、图案杂陈，109座保存尚好的土司墓葬诉说着彭氏土司历史之久远。其他遗址遗存，又难以悉举。[3]

可以说，从青藏高原到黄土高原、云贵高原、内蒙古高原，从成都平原到长江三角洲、珠江三角洲、松辽平原，从武陵山区到武夷山区，从渤海之滨到黄海、东海、南海之滨，每一个地区都形成了与自然环境、风土人情、民风民俗、民族传统相互映衬的以建筑为代表的特色古镇。它们代表了一定地域的建筑文化、社会文化和发展历史。《保护世界文化和自然遗产公约》明确阐明世界遗产的根本特征是具有"突出普遍的价

---

[1] 樊炎冰：《开平碉楼与村落》，载中国民族建筑研究会编《华南地区古村古镇保护与发展（广州）研讨会文集》，中国广州，2008年6月20—22日，第7、11页。

[2] 广州市海珠区小洲经济联合会：《小洲村古建筑保护》，载中国民族建筑研究会编《华南地区古村古镇保护与发展（广州）研讨会文集》，中国广州，2008年6月20—22日，第18页。

[3] 龙玲：《湘西百年古城老司城的可持续发展初探》，载中国民族建筑研究会编《华南地区古村古镇保护与发展（广州）研讨会文集》，中国广州，2008年6月20—22日，第85—87页。

值"（OUV），其特殊性在于这种价值承载着特殊的象征意义——对全人类都很重要。[1] 具有"突出普遍的价值"（OUV）是古镇保护与旅游开发最为核心的要素。

第二节　古镇类型

分析世界各地的城市类型，对中国古镇类型的划分具有启发意义。欧洲、日本、中国从城市的地位、性质、功能结构、自然和人文地理、历史形成、物质要素等角度，将城市划分为各种类型。欧洲大致将历史传统城市分为地区中心城市、历史性城镇、旅游性城市三类。日本人足达富士夫从城市景观特色角度出发，将城市分为眺望景观型、城镇景观型、环境景观型、展示景观型四种类型。根据城市的历史形成、自然和人文地理、城市物质要素和功能结构对比分析，将我国的历史文化名城划分为古都型、传统城市风貌型、风景名胜型、地方特色及民族文化型、近现代史迹型、特殊职能型、一般史迹型等七种类型。[2]

本节以古镇保护与旅游开发为出发点，从自然人文景观角度将中国古镇划分为以下类型。

长江三峡库区：山—江—桥—城模式

长江三峡库区的城市和建筑文化具有悠久的历史传统，聚居形态有其特殊性，由于山地、长江的特殊环境，既是"山城"，又是"江城"，是地地道道的"山水城市"，空间构成十分独特而美丽。人工建设融于自然，建筑组合充分反映山地形态和地域文化内涵，在我国建设学中占有一席重要的位置。新城市的建设，要结合地形特点、气候特点、地质水文特点、生态特点、人们的生活习性特点，创造富于山地特色、技术合理、功能完整的跨世纪现代城市空间，避免千篇一律的单调形式，或对

---

[1] 《江苏古镇保护与旅游发展研究》课题组：《江苏古镇保护与旅游发展研究》，东南大学出版社2014年版，第5页。

[2] 阮仪三等：《历史文化名城保护理论与规划》，同济大学出版社1999年版，第19—24页。

传统合理成分的一味抛弃。①

桂林、柳州、无锡：山—水—城模式

桂林山光水色，醉人心扉。1987年1月，在桂林规划完成后，吴良镛提出桂林山—水—城模式和保护对策。1992年钱学森写信给吴良镛，提出"能不能把中国的山水诗词、中国古典园林建筑和中国山水画融合在一起，创立山水城市的概念？人离开自然，又要返回自然，社会主义的中国能建造山水城市的居民区"。1993年，在进行柳州规划时，吴良镛提出"柳州要发挥其特有的'江流曲似九回肠'的山水文化特色"。柳州的特色正是体现在曲折的江流与青山拥抱上，是极为难得的风景资源。世界上以大江大河而著称的城市不少，以山城著称的城市也不少，而山水城如此相得益彰者并不多得，而且柳州有它独特的构图与布局。"江流曲似九回肠"，"鹅之山兮柳之水"，难就难在山林、水流、城市结为一体。无锡也是应该在城区及必要的外延建设城市，而对现在滨湖地带（指梅梁湖、五里湖等地）的大面积地区首先要保护好，而不是利用这些地区去搞"开发"，这样无锡市才能有它的中心城，有它的山水风景区，这样才能被称为名副其实的山水城市。②

三亚、福州：山—海—河—城模式

1993年吴良镛在三亚进行市中心10平方千米城市设计时，提出三亚城市布局的山—海—河—城模式，称山、海、河为三亚城市的"三雅"。③福州市在历史上就形成了"三山鼎立，两塔对峙，一线贯穿，西湖独秀，闽江横陈"的独具特色的城市空间艺术布局。福州城市规划设计人员提出要"显山露水"，使"三山、两塔、一条江"的特色凸显出来，做到"城在山中，山在城中；城在水边，水在城里"。④

"天人合一"思想在我国传统文化中产生了非常深远的影响。古人将代表自然的"天"与人自身结合起来，认为人类文明的演进都应遵循着

---

① 吴良镛：《人居环境科学导论》，中国建筑工业出版社2001年版，第204页。
② 吴良镛：《人居环境科学导论》，中国建筑工业出版社2001年版，第206—207页。
③ 吴良镛：《人居环境科学导论》，中国建筑工业出版社2001年版，第206页。
④ 鲍世行：《1998年4月10日鲍世行给钱学森的信》，载鲍世行、顾孟潮《杰出科学家钱学森论山水城市与建筑科学》，中国建筑工业出版社1999年版，第223页。

天道规矩，这一思想运用在城镇建设上，就是城市布局、房屋构筑依山就水，巧于因借，从而与地理环境、自然山水形成和谐相融。因此，由于自然环境不同、风俗习惯有异，人工与自然结合形式各不相同，造就了各具特色的古镇类型。

水乡景观型

周庄、同里、甪直、南浔、乌镇、西塘、龙门、木渎、朱家角、新场、前童、安昌等江南古镇具有相同的地理与文化背景、风貌与特色，但由于各自历史的因循、文化的生成、环境的美化、时代的机遇相异，因而又各具特点，各有风韵。周庄古镇，繁华的商业市镇，前街后河，前店后宅，家家枕水而居，户户踏级入水，双桥有佳话，迷楼遗诗情，画窗映波，凭栏闲情，水乡美景尽收。同里古镇，恬静的居家市镇，湖塘环抱，河道纵横，拱桥跨波，退思园、耕乐堂，名园老宅犹存，河沿小路旁，竹树掩映着白墙黛瓦，洋溢出一片水乡柔情。甪直古镇，因唐代创建保圣寺而兴寺建镇，遗存唐代彩塑和斗鸭池，古树、古墓勾人怀古情思，小河、小街、小店、小桥及水乡妇女们的清丽服饰独具风韵。乌镇古镇，幽雅的河街市街，修长的街巷，昔日的廊檐、石板路、水阁房，引人遐想，小船悠悠，河水涟涟，淳朴明净，老茶馆、老药店、老作坊、古戏台，古趣盎然。南浔古镇，盛产蚕丝的古镇，素有崇文重教之传统，嘉业堂藏书楼，小莲庄大花园，文化底蕴深厚，百间楼处，河道弯弯，倒影重重，风光旖旎婉约。西塘古镇，盛产黄酒的鱼米之乡，河道开阔，细柳拂水，碧波漪漾，河沿廊棚连绵数里，瓦屋檐、马头墙高低错落，鱼市、花市、酒坊，令人陶醉流连。[①]

山水景观型

巴蜀地区有些古镇具有迥异于其他地区古镇的自然环境（如江南地区的水乡环境），古镇区的布局依山就水，自然与人工环境关系和谐融洽，其构成具有"自然环境显现，人工环境消隐"的总体特征，形成"山—水—城"一体化的自然与人工环境格局。这类古镇中比较典型的如

---

① 阮仪三：《江南六镇》，河北教育出版社2002年版，第34—36页。

酉阳龚滩古镇、北碚金刚碑和洪雅柳江古镇。①

建筑风貌型

巴蜀地区有些古镇所处的自然环境特色虽不突出，但区内的人工环境却有着鲜明的特点。古镇整体结构保存较为完整，除了集中连片的民居建筑外，庙宇、会馆、祠堂等公共建筑数量较多，类型丰富、造型精美、历史文化价值巨大，并以整体的建筑风貌成为古镇最大的特色。这类古镇中比较典型的如成都龙泉洛带古镇、成都大邑安仁古镇、自贡沿滩仙市古镇、重庆酉阳龙潭古镇。②

人文背景型

巴蜀地区有些古镇曾是古代文化名人的旅居地、近现代文化名人的诞生地、当代文化名人回乡活动地。有些古镇曾经历巨大的社会变迁、历史重大事件，是地域社会历史演变的见证地。有些古镇成为某种传统道德文化的发源地，具有极其重要的文化意义。相对其自然环境和传统建筑构成，这种类型的古镇区一般因鲜明的人文特色而彰显，以独特的人文背景而出彩。比较典型的古镇包括绵阳江油青莲古镇、泸州合江尧坝古镇、泸州合江太平古镇、雅安石棉安顺场古镇和德阳旌旗区孝泉古镇。③

第三节 古镇之兴

一 依托经济发展而兴

古镇的兴起与经济的全面发展是密不可分的，古往今来，全国各地大同小异。

江南地区河道纵横交错，湖泊星罗棋布，水路运输网络发达，优越

---

① 戴彦：《巴蜀古镇历史文化遗产适应性保护研究》，东南大学出版社2010年版，第83页。
② 戴彦：《巴蜀古镇历史文化遗产适应性保护研究》，东南大学出版社2010年版，第83页。
③ 戴彦：《巴蜀古镇历史文化遗产适应性保护研究》，东南大学出版社2010年版，第83页。

的自然地理和气候水土条件，使得这片区域成为人口稠密、开发程度较高的区域。隋代开凿京杭大运河，打通了中国南北交通的大动脉，使苏浙所产的米粮绸布可以供应北方的政治中心，也让江南一举成为名副其实的财赋之区。成都平原自春秋战国以来在都江堰水利工程的滋养下，"水旱从人，不知饥馑"，丰富的水源、肥沃的土壤和适宜的气候，为其盛产稻谷、玉米等多种农作物创造了条件，这里一直是中国西部地区农业水平最发达的地区。发达的农业经济势必刺激商业发展，引发繁荣的商贸活动，从而使得手工业和商品经济在这两个地区十分活跃。

明清以来，一大批手工业中心地和市镇在江南地区、成都平原和中国其他地方兴起。如松江地区是"衣被天下"的棉织业中心，"俗务纺织，他技不多"。苏州、杭州、嘉兴、湖州一带，"总览市利，莫大于罗绮绢纻，而三吴为最"，尤其是苏州"郡城之东，皆习机业"，明万历年间机户所雇佣的机工就有数千人之多。山西省潞安也是一个丝织业中心。所谓"东南之机，三吴、闽、越最夥，取给于湖茧；西北之机，潞最工，给取于阆茧"。这说明"三吴"是中国东南的丝织业中心，"潞（安）"是中国北方丝织业中心，太湖流域的湖州、巴蜀地区的阆中，已经成为这些丝织业中心的原料生产地。

由于手工业、商业贸易的发达，众多古镇随之产生。号称"中国第一水乡"的周庄古镇，坐落在周边五个湖泊的中心，从元代起便随着水运的发展而兴盛繁荣起来，一时间，周庄商贾云集、人丁兴旺，明初富可敌国的大商人沈万三就诞生于此。浙江湖丝名镇——南浔古镇，因所产湖丝质优而闻名。从明代开始，南浔地区居民种蚕缫丝的技艺就声名鹊起，直到近代，南浔的辑里丝还多次在世界博览会上荣获大奖，受到海内外关注。南浔的蚕丝业辉煌了 300 多年，也带动了地区蚕丝贸易。全盛时期的南浔镇客船往来不绝，沿河布满了店铺，码头停满船只，生成一派热闹而活跃的商贸景象。[①] 江苏省昆山市周庄古镇以水成市、以水兴镇，带动周围农村经济发展，成为苏州手工业中心和商品集散中心，发

---

① 赵春兰、杜抒、黄运昇编著：《蜀韵古镇——多维视野下的古镇文化遗产保护与利用》，四川大学出版社 2019 年版，第 129 页。

挥着城市与农村之间的纽带作用，在中国经济文化发展中有非常重要的作用。以周庄为代表的江南水乡城镇在13世纪以后，成为中国经济最为活跃的地区之一，尤其在经济封闭的封建体制中出现了自由灵活的市镇网络和经济体系，对中国近代经济的发展产生了积极的影响。[①]

在巴蜀地区，因农业垦殖和商贸繁荣而兴起了成都洛带古镇、雅安上里古镇、合江福宝古镇、潼南双江古镇、酉阳龙潭古镇、秀山梅江古镇、奉节竹园古镇、巫山庙宇古镇。因商贸服务而兴起隆昌云顶场、涪陵大顺场、丰都高家古镇、酉阳清泉古镇。[②] 四川省资中县的罗泉古镇依托井盐开采和制造业发展而繁荣起来。[③]

黄龙溪古镇也因为商业贸易繁盛而兴起。黄龙溪镇因溪河而名，有着2000多年的历史，是拱卫成都南门的军事要地。通过该河可达府河（古代称锦江），到达成都市区，在古代是连接成都与岷江下游地区的重要航道。府河在黄龙溪由宽变窄，因此过往船只大多在此处停留换乘，众多商人也在此停泊与住宿。久而久之，来往与停泊黄龙溪的船只络绎不绝，人流的汇集与停顿催生了市镇的繁荣。川西雅安市上里古镇自古地处要津，位于雅安、芦山、名山、邛崃四县交界处，是四川地区著名的因商而兴的城镇。在明末清初的"湖广填四川"移民活动中，从风水学上来看此处恰好在两条内河相交夹角处，是财源汇聚的宝地，上里古镇将汉、彝、羌、藏民族混居地区的经济活动紧密联系起来从而成为一方名镇。[④]

与全国其他地区一样，重庆古镇兴起的基础是当地农业发展、手工业进步、商业贸易繁荣。在重庆地区，农村场镇和区域性城市60%—80%的人口主要是从事手工业、商业和服务业。多数场镇还拥有一大批

---

① 苏州市规划局编：《苏州古镇保护规划》，中国建筑工业出版社2016年版，第176页。
② 戴彦：《巴蜀古镇历史文化遗产适应性保护研究》，东南大学出版社2010年版，第65—66页。
③ 赵春兰、杜抒、黄运昇编著：《蜀韵古镇——多维视野下的古镇文化遗产保护与利用》，四川大学出版社2019年版，第118页。
④ 赵春兰、杜抒、黄运昇编著：《蜀韵古镇——多维视野下的古镇文化遗产保护与利用》，四川大学出版社2019年版，第130页。

专门从事农业生产，或者农业、手工业、商业兼营的家庭。明朝人在谈到当时的社会结构时，将传统的所谓"四民""六民"发展成为"二十四民"，即除去士、农、工、商及兵、僧之外，又增加了道、医、卜、星命、相面、相地、弈师、驵侩、驾长、舁人、篦头、修脚、修养、倡家、小唱、优人、杂剧、响马巨窝等。这样的分类是否恰当姑且不论，从中所表现出来的城镇社会中各种行当的复杂则是显而易见的。除去一些因手工业或者商业发展而新兴的市镇外，当时的大中型城市中，还不可能将城市人口尽可能地转化为城镇的生产者，从而形成了相当数量的无业游民，或者不事生产的占卜、星命、相面、相地、卖淫，或者成为游手无赖。如果这些人可以统称为"市民"的话，那也只能是城镇居住民户的泛称而已。① 然而，场镇绝不是只有那些专门从事手工业、商业贸易或服务业活动者的活动场所，场镇周围的农户无法自给自足的商品和社会服务需要从场镇上获取。农村基层社会人们的交易活动主要在场期②进行，届时百物齐集、服务毕至，人们在场市获得自己所期望的物资和社会服务，因而形成了古朴的赶场现象。

社会行业的复杂性决定了城镇社会构成必然复杂。下述重庆地区的几个场镇《人口社会构成统计表》、《社会职业成分构成表》，都可以说明古镇的形成是建立在农业经济发展基础上的，但必须有一批人从社会分离出来集中于固定场所专门从事手工业、商业贸易或服务业活动，这个固定场所就是后来的场镇。

重庆地区的场镇大多有固定的"市期"或"场期"，俗称"逢场"，各地逢场日子不一，或逢单、双日，或逢二、四、七日，或逢二、五、八日，或逢三、六、九日。逢场之时，手工业者辐辏而至，市场上人来车往，货物汇集，交易频繁，为一方盛事。例如，咸丰四年（1854）闰七月刘兴发《为急速被保归家事致父母函》称，七月十一日午刻在渝起身，夜宿石桥铺；十二日赶场；十三日赶冷水场，夜宿大渡口；十四日

---

① 王毓铨主编：《中国通史》第九卷《中古时代·明时期》（上、下），上海人民出版社1999年版，第729页。

② 场期是南方地区场镇约定成俗在固定日期到固定地点从事商品贸易的日期。

赶土桥子；十五日早赶渔洞溪，夜转冷水场宿；十六日赶场，乃至，午后冷水场盘查严紧。① 刘兴发来往于各个场镇之间专事商业贸易（赶场）是显然的。

表3—1　　　　　乾隆三十八年三月定远厢人口社会构成

社会职业	户数	社会职业	户数	社会职业	户数
卖米	30	饭馆	1	布铺	1
卖茶	2	和尚	4	香铺	1
卖烟	2	油铺	3	手中铺	1
卖菜	23	轿铺	9	糕铺	1
卖木	27	鞋铺	3	杂货铺	5
卖竹	1	开铺	1	抬木	19
卖柴	15	饭铺	5	抬石	4
卖水	16	药铺	2	剃头	6
卖煤	3	蜡铺	7	豆腐	5
卖糕	2	烟铺	3	抬轿	2
卖汤圆	1	酒铺	1	皮房	2
糖房	1	做厨	2	裁缝	4
左堂站役	3	草鞋铺	5	巴县站役	2
纸马铺	2	府堂站役	1	渡船	24
做香	1	背货	3	做扇子	1
机房	1	铁货	1	石匠	1
抬米	1	测字	1	煤炭	4
屠户	3	架（驾）户	13	架船	7
做戏	2	开行	2	孤老	1
木匠	1	读书	2		

资料来源：四川大学历史系、四川省档案馆选编：《清代乾嘉道巴县档案选编》（下），四川大学出版社1989年版，第310—311页。

由表3—1可知，巴县定远厢总户数297户，除去左堂站役3户、和尚4户、府堂站役1户、读书2户、抬木19户、抬米1户、抬石4户、

---

① 四川省档案局（馆）编：《清代四川巴县衙门咸丰朝档案选编》第5册，上海古籍出版社2011年版，第312页。

抬轿2户、巴县站役2户、孤老1户，共计39户，从事手工业和商业、服务业者约占总户数的87％。

表3—2　嘉庆十八年四月二十八日紫金坊、灵璧坊人口职业构成

社会职业	户数	社会职业	户数	社会职业	户数
钱铺	41	线铺	1	酱园铺	5
纸铺	12	玉器铺	1	粉铺	2
扇铺	12	书铺	2	糕铺	1
剃头铺	11	蜡烛铺	5	木货铺	2
帮人	50	医生	5	豆腐铺	3
茶铺	12	轿铺	7	罗盘铺	1
京果铺	8	香铺	2	银铺	1
酒铺	9	烟铺	11	铁铺	1
帽铺	3	布铺	4	针铺	3
鞋铺	4	饭铺	10	油漆铺	1
伞铺	4	棉衣铺	2	油果铺	1
菜铺	14	当铺	2	盐梅铺	1
麻铺	3	卖肉	7	小生意	71
杂粮铺	3	卖鸡	1	担水	3
油盐铺	1	收租	3	出外生理	1
油铺	4	卖广货	1	开行	8
当差	12	居孀	3	坐家	5
花铺	1	卖蛋	1	做扇子	3
砖瓦铺	2	耕官	2	打铜	1
米铺	23	卖笋子	3	开馆	5
砂米铺	1	卖炭	3	竹厂	2
炀曹生理	1	卖汤圆	1	钱桌生理	5
面房	1	炭房	3	命理	2
染房	3	炭行	4	包席	3
浆洗房	1	唱戏	1	厨子	2
毡子房	1	手艺	31	种土	1
栈房	20	收牛皮	1	板主	1

资料来源：四川大学历史系、四川省档案馆选编：《清代乾嘉道巴县档案选编》（下），四川大学出版社1989年版，第318页。

由表3—2可知,嘉庆十八年(1813),巴县紫金坊、灵璧坊总户数509户,其中,帮人50户、当差12户、收租3户、居孀3户、担水3户、坐家5户,共计76户,从事手工业、商业和服务业者约占总户数的85%。[1]

嘉庆二十年(1815),节里十甲凉水井团总户数77。其中,米房5、茶馆9、杂粮1、卖盐2、布店4、染布1、换银1、杂货1、药铺3、纸店1、挂面1、屠猪1、裁缝1、酒店(旅馆)23、糍粑2、铺户1、木匠3、担柴1、佣工7、种土7、教学1、不详1。[2]除去担柴1、佣工7、种土7、教学1、不详1,共计17户,从事手工业、商业和服务业者约占总户数的78%。

道光三年(1823),直里六甲共有总户数77。其中,药铺4、饭馆14、干菜3、茶馆17、木匠1、糖房5、面馆3、石匠1、粉馆1、站房1、铁铺2、油房1、银匠1、酒铺2、剃头1、烟铺1、染房2、纸铺1、花铺1、木铺1、不详14。[3]除去不祥14户,从事手工业、商业和服务业者约占总户数的82%。

道光三年(1823),冷水场总户数241,其中,酒饭8、酒铺3、茶酒11、栈房7、漕房2、腐店2、面馆2、厨工2、面坊1、米铺8、杂粮铺8、糕铺1、卖糖4、油房4、烟店2、布铺8、成衣4、机房12、药铺9、行医6、轿铺2、银铺5、铁铺11、锡店1、木铺3、木工8、篾工1、泥水3、石工1、油蜡1、花铺3、纸火铺1、杂货8、行商23、演戏1、染房6、屠行10、行教4、剃头8、裁缝2、种土1、干菜1、画工2、打线1、塑工1、皮工1、挖炭1、白炭3、零工24。[4]除去行教4、零工24,总共28户,从事手工业、商业和服务业者约占总户数

---

[1] 四川大学历史系、四川省档案馆选编:《清代乾嘉道巴县档案选编》(下),四川大学出版社1989年版,第318页。

[2] 《嘉庆二十年二月十九日节里十甲凉水井团户口社会构成统计表》,四川省档案馆藏,档案号:清6-03-00092。

[3] 四川大学历史系、四川省档案馆选编:《清代乾嘉道巴县档案选编》(下),四川大学出版社1989年版,第329—330页。

[4] 四川大学历史系、四川省档案馆选编:《清代乾嘉道巴县档案选编》(下),四川大学出版社1989年版,第330页。

的88.4%。

道光四年（1824），仁里九甲冻青团总户数194。其中，雇工1人者为44户，雇工2人者为1户，雇工3人者为1户，饭铺6、米铺2、杂粮2、糟房（酒铺）4、茶铺4、烟干铺1、篾铺1、机房3、炭铺9、开店11、贸易2、栈房4、杂货7、零星4、柴铺1、药铺1、草鞋铺2、力行35、载粮（耕田）11、佃田5、道士4、剃头1、屠行6、裁缝1、驾船8、木匠2、挑炭1、石匠1、教学2、卡差1、行医4、打铁2。① 除去雇工46户、力行35、道士4、佃田5、教学2、卡差1，共计93户，从事手工业、商业和服务业者约占总户数的52.1%。

咸丰元年（1851），智里四甲冷水场共计40牌，400户。其中，米铺10、糖食2、杂粮3、卖盐2、卖姜1、粉馆1、饭馆3、酱园1、面馆5、茶馆13、酒馆12、厨司3、油房3、水果11、磨坊1、卖烟8、花铺（含弹花）5、卖书1、牛贩1、猪市13、卖糠1、药铺23、白炭2、小贸35、杂货3、纸火1、栈房3、裱画2、油蜡4、卖麻2、下力（出卖劳动力）（含抬轿）65、轿铺4、机房24、裁缝8、染房5、小戏1、教书4、道士（含端公）11、屠户8、剃头13、铁铺8、锡铺1、铜铺1、银匠8、石匠3、泥水匠2、木铺6、篾匠1、住家1、盖房1、当差2、补锅1、六成行1、种土43。② 其余3户，档案未见。除去下力（含抬轿）65、小戏1、教书4、道士（含端公）11、住家1、当差2、种土43，共计127户，从事手工业、商业和服务业者约占397户的68%。

二　依托物流通道的区位优势而兴

在古代，各地区之间的物资运输和人员交往主要通过陆路驿道和江河水道来进行。在驿道或岸线上，或因为人员的歇息停留，或因为货物的运输中转，常常会在关津要隘自发形成一些歇息点，又或者在交通要冲设立一些驿站。大量的客、货停留和转运，往往又会吸引一些人员来

---

① 四川大学历史系、四川省档案馆主编：《清代乾嘉道巴县档案选编》（下），四川大学出版社1989年版，第342页。

② 四川省档案局（馆）编：《清代四川巴县衙门咸丰朝档案选编》第5册，上海古籍出版社2011年版，第114—170页。

此从事经营服务性的食宿行业，形成一批常住人口，久而久之，这些交通点就会逐渐演变生成正式的小城镇。

中国大江南北不乏依托水路、陆路交通要道而兴起的古镇，例如贵州省镇远古镇、山西省碛口古镇、四川省平乐古镇和上里古镇便是如此。地处湘黔古驿道与沅江水路交汇处的特殊地理位置，使镇远古镇一度军旅往来、商贾云集，成为"舟车辐辏，货物聚集"的水陆大都会。云南、苏州、四川、江浙及两广等地的客商相继闻风而来，带来繁盛的商业激活了沉静的小镇。① 碛口古镇因从事黄河水运转口贸易而兴，因水运地位下降而衰。② 邛崃平乐古镇、雅安上里古镇皆因处于茶马古道、唐蕃古道、临邛古道、南方丝绸之路、盐道和多条水路在商路的节点顺应山势地形而建。③

重庆地区很多古镇之兴也与道路交通有关。磁器口古镇、金刀峡古镇、丰盛古镇、白沙古镇、石蟆古镇、松溉古镇、安居古镇、西沱古镇、龚滩古镇，皆因于传统交通要道而形成。

巴南丰盛古镇位于巴南、涪陵、南川三区交界处，北宋中期始建，世称"封门"，素有"长江第一旱码头"之称。明清以来，这里的农业兴盛、商贸发达，逐渐成为重庆东部富庶之区。该镇既是黔、渝两地陆路交通中转站，也是涪陵、南川、木洞、洛碛等周边场镇与巴县之间陆路交通必经之地。从贵州远道而来到巴县去的客商和马帮，从南川、涪陵上到巴县去经商的客商、脚夫和马帮，从北面洛碛、长寿等周边场镇来的客商脚夫，络绎不绝地经过丰盛的四大场口进入丰盛，或者歇脚，或者经商。④ 通过丰盛古镇之繁华，可以看到陆路交通线的走向对于古镇兴起的重要意义。重庆地区陆路交通运输以肩挑背负为主，运输工具主要

---

① 蒋映生、李吉科：《文化旅游"镇远模式"的人本探索》，载贵州省文物局等编《贵州古镇保护与旅游开发青岩论坛文集》，2011年2月，第125页。
② 霍耀中、张其俊、师振亚：《碛口古镇保护》，山西人民出版社2006年版，第2—3页。
③ 赵春兰、杜扜、黄运昇编著：《蜀韵古镇——多维视野下的古镇文化遗产保护与利用》，四川大学出版社2019年版，第120页。
④ 丰盛古镇保护规划采访，采访对象：重庆市巴南区文管所，采访人：龚义龙，2018年6月5日。

是原始的鸡公车、肩舆和马匹。

　　在古代，长江、乌江、嘉陵江、沱江、府河、大渡河等河道的交通运输十分繁荣，并由此形成了大河、小河、下河各个船帮。在重庆挂号登记的船帮分为大河（重庆以上长江）、小河（嘉陵江）、下河（重庆以下长江）三帮。大河帮，光绪十二年（1886）有嘉定、叙府、綦江、泸州、江津、长宁等帮，有船600只左右；小河帮，道光二十五年（1845）有渠县、达州、长宁、顺庆、中江、绵州、遂宁、合州等帮，船数未载；下河有长寿—涪陵、忠县—丰都、夔州—丰都、归州—宜昌—黄石、宜昌、辰州、宝庆、湘乡等邦，船约850只。三河船帮的船只以重庆为中心，上自嘉定、渠县、达州，下至宜昌、辰州等地，运输货物有铜、铅、盐巴、山广杂货、棉花等。[①] 船帮之盛反映了水路运输之繁华，龚滩古镇、磁器口古镇、路孔古镇皆以享有水陆联运之利而兴。

　　万灵古镇位于荣昌区昌元镇东部13千米。宋元明时期，水陆交通便利，是大足至荣昌、荣昌至泸州的水路交通要道，沿濑溪河畔修建一些可供商旅住宿和堆放货物的店铺，形成水码头。清代，万灵古镇属峰高里管辖范围，有集市叫路孔场。清嘉庆五年（1800），当地士绅为了防范川东白莲教大起义，依山为势，建成大荣寨。民国元年（1912）建乡时命名为路孔乡。传说濑溪河边山坡上有六个孔，乡人就把这里叫六孔河，也称漏孔河，后来又叫路孔河，乡名也因此称为路孔乡。

　　既然磁器口古镇、偏岩古镇、丰盛古镇、白沙古镇、石蟆古镇、松溉古镇、安居古镇、西沱古镇、龚滩古镇皆因处于水路、陆路交通要道而兴，那么享有交通之利就成为古镇赖以存在的命脉所在，如果这些古镇所赖以存在的水路交通地位降低，或陆路交通线改变，其繁华的基础便丧失了一部分。那么，这类失去昔日繁华的古镇在新的时代条件下何去何从就成为一个问题。

[①] 四川省档案馆编：《清代巴县档案汇编》（乾隆卷），档案出版社1991年版，《绪论》第5—6页。

三 因资源开发而兴

重庆地区盐矿、铁矿、煤矿等资源较为丰富，矿藏开采遗址较多。在第三次全国文物普查中，重庆市登录的金属类矿冶遗址主要有炼铜、冶铁、冶锌、炼汞、炼铅、炼硝等类，非金属类主要是盐业遗址。随着采掘、栽植、生产与开发技术的提高，在矿产和物产地逐渐聚集一批专门从事生产开发的劳动人口，并且带动当地生活服务业的兴起，并因此形成场镇。云安古镇、宁厂古镇、温汤古镇、郁山古镇之兴均与盐业相关。

自20世纪50年代以来，在渝东南、渝东北地区发现了忠县㽏井沟遗址群、云阳云安盐场遗址、巫溪县宁厂盐场等一批与制盐有关的文化遗存，现存与盐业相关的遗存还有巫溪白鹿盐泉、城口明通盐井、开县温汤井、万州长滩井（观音井、山门井、东瀛井）、忠县㽏井与涂井，这些盐井除巫溪白鹿盐泉外，均是由若干盐井构成的井群，其开采历史一直延续到近现代。[1]

宁厂古镇因制盐业而兴。该镇坐落于后溪河。史籍记载，早在夏商时期，咸巫国即因为盐业而兴。春秋战国以降，宁厂古镇因制盐业设郡、监、州、县，明清之际成为中国十大盐都之一。明嘉靖年间（1522—1566），宁厂古镇盐产量占四川产盐的20%。清康熙四年（1665）至乾隆三十七年（1772），宁厂古镇盐业生产达到极盛，有灶336眼、煎锅1008口，有"万号盐烟"之美誉。1949年前后，盐厂还有99眼灶。几千年的制盐历史，造就了宁厂古镇久远的历史。

云安古镇久远的历史，同样是因井盐开采而起。因该镇位于汤溪河下游谷地，古名汤溪。唐朝中后期，在云安设云安盐监，云安因此得名，至少在西汉初年，云安就已经凿井、汲卤制盐。唐宋时期形成街市，有主街一条、小巷数条，除熬盐厂房外，有居民近百户，为食盐生产、运销服务的商号有十余家。历元、明、清，盐业一直是该镇

---

[1] 重庆市第三次全国文物普查领导小组办公室、重庆市文化遗产研究院编著：《巴渝记忆 重庆文脉——重庆市第三次全国文物普查》，重庆出版社2015年版，第174页。

的基本产业，带动了粮油、棉布、食品、百货、屠宰、医药各业渐次繁荣。街道发展为黄州、江西、陕西、公平街等11条，民居从沿河、沿盐灶周围向四面扩展。清朝末年，全镇工人、居民5000余人，商号300余家，为川东重要工商业城镇，人口超过县城。抗日战争中，第二次川盐济楚，刺激盐业迅猛发展，工人和居民增至近万人，商号近500家。

郁山古镇因泉盐煎制而兴。考古工作者在这里发掘了大量盐业遗址。其中，中井坝盐业遗址位于郁江支流中井河左岸的台地上。考古工作者对该遗址进行了考古发掘，发掘面积共约940平方米，发现各类盐业相关遗迹36座，其中有12座盐灶、5座蓄卤池、2座黄泥加工坑、2座墙体、10个柱洞、1条排水沟、2个灰坑及2条灰沟，出土各类文物标本200余件。第三次全国文物普查期间，还发现了飞水井盐泉。[1] 考诸史籍，郁山镇盐史业可以上溯到先秦时期。漫长的盐丹开发史，逐渐形成了一整套盐井挖掘、保护，卤水采集、提炼，盐水浓缩、蒸煮，食盐包装、运输的独特技术和炼丹工艺，制盐炼丹工具制造技术，盐泉保健功能研究，同时留下许多与盐丹有关的遗迹遗址和优美的传说故事。盐业的发展带动了当地经济发展和社会进步，推动了其他产业的兴起，尤其是商贸、煤炭、运输、饮食、制造、建筑等产业，同时促成了城镇的兴起和发展。西汉时，在郁山古镇设置涪陵县；三国蜀汉时，在此设立涪陵郡；北周武帝时置奉州，十年后改为黔州；隋朝在此设立彭水县；唐高祖时置黔州。宋时名玉山镇，明朝时因避皇帝朱祁钰讳而更名郁山镇。

北碚金刚碑古镇因煤矿开采而兴。清代，小煤窑遍布缙云山麓，煤炭业成为当地主要产业，并且带动了其他行业发展，场镇逐渐兴盛起来。抗日战争发生后，国民党中央党部、政府部分机关迁驻该镇，社会名流、专家学者云集于此，热闹非凡。

红炉古镇位于永川区西部，阴山北麓中段，因煤矿开采、打铁业而

---

[1] 重庆市第三次全国文物普查领导小组办公室、重庆市文化遗产研究院编著：《巴渝记忆 重庆文脉——重庆市第三次全国文物普查》，重庆出版社2015年版，第135页。

兴。作为巴岳山余脉的阴山，横贯红炉全境，形成了"一山二岭一槽"的独特地貌景观。阴山脚下，长约11.4千米的永荣公路，像一条玉带串起了"六井煤矿—红炉新镇—永川煤矿—红炉老镇"场镇群。境内矿产资源丰富，储量大、品位高，有煤炭资源储量800万吨、铁矿厂50余万吨，境内有永川煤矿、下厂沟煤矿、石梁子煤矿等6家较大规模的企业。红炉场建于清乾隆年间，始名龙凤场，因当地居民多从事打铁业，红炉较多，炉火红红，故名"红炉"，时有居民60余户。民国初年，名红炉厂场，属安贤里。

从巫溪县宁厂古镇、云阳县云安古镇、彭水县郁山古镇、北碚金刚碑古镇、永川区红炉古镇之兴衰可以看到，昔日古镇因资源开采而繁盛，今日则已经丧失了繁荣之基础。能否延续发展，需要从古镇存在于当下的经济社会基础上寻找突破点，而不能盲目投资，更不要试图复古。

四　因军事防御而兴

重庆地区因军事防御而兴起并保留至今的古镇已为数不多，尚存比较典型的有合川涞滩古镇。

涞滩古镇位于合川东北28千米，濒临渠江，自然环境优美，是一个典型的山寨式场镇。该镇三面悬崖峭壁，具有"一夫当关，万夫莫开"之险要。宋代已初成场镇规模，今存场镇及山寨形制于清代成形。咸丰年间依山就势完善了古寨防御体系。当时的涞滩寨，商贾云集，街市兴旺，十分繁华。涞滩古镇内的古庙建筑群体，始建于唐，兴盛于宋，重建于清，古镇曾有9宫（庵）18庙的传说，是道教徒、佛教徒集中的聚点，兴盛之时道士僧人上千。

五　因区域经济社会繁荣而兴

与全国其他地区相比，重庆地区市场体系的最大特点是在乾隆、嘉庆年间场镇爆炸式增长。场镇之兴得益于重庆地区移民大量迁入及人口迅速增加，以及手工业繁兴、水路陆路交通运输业的发展、商业的繁荣。

清代、民国重庆地区场镇繁兴这一历史过程见诸史籍。光绪《永川县志》载，永川县有场镇35个，其中明及以前建场市6个，康熙时建场市8个，雍正乾隆时建场市4个，咸丰同治时建场市3个，光绪时建场市5个，场市建立时间不明确的有9个。① 民国《大足县志》载，大足县共有场镇32个，其中康熙（包括清初）建场镇5个，乾隆年间建场镇4个，光绪年间（包括清末）建场镇4个，民间年间建场镇7个，建立场镇时间不明确的12个。② 陈庆门纂修的《达州志》载东乡县有2里、15场。徐陈谟纂修的《东乡县志》载宣汉共有50个场镇，其中，东路20场，西路4场，南路7场，北路19场。徐志修于嘉庆十七年（1812），较乾隆时已增35场矣。徐如柏纂修《东乡县志》载51场，其中东路20场，西路4场，南路7场，北路20场。民国二十年（1931），宣汉县有66场。③ 达县共有场镇87个，其中明朝建立14个，顺治、康熙、雍正年间建有6个，乾隆年间建有21个，嘉庆年间建有9个，道光咸丰年间建有9个，同治光绪宣统年间建有19个，民国年间建有9个。④ 巴县在乾隆年间建有场镇120个，有29坊、15厢；同治年间建有场镇120个，巴县29坊、15厢，江北22条街市；民国年间建有镇乡85个，496条街巷。⑤ 华阳县在嘉庆时有场镇35个，民国时有场镇38个。⑥ 荣县县属场镇在光绪以前39个，民国年间达到43个。⑦ 三台县属场镇62个，兴起

---

① （清）许曾荫、马慎修等纂修：《永川县志》卷3《建置志·场镇》，光绪二十年刻本，第28页a—第33页b。

② （民国）郭鸿厚、陈习珊等纂修：《重修大足县志》卷2《方舆下·镇乡》，民国三十四年排印本，第16页a—第24页b。

③ （民国）汪承烈、邓方达等纂修：《宣汉县志》卷2《营建志·场市》，民国二十年石印本，第20页a—第27页b。

④ （民国）蓝炳奎、吴德准等纂修：《达县志》卷3《舆地门·市场镇》，民国二十二年刻本、民国二十七年排印本，第1页a—第25页a。

⑤ （清）熊家彦、霍为棻等纂修：《巴县志》卷1《疆域志·场镇》，同治六年刻本，第25页a—第27页b；（清）福珠朗阿、宋煊、黄云鹄等纂修：《江北厅志》卷2《舆地·街市》，道光二十四年刻本，第2页a—第3页a；（民国）朱之洪、向楚等纂修：《巴县志》卷2上《建置上·街道表、镇乡表》，民国二十八年刻本，第16页a—第26页b。

⑥ （民国）陈法驾、曾鉴等纂修：《华阳县志》卷1《疆域沿革第一·场镇表》，民国二十三年铅印本，第1页b—第3页b。

⑦ （民国）廖世英、赵熙等纂修：《荣县志》卷1《疆域第四·道里表》，民国十八年刻本，第28页a—第29页a。

于清代者44个。① 忠州在道光时有62场，同治时66场。② 涪州在同治时有120个场镇，③ 宣统二年（1910）有151个场镇，其中清溪镇14场、深溪镇13场、鹤游镇18场、李渡镇8场、大义镇7场、新盛镇10场、同乐镇8场、白涛镇10场、君子镇5场、云集乡9场、百福乡6场、永顺乡9场、龙潭乡5场、鸭江乡3场、耀德乡5场、树德乡6场、福来乡9场、桐梓乡6场。④ 綦江在道光时有隆盛、三溪、石角、青羊、扶欢、德胜、观镇、白渡、三会、廻龙、镇子、东溪、赶水、安稳、土坮、石壕、万隆、新盛、石龙等19个场镇⑤，民国年间新增金银庙、桥坝河、德盛、镇子、昇平、青龙等6个场镇。⑥

　　场镇的繁荣取决于场均耕地面积和场均人口。据统计，嘉庆年间重庆地区每场平均有耕地1.5万亩，各州县场镇平均耕地80%以上集中在4000—40000亩之间。场均人口以1000—8000人为多。光绪、宣统年间，场均人口大多在3000—15000人。清代后期，随着人口的增长、农村商品经济的发展，场镇亦得到发展。川渝地区场镇数量的增多，形成了遍布各地的场镇网。从一个个具体的场镇来看，又是商品交易额的扩大。如光绪《广安州新志》载：该地场镇"贩夫贩竖间期云集，大市率万人，小市亦五六千。茶坊酒肆连衽接肩，轰声雷动，夜半不休"⑦。光绪时广安有41个场，以每旬3场、每场5000人计，每月赶场即达185万人次，其交易规模确是相当可观了。

---

① （民国）谢勷、林志茂、张树勋等纂修：《三台县志》卷1《舆地志·区镇》，民国二十年排印本，第26页b—第30页b。

② （清）侯若源、庆征、柳福培等纂修：《忠州直隶州志》卷2《建置志·村镇》，清同治十二年刻本，第8页a—第11页b。

③ （清）吕绍衣、王应元、傅炳墭等纂修：《重修涪州志》卷1《舆地志·里甲、场市附》，同治九年刻本，第30页a—第31页b。

④ （民国）王鉴清、施纪云等纂修：《涪陵县续修涪州志》卷5《建置志·城镇乡会》，民国十七年排印本，第22页b—第23页a。

⑤ （清）宋灏、罗星纂修：《綦江县志》卷2上《疆域·里甲》，道光六年刻本清同治二年杨铭、伍濬祥增刻本，第2页a—第7页a。

⑥ （民国）戴纶喆纂修：《四川綦江续志》卷1《城池附场市》，民国二十七年刻本，第13页a—b。

⑦ （清）周方堃等纂修：《广安州新志》卷13《货殖志》，光绪三十三年修民国十六年重庆中西书局代印本，第1页a。

一些小场随着交易的活跃而发展为规模较大的"大场"或"集镇"。如温江舒家渡，嘉庆初年设场，此后"远近客商，往来频繁，生意兴隆，集市日渐繁华"。绵阳永兴场，康熙三年（1664）始形成集市，咸丰、同治年间有所发展。① 云阳县八间铺皆濒江细民种江壖地自给，道光初年湖广黄安人戴华万始约为市，以一、四、七日相递趁集，渐致百货增拓，贾区日益衮广，遂为县南巨镇，又韧建禹庙于市门，宏其庭庑，为交易总汇。内建申明亭，朔望读法，庙外造石桥，瀹龙泉荷池以饮市人。辍私钱，立乐村义塾，学者坌集。校舍不能容，复购屋四区以广之。②

　　不仅仅是重庆地区，随着农村商品经济和手工业的发展，川渝边远地区在清代场镇也是逐渐增多。四川西部的巴塘茂州（茂县凤仪镇）、汶川（汶川绵篪镇）、新保关（汶川威州镇）、理番（理县薛城镇）等主要集镇已有十余种手工行业，规模都比较大。清代末年，仅茂州城就有商贩数百家，其中以小商小贩为主，也有少数坐商开设的店铺。坐商中，有的是由本地商人和地主联合经营的店铺，有的则是来自四川内地和陕西、甘肃、河南、江西、山西、广东等省的商人在此设立的分号。省外商人为了维护自身利益，在羌区建立了同乡会馆。乾隆二十五年（1760）建陕西馆，乾隆四十年（1775）建江西馆，道光四年（1824）建广东馆，道光八年（1828）建山西新馆。③ 羌族地区的农村集市贸易这时也比较活跃。在茂州城外，有土门的东兴场、桃坪的复兴场、乾沟的富顺场、大石坝的太平场。④ 由此可观，清代、民国年间重庆地区古镇繁兴是与大的时代背景合拍的。

　　以清代巴南场镇为例（见表3—3），我们可以大致了解清代重庆地区场镇的发展状况。

---

　　① 杜受祜、张学君主编：《近现代四川场镇经济志》，四川省社会科学院出版社1986年版，第1集，第227—228页；第2集，第125页。

　　② （民国）朱世镛等纂修：《云阳县志》卷25《士女·耆旧一》，民国二十四年铅印本，第7页a—b。

　　③ 彭朝贵、王炎主编：《清代四川农村社会经济史》，天地出版社2001年版，第243—244页。

　　④ （清）杨迦怿、刘辅廷等纂修：《茂州志》卷2《场市》，清道光十一年刻本，第20页a。

表 3—3　　　　　　　　清代巴南场镇的发展状况

地名	设里甲时间	所属里甲	原名	形成场市时间
西彭镇	康熙四十六年	智里八甲	彭家场	面积 85.31 平方千米，93342 人
铜罐驿镇	康熙四十六年	慈里四甲	铜罐场	明代设水驿，清代裁撤。面积 22.80 平方千米，30327 人
陶家镇	康熙四十六年	智里十甲	陶家场	因康熙年间有陶姓在此开店得名，面积 41.10 平方千米，19336 人
跳蹬镇	康熙四十六年	智里六甲	跳蹬场	清咸丰年间形成集市，面积 49.48 平方千米，24282 人
巴福镇			福寿场	清中期形成集市，面积 18.14 平方千米，12969 人
石板乡	康熙四十六年	慈里八甲	石板场	因街道以石板铺就而名，面积 24.62 平方千米，10656 人
白市驿镇	康熙四十六年	直里五甲	白市驿	位于重庆至成都交通要冲，康熙十九年（1680）设驿丞，四十五年（1707）裁，雍正七年（1729）设县丞衙署，雍正十年（1732）裁，面积 52.65 平方千米，41805 人
走马镇	康熙四十六年	慈里九甲	走马场	明代属凤山里，清初形成集市名走马场，面积 29.90 平方千米，21305 人
金凤镇	康熙四十六年	直里六甲	龙凤镇	明代属虎封里，乾隆以前已有市，场期三、六、九，面积 38.50 平方千米，19969 人
含谷镇	康熙四十六年	直里四甲	含谷场	宋代有含谷寺，后形成集市名含谷场，明代有含谷里，面积 29.45 平方千米，18049 人
西永镇	康熙四十六年	正里七甲	永兴场	清初有永兴店，后成集市，名永兴场，面积 28.60 平方千米，18135 人
土主镇	康熙四十六年	正里八甲	土主场	明代属封文里，乾隆以前已有市，场期一、四、七，面积 30.22 平方千米，23270 人
陈家桥镇				1920 年陈氏建桥名，中华人民共和国成立后形成集市，当成渝公路要冲，面积 43.07 平方千米，29113 人
虎溪镇	康熙四十六年	直里九甲	虎溪场	明设虎溪里，乾隆以前已有市虎溪场，场期二、五、八，面积 27.01 平方千米，16471 人
曾家镇	康熙四十六年	直里七甲	曾家场	乾隆以前已有市，场期四、七、十，面积 34.02 平方千米，18113 人

续表

地名	设里甲时间	所属里甲	原名	形成场市时间
青木关镇	康熙四十六年	正里八甲	青木场	古要塞，民国初形成集市，面积30.33平方千米，24487人
凤凰镇	康熙四十六年	祥里三甲	凤凰场	乾隆前已有市，场期一、四、七，面积32.51平方千米，30389人
回龙坝镇	康熙四十六年	祥里一甲	兴隆场	乾隆前已有市，场期一、四、七，面积35.33平方千米，28329人
中梁乡				面积36.25平方千米，18233人
鹿角镇	康熙四十六年	忠里八甲	鹿角场	乾隆前已有市，场期四、七、十，面积60.25平方千米，24545人
长生桥镇	康熙四十六年	廉里八甲	长生场	康熙年间已有长生桥，乾隆前成集市，集期二、五、八，面积65.57平方千米，39040人
惠民镇	康熙四十六年	节里四甲	惠民场	乾隆以前已有集市，初名毛家铺，集期四、七、十，面积58.72平方千米，29015人
迎龙镇	康熙四十六年	节里一甲	迎龙场	驻地古寺名倒座庙，乾隆十九年（1754）改名迎龙寺，道光年间成集，集期三、六、九，面积45.70平方千米，21563人
广阳镇	康熙四十六年	节里一甲	广阳场	民国初年设场，面积37.12平方千米，22250人
青山镇	康熙四十六年	仁里九甲	栋青场	原有栋青庙，乾隆以前成集，集期二、五、八，面积56.32平方千米，22844人
木洞镇	康熙四十六年	仁里九甲	木洞场	明代为木洞里，于大江中坝设水驿，清初废，雍正九年（1731）设巡检一员驻此，面积56.80平方千米，24720人
双河口镇	康熙四十六年	仁里八甲	双河场	乾隆以前已有市，集期二、五、八，面积60.45平方千米，21527人
麻柳嘴镇	康熙四十六年	仁里七甲	麻柳场	乾隆以前已有市，集期一、四、七，面积49.87平方千米，17861人
清溪乡				面积27.38平方千米，10586人
丰盛镇	康熙四十六年	仁里十甲	丰盛场	乾隆以前已有市，集期三、六、九，面积68.95平方千米，23675人

续表

地名	设里甲时间	所属里甲	原名	形成场市时间
二圣镇	康熙四十六年	节里六甲	二圣场	乾隆以前已有集，场期一、四、七，面积59.90平方千米，24981人
五布镇	康熙四十六年	节里五甲		面积33.90平方千米，12351人
东泉镇	康熙四十六年	节里五甲	双胜场	面积43.79平方千米，14344人
天赐镇	康熙四十六年	节里九甲	天赐场	面积31.31平方千米，9634人
清和乡	康熙四十六年	节里九甲	清和场	中华民国十四年（1925），人们以该处僻处一隅，通贸不易，乃于山麓白鹤塘立市，面积25.98平方千米，6942人
白鹤塘乡	康熙四十六年	节里九甲		面积18.54平方千米，5896人
姜家镇	康熙四十六年	节里五甲	姜家场	旧名郭家坝。有姜氏在此开坊酿酒，味醇美，饮者归之，由此商贸渐兴，乾隆三十年（1765）建市，场期三、六、九，面积62.06平方千米，19734人
天星寺镇	康熙四十六年	节里六七甲	太和场	乾隆以前已有市，集期一、四、七，面积50.34平方千米，15238人
和平桥乡	康熙四十六年	节里七甲 忠里十甲	太平场	清末成集，面积20.37平方千米，9271人
接龙镇	康熙四十六年	节里十甲	接龙场	清代成集，旧志云：接龙产烟，可以金堂比美，面积64.10平方千米，23871人
小观镇	康熙四十六年	节里十甲		乾隆以前成集，场期二、五、八，面积38.72平方千米，14291人
石龙镇	康熙四十六年	节里九甲	石龙场	乾隆以前成集，场期四、七、十，面积61.60平方千米，20740人
花石镇			花轿场	面积38.75平方千米，11664人
石滩镇	康熙四十六年	节里十甲	石滩场	清代中期成集，面积25.32平方千米，11316人
凉水乡	康熙四十六年	节里十甲	凉水井	乾隆以前已有市，场期一、四、七，面积29.87平方千米，9172人
双新乡			双河场	清代中期成集，面积33.62平方千米，8205人

续表

地名	设里甲时间	所属里甲	原名	形成场市时间
陈家乡			陈家场	民国初设场，面积26.95平方千米，8149人
圣灯山镇	康熙四十六年	廉里二甲	石庙场	面积28.75平方千米，8697人
仁流乡			仁流场	道光年间成集，面积36.92平方千米，10074人
南龙乡			石龙场	清代建市，道光年间改石龙场为南石龙场，面积36.70平方千米，11882人
龙岗乡	康熙四十六年	廉里四甲	龙岗场	清代立市，面积38.72平方千米，11558人
安澜镇			烟坡场	因清光绪三十二年（1906）所建的安澜桥而名。中华民国二十五年（1936），国民政府在此设四川油矿探勘处，开采石油形成集市，面积34.22平方千米，12430人
跳石镇	康熙四十六年	忠里二甲	跳石场	乾隆以前已有市，场期二、五、八，面积61.20平方千米
一品镇			一品场	清代成集，面积52.20平方千米，20577人
百节镇			百节场	清初设百节驿，康熙五十一年（1712）裁，清中期兴市，面积33.55平方千米，16078人
石岗乡	康熙四十六年	忠里九甲	石岗场	明代立市，面积41.25平方千米，14562人
忠兴乡			忠兴场	康熙年间立市，面积32.30平方千米，14733人
南彭镇	康熙四十六年	忠里一甲	彭家场	面积53.59平方千米，25689人
界石镇	康熙四十六年	忠里五甲	界石场	乾隆以前已有市，场期三、六、九，面积38.80平方千米，25689人
公平镇	康熙四十六年	忠里四甲	公平场	乾隆以前已有市，场期一、四、七，面积29.65平方千米，14616人
鱼洞镇	康熙四十六年	孝里二甲	鱼洞场	明代设水驿，明末清初成集市，场期二、五、八，面积79.60平方千米，82391人

资料来源：巴文化与巴南精神编写组编著：《巴文化与巴南精神》，重庆出版社2014年版。丰盛古镇保护规划采访，采访对象：重庆市巴南区文管所，采访人：龚义龙、刘洪彪，2018年6月5日。

有研究认为，经历清初"湖广填四川"移民之后，重庆地区人口数量骤增，农村经济社会发生了巨大的变化：一是场镇数量急剧增长，州县平均的场镇数由清代前期的 25 个增长到清代后期的 34.1 个，增长率为36.4%；二是场镇本身的空间结构发生变化，原先单一的结构中心迅速演变为以大量会馆和宫庙为中心的多核心格局；三是场镇的建筑风貌有了明显变化，原先以北方院落为主的建筑类型逐渐为具有封火墙的天井合院式南方建筑所取代。① 这个结论是有历史依据的。

第四节　渝东南地区水陆交通与场镇之兴

一般认为，从东部各省进入四川的通道，除传统的峡路这一主要门户外，另一个重要门户就是长江南岸的酉阳、秀山、黔江、彭水地区。历史上著名的"黔江古道"（又称"酉阳通道"）就穿越其间，抗日战争时期修通的川湘公路，也是沿乌江出川东与湘西相连接的。② 有研究指出，"酉阳的龙潭与龚滩、石柱的西界沱、秀山石堤等是乌江下游地区重要的水陆码头，把长江、乌江和沅水等水系连接起来，成为物资中转和对外界联系的枢纽"。③ 清代，酉阳州辖秀山、黔江、彭水三县。"黔江古道"是清代"湖广填四川"的移民潮流动的重要途径，也是入川商贸活动的要道。从清代移民入川的行程，可以初步分析"酉州通道"的地理位置。

清初，郭沫若的祖先由福建汀州经江西、湖南进入川东酉州，再抵达四川省乐山沙湾镇而定居下来。

资中曾氏"徙川始祖"顺裔公全家于乾隆十八年（1753）从广东长乐县迁徙四川省资州西乡金李井，行进路线为：长乐县至嘉应州（150里）、平远县（150 里）、筠门岭（150 里江西界）、会昌县（150 里水程）、赣州府（240 里）、泰和县（160 里）、吉安府（140 里起旱）、分宜

---

① 戴彦：《巴蜀古镇历史文化遗产适应性保护研究》，东南大学出版社 2010 年版，第 70 页。
② 陈世松：《大迁徙："湖广填四川"历史解读》，四川人民出版社 2005 年版，第 319 页。
③ 彭福荣、李良品编著：《乌江流域文化概论》，重庆出版社 2016 年版，第 56—57 页。

县（180里）、袁州府（80里）、萍乡县（100里水程）、湘潭（240里湖南界）、长沙（120里）、沅江（180里）、常德府（180里起旱）、慈利县（280里）、张家界市（180里）、来凤县（360里）、黔江县（180里四川界）、彭水郁山镇（180里）、彭水县（300水程）、武隆县羊角（300里）、涪州（300里出大河上水）、长寿县（100里）、重庆府（300里起旱）、永川县（150里）、荣昌县（120里）、隆昌县（120里）、内江县（120里）、资州（现资中县）（90里），共5300余里。①

光绪年间以医术名噪成都的"熊小儿"（熊溪园）于咸丰元年（1851）出生在江西省临川府清江县，精习岐黄，然屡困于乡里。闻四川富裕，并有一亲戚商贸于川、赣之间，遂相约同行。坐船溯长江用费太大，只能走长途。他亲口向子孙讲述，"那时由赣进川的路线是由清江宜春，过萍乡，入湖南，然后过长沙经洞庭湖畔的常德，再横贯湖南省沿沅江经吉首而达川境秀山，再沿乌江抵彭水、涪陵而西的"。②

由于历史上属于土司管辖之地，酉州境内居民"土著稀少，率皆黔、楚及江右人流寓兹土，垦荒丘，刊深箐，附谷依山，结茅庐，坚板屋，并有以树皮盖者，瓦房居十之三，名曰以蔽风雨，实则四壁萧然。又其户皆零星四散，罕聚族而居者，五方杂处"。黔江县内，亦是"黔楚流民，踵至杂处"。③江西、福建、两湖等省移民从沅陵溯酉水河而上，首先抵达四川之酉、秀、黔、彭，其中一些人停留下来，插占为业；有的人沿乌江溯长江而西，又沿岷、沱江岸，抵达川南、川西北，辟荒垦殖，生息繁衍。

然而，沅江、酉水、乌江虽分别经过酉阳州东部、西部，却分属于不同流域，并没有汇流。"以毛坝盖、青华山、轿子顶山脉自北向南为分水岭，以西属乌江水系为巴国、巴郡之地；以东属酉水、沅江水系为楚武陵郡地"。④

---

① 陈世松：《大迁徙："湖广填四川"历史解读》，四川人民出版社2005年版，第309页。
② 蒋维民：《移民入川与舞台人生》，成都科技大学出版社1998年版，第85页。
③ （清）冯世瀛、冉崇文等纂修：《酉阳直隶州总志》卷19《风俗志》，酉阳自治县档案局整理，巴蜀书社2009年版，第508—509页。
④ 邹明星编著：《酉阳人文》，巴蜀书社2015年版，第47页。

乌江，先秦到唐代称牂牁江、黔江、涪江，发源于贵州省威宁县，流经贵州省毕节、贵阳、遵义、黔南、铜仁等5个市（州）30余县，沿岸的思南、德江、沿河、印江、务川等县曾舟楫往来，商贾云集。流入重庆市境内酉阳、彭水、武隆，至涪陵注入长江。同治《酉阳州总志》载：洪雅存《贵州水道考》：黔江源出贵州威宁州东北山，东南流经毕节县南，又东经黔西州南，又北折而东经清镇县鸭池泛北，又东南经修文县西北（清镇属安顺府，修文属贵阳府）。又东经开州西，又东北经乌江城南（乌江在遵义境）。又东南经遵义府南境，又东南经余庆县西北境（即故费州地）。又东北经石阡府西境及龙泉县南境（属石阡府）。又东北至思南府西南境，又东北至府城东南，又北稍东经印江县西北境，又北稍东婺川县东北境，折西北流入四川酉阳州西南境，又北稍西至彭水县南境，又西经武隆废县南，又北屈曲至涪州城东北铜柱滩入大江，故亦曰涪陵江也。①

据此，商旅行人走乌江水路可由涪陵溯流而上至酉阳龚滩古镇。

酉水河，源出湖北宣恩县酉源山，流经湖南龙山、湖北来凤、重庆酉阳，流至重庆秀山的石堤与秀山河（又称松桃河、花垣河）汇合，折向东南流经保靖、花垣、永顺、古丈，在湖南沅陵县城注入沅水。同治《酉阳州总志》载：后溪河即酉水也，发源湖北宣恩县之东门关，下流经高罗、板寮、干溪口、干坝司等处，至李家河与咸丰河合（咸丰河自其县之丁寨发源，下流经蛤蟆池、旧司场、大河坝，至上寨入来凤县界折流，至李家河与宣恩河二水合流）。又下过官山坪至红岩堡，湖南龙山县麂皮坝水来会。又曲折经漫水司下至卯洞，入洞中，而出于百户司南，有安抚司所合小寨茅坝场水来会之。又下历铜鼓滩、老寨、犀牛滩、泡子滩至五板船，有花马磴水注之。又下经沙刀沟悉喇溪水来注之。又经江西湾铁门滩至酉筹溪口，即《通志》十八洞之酉筹洞，有诸小水汇于王家坝，而东流注之。又下至渡矼口，硝洞坎水来注之。又下递受桑路溪、水井湾、清水堰诸小水，乃至后溪场，为《通志》之后溪河，有大

---

① （清）冯世瀛、冉崇文等纂修：《酉阳直隶州总志》卷2《地舆志2·山川2》，酉阳县档案局整理，巴蜀书社2009年版，第28—29页。

干溪、小干溪二水注之。又下至庙坝，田家洞水注之。又经河湾长潭至乌杨树，有老鹰沟、杨家坳、亮丫子、龙八泥、谢二沟诸水合流注之。又下至红岩洞入秀山县界，历人口溪、倒脱靴、鱼潭溪至打绕洞，即《通志》之打袄家洞也。又数里至石堤司，过箱子崖合龙潭河。又下二里有巨石横截江面，曰栏河。又下历水坝、牛屎滩至滥泥湾、张家坝，入湖南保靖县界，有客寨水来注之。又下八里至鲁碧潭，《志》所云鲁碧潭洞也。又下至岩板司须弥峡半注后，载沟沙湖溪诸水注之。又下经新寨比耳（土司时界止此）。至小凤滩。又下经尖岩蜂子至龙山之龙头司，有洗车河，合贾家寨诸水注之。又下经鸦玉顺滩、芭茅寨、跎背滩至江口，贵州之花园河自西来注之。又下八里至保靖县，又经料牌黄村至会溪坪，五代马五希范立铜柱处（柱尚存，会溪坪即下溪州故址）。又下经洛阳溪（俗呼落叶溪）、次滩、凤滩、王家坪至辰州府沅陵县入于沅江。自辰州以上即《水道提纲》诸书所指北河也。①

龙潭河，旧名湄书河，在州东九十里，可行舟楫。其源有三：一出分水岭，一自夹州，一自水碧河。俱在龙潭七十里之内，下流至石堤与后溪河合。② 龙潭河与溶溪河汇流后流入秀山石堤注入酉水河。

从上述可知，商旅行人溯沅江、酉水、龙潭河而上可至酉阳龙潭古镇。

由龚滩至龙潭270里，沿途皆有塘铺。同治《酉阳州总志》载："东由大垭口至龙潭镇九十里，又三十里至深溪坝塘。南由平地坝至红竹盖，交秀山县界。西由铜鼓潭至丁家湾塘一百里，又由塘至龚滩八十里交贵州沿河司界。北由泉孔至濯河坝一百九十五里，交黔江界。东南至大坝场拦腰盖，抵铜仁府界二百二十五里。东北至大溪口汛，抵湖广之永顺府界一百八十里。西南至大田坝八十里，抵贵州沿河司界，西北至马喇

---

① （清）冯世瀛、冉崇文等纂修：《酉阳直隶州总志》卷2《地舆志2·山川2》，酉阳县档案局整理，巴蜀书社2009年版，第27页。

② （清）冯世瀛、冉崇文等纂修：《酉阳直隶州总志》卷2《地舆志2·山川2》，酉阳县档案局整理，巴蜀书社2009年版，第26页。

湖，抵黔江县界一百七十里。""案：此四至八道皆据有塘铺为言。"①

龚滩古镇至龙潭古镇的古道将乌江和酉水连接起来，从而也是将贵州、四川与湖南、江西、湖北等省连接起来的重要纽带。"乌江流域溪河密布崇山峻岭，环境闭塞又交通落后，人们除尽可能利用水运外，在水道不能利用的地方再续以陆路运输。自唐代开始，乌江流域各民族在不同溪河之间尽量沿流上溯，翻越分水岭后，利用另一河流继续水运。因此，乌江流域除相对便利的水运条件外，逐步形成系统复杂的水陆交通网络，尤其乌江中上游地区有较为系统的陆路交通网络，人们在不同水系之间通过陆路交通来联系，形成水陆联运的格局。"②

在龚滩古镇至龙潭古镇270里古道上，兴起了龚滩、丁市、铜鼓、钟多、龙潭等重要市镇，从诸市镇的政府机构设置和商贸情况可以看到其重要性。

龚滩。"南宋绍熙三年（1192）罾潭设巡检司。清乾隆元年（1736），酉阳直隶州设龚滩巡检司""民国二年（1913）龚滩设县佐"③。"《通志》：镇在州西一百八十里，川盐入黔要道。雍正十三年（1735），设巡检司于此。"④

丁市。"清道光年间兴集市，故命名丁市。""酉阳至龚滩二级公路由镇驻地过境，来往车辆繁多，交通方便，信息畅通。"

铜鼓。"因铜鼓潭命名。宋宁宗庆元二年（1196），酉阳州治所由李溪镇官坝村迁往官塘衙院（今铜鼓乡境）。""酉阳至龚滩公路由乡所在地过境、铜鼓至李溪公路由东部半山通过，交通方便，信息畅通。"

钟多。"钟多原名忠孝坝。明初，酉阳土司衙院由铜鼓潭迁至忠孝坝。此后，在明清为酉阳宣慰司、宣抚司土司驻地。清雍正十三年

---

① （清）冯世瀛、冉崇文等纂修：《酉阳直隶州总志》卷1《地舆志1·疆域》，酉阳县档案局整理，巴蜀书社2009年版，第10页。

② 彭福荣、李良品编著：《乌江流域文化概论》，重庆出版社2016年版，第56—57页。

③ 酉阳土家族苗族自治县志编纂委员会编：《酉阳土家族苗族自治县志（1986—2005）》，方志出版社2018年版，第51页。

④ （清）冯世瀛、冉崇文等纂修：《酉阳直隶州总志》卷4《规建志·关隘》，酉阳县档案局整理，巴蜀书社2009年版，第91页。

（1735）改土归流后，置酉阳直隶州，以州代县，为州治所。"

龙潭镇。"雍正十三年改土归流改设酉阳县，于龙潭设县丞，后改设酉阳直隶州于龙潭设州同。民国二年（1913）酉阳直隶州改为县，龙潭设县佐。"① "《通志》：镇在州东一百里，界连黔、楚。雍正十三年，设县丞分驻于此。乾隆元年（1736），改为州同理所。《州志》：州东九十里，酉水绕其东，下达辰永，水路要冲。"②

南宋、清代设巡检司、民国设县佐于龚滩；丁市因商业繁贸而得名；南宋设衙院于铜鼓；钟多为酉阳宣慰司、宣抚司驻地，"改土归流"后，为酉阳直隶州治所；"改土归流"后，于龙潭设县丞、州同、县佐。这表明，龚滩、丁市、铜鼓、钟多、龙潭等市（镇）繁兴的龚滩至龙潭270里"酉州通道"之重要性，该通道设有塘铺。

除龚滩到龙潭的古道外，涪陵到酉州陆路也是"酉州通道"的重要组成部分。由涪州起旱路入酉阳经过五十里新场、五十里三窝山、七十里木根铺、八十里日果铺、三十五里火炉铺、五十里木□□、五十里牛岩铺、七十里白溪场、三十里保家楼、五十里郁山镇、四十里白蜡园、六十里石塔铺、七十里黔江县、三十里青枫坪、七十里濯河坝、六十里两河口、三十里土塘坝、六十里楠木箐、六十里酉阳州。③ 从涪州到酉州旱路1015里，会合龚滩至龙潭大道。

前述，熊溪园入川时所走的路线，正是循着清前期移民曾氏所走的足迹行进的，唯一的区别在于：他们到了洞庭湖的常德后，曾氏取道北上，经慈利、来凤而入彭水；而熊氏则是继续西进，由吉首经秀山而至彭水。④

重庆海关于清光绪十七年（1891）3月2日成立，时任重庆海关税务司英人霍伯林（H. E. Hobson）根据总税务司赫德（R. Hart）的指示编制

---

① 酉阳土家族苗族自治县志编纂委员会编：《酉阳土家族苗族自治县志（1986—2005）》，方志出版社2018年版，第53—54、59、45、46页。

② （清）冯世瀛、冉崇文等纂修：《酉阳直隶州总志》卷4《规建志·关隘》，酉阳县档案局整理，巴蜀书社2009年版，第89页。

③ 傅崇矩：《成都通览》，成都时代出版社2006年版，第475页。

④ 陈世松：《大迁徙："湖广填四川"历史解读》，四川人民出版社2005年版，第320页。

《重庆海关1891年调查报告》。据该报告，鸦片货运几乎完全舍弃水道而采取陆运以达其目的地。一为黔江（亦名龚滩河）与大江相汇处的涪州城，由此陆路起始，经酉阳州入湖南，去江西、广东和广西；一为丰都县城、忠州城和万县城都与湖北省的利川、宜都大都相通，最终地点为汉口以西水陆两便的沙市。川省大吏于是在涪州、丰都及其他处设立新税局——"鸦片输出局"。巴县设下陕西街分局、老厂场分局、唐家沱卡局、马路口卡局。① 涪州土厘局始于同治二年（1863）设立在迎恩门又名大东门附近城墙上玄天宫里的灵官堂。夔州常关在涪州设立一个分局，局址在小河入江处地名柴码头。涪州厘卡：深溪场卡，在涪州城下面60里大江北岸；庆口场卡，在深溪场之北约70里的长寿县涪州接界的陆路上；南沱场卡，在深溪场之下30里的大江南岸；马颈子卡，在南沱场之下25里的大江南岸，涪州与丰都县接界处；白涛溪卡，在涪州之上60里小河边；火炉铺卡，在距白涛溪150里的陆路上；郁山镇卡，在涪州和彭水县界上。丰都县有两个厘卡：黎市镇卡，在县城之下30里大江北岸；高家镇卡，在县城之下60里大江南岸。另有杨渡溪和乌举镇两卡在石柱厅境内。关于税局的设置地点将"酉州通道"之路线具体化：火炉铺局，在彭水县境与涪州南境交界处；郁山镇局，在黔江县境与彭水县接界处；两河口局，在酉阳州境与彭水县接界处；龙潭场局，在秀山县通贵州思南府务川县的路上；北堤场局，在石柱厅，一面通黔江县，一面通湖北省施南府利川县。②

甘明蜀节录道："查四县幅员，纵横皆将千里，崇山四塞，河流远达，春夏之涨，由龚滩以至于涪陵，不待终日；由秀山至常德（湘属）不过两日；于贵州则居肘腋间；于湖南则有建瓴之势。前清经理疆界，独以四县归四川者，盖上至渝涪，下至夔万，皆与西属接近。苟无夔门，

---

① ［英］霍柏森（H. E. Hobson）：《重庆海关1891年调查报告》（上），李孝同译，载中国人民政治协商会议四川省委员会、四川省省志编辑委员会编《四川文史资料选辑》第4辑，1962年版，第191、201、204—205页。

② ［英］霍柏森（H. E. Hobson）：《重庆海关1891年调查报告》（下），李孝同译，载中国人民政治协商会议四川省委员会、四川省省志编辑委员会编《四川文史资料选辑》第5辑，1963年版，第213—219页。

则四川之险将不足悴；无酉秀，而夔门亦失其效；是以酉属之内，驻以重兵，镇以副游，盖不独为四川计，并以制湘黔而使之不敢妄动也。洪杨之乱，石达开以十数万众至宝庆，胡文忠公林翼，虑其入驻酉秀，则左扼长江，右挹洞庭，将不可制。请于清廷，移曾文正公国藩督川以制之。而达开见不及此，徘徊施南年余，无所展开，卒以走死……"观此可见酉属在政治上之重要也。①

从中可以看到，从龚滩走乌江水路到达涪陵一天可达，自秀山走水路达常德不过两天时间。酉州的陆路通道则将乌江水路与酉水、沅江水路连接起来。涪州到酉州的旱路、乌江水路、酉水、沅江水路通过龚滩至龙潭大道连接起来，体现出龚滩至龙潭大道在渝东南、黔东北、湘西、鄂西南水陆交通网络中的极端重要性。所以，人们将位于酉阳州（辖秀山、黔江、彭水）境内的这一复杂的交通网络体系称为"酉州通道"。

从涪州到酉州旱路1015里，实为商旅行人陆路往来最为便捷、相对安全的大道。中华民国二十二年（1933）夏，国民革命军第二十一军酉属专员甘明蜀赴酉、秀、黔、彭视察，并将所得实况撰写成《酉属视察记》。② 参考该文，我们对涪州到酉阳1015里旱路有更加清晰的认识。

> 由重庆到酉、秀、黔、彭，是必须取道涪陵的。由涪陵到彭水，有水陆两线途程。水路，是逆黔江（即乌江，下同）而上，经白涛镇、羊角碛、江口等地到彭水。这条黔江河面，极其狭小，在上流一带，竟有不及二丈宽阔的。航线内暗礁重迭，具有充分损坏木船的危险性。航期也没有一定，水过高，或过低落，是不能行船的。有时上下船只，行至中途，突遇大雨，两岸山涛，倾入河内，河水马上高涨起来，把航线紊乱，无论上下船只，必须稳稳地拴在湾内，

---

① 甘明蜀：《酉属视察记》，《四川月报》第3卷第1期，1933年重庆中国银行出版，载于酉阳土家族苗族自治县民族宗教事务委员会编《茶话酉阳》，西南交通大学出版社2018年版，第97页。

② 甘明蜀：《酉属视察记》，《四川月报》第3卷第1期，1933年重庆中国银行出版，载于酉阳土家族苗族自治县民族宗教事务委员会编《茶话酉阳》，西南交通大学出版社2018年版，第96—111页。

等水退了再开往别处。

　　涪陵到彭水的山路极不规矩，途中也极少店家，间有一个破斜的小店，屋内总少有人经理供给旅客途中需要的小食，或茶水生理。路旁山隈之间，连续百几十里的罂粟花（鸦片烟花），或红或白，或绛或半红白色，开放得扑朔迷离，一望无际。距离涪陵约百里，涪彭道上有名的险地，三窝山、分水岭、牛皮坝、狮子口等地作一线的排列，直达七八十里。区内极少人家，连罂粟也不多见，上下的山几乎有十分之七八是天然的怪斜石，和被山涛冲成的凹石铺成。从一二当地遗老口中知道，一般小匪，常利用山丫口展望便利，从十几里外，察明来往客人的多少和旅客情况，而决定抢劫的方法。熟习此路的旧式行商，总是结队戒备而行，并自带食米，自行动手烧饭充饥。

　　桥子溪到打儿崖，是三十余里的上坡路，斜度非常缓长，到打儿崖地段，山势稍缓形成一段波状的高原，林木错杂，不辨路径。听说这段的土匪抢人，是隐伏在路旁的林木之内，先使长而锐的矛杆，把人杀死，丢在偏僻地所，把货物拿去。居民除作简易的农事外，多以畜牧为生，稚牛雏马，沿山吃草，颇饶畜牧农业时代人的风趣。

　　火锅铺，是涪彭道上一个要镇。镇上户口约四五百家。在承平时代，商贩往来，日以千数，为涪西交易、转运和堆集的场所。行商挑担货物的力夫，常是麇集到几千人，替行商运输。

　　龙场、文潭沟、木棕河，及彭属的牛庐铺的一段地带，怪峰高耸，虎、豹、狼，常黑夜出没，为人畜麦薯之患，居民为求生存起见，家家联络，于路旁或山腰的树梢上，架木敷草以巢以备展望，并各准备铜锣一面，柴草一堆，每夜各轮流一二人值宿。

　　牛庐铺到深沟子，是一带不毛的山渠，对面两山的山脉，作两条平行线，对峙着向彭水县城延伸出去。两面山峰的距离，不过二百米远，两山的斜线，陡然折成直角，裂成一线深沟，大概深沟子的命意由此而得。两峰的余脉，在沟的尽头处，汇成约十里远近河渠复杂的平原，徒涉十五次，方能到彭水隔河相望的黔江支流的右岸。

彭水到黔江的道路，比涪陵路线要好许多。除了由城内到羊头铺一段坡坎参差的山路外，其余由羊头铺到黔江，到酉阳，都是前清特为学台修治的大路。这路在昔每三年一修，沿路设官站，站中置有行台，供给学台大人的休息，及随从舆马停顿之用。民国以后，督路失修，官站行台等设置，也早就次第消失。但是作为酉属中主干路线的价值，却一点也没消灭，反而因黔江水险，彭酉路难行的原故，愈渐发扬其重要的价值了。

保驾楼（今保家楼）为彭水首场，区内山势开展，山峰错杂如海中波浪，场头之林畔粉垣，古寺梵声，尤有画意。郁山镇是酉属四县商务要地之一，土人有小重庆之称。镇上户口千余家，分前街后街两段。梅子关的雄峰，如笋一般的矗立路上，山势纡回，林木茂密得不辨路径，群英会匪猖獗的时间，此地可算是联匪的一个要隘。栅山乡到县城的阶段中，也同涪陵到彭水的末段一样，河流复杂，几乎像蛛网交错的形状，徒涉二十余次，始到黔江县城。

由黔江县城南行六十里，至双河场，与酉阳边区隔河为界，西去双河场数十里内，为金溪、白土、青冈三乡，这三乡居于酉黔彭三县边区。由双河场渡河沿江而行，地势平坦，河岸的芳草，常着翠绿的颜色，吐出馥郁的香气，十数里内，蔚然一色，再加上江畔屋影，林杪炊烟，晚霞横空，渔舟缓棹，为酉属不可多得之境地。

濯河坝为酉阳北区富庶之乡，且为商贩往来之路。濯河坝到两河口是六十里的水程，洪涛高涨的时候，约二小时可达。行客从前从两河口渡河上固北关，复行数十里，始到山峰。关内人烟稀少，鸡犬不闻，山路是乱石铺成，有高一尺的，有从侧面斜到六十度的，极其难行。这一线上，关塞极多，从北关下坡在桶格山下侧过，接着又是土塘坝上北平关，连楠木箐一段山地，竟有百里路长短。旧染沟到怀远关，有一夫当关万夫莫开之势。龙池铺到酉阳城区的过程中，有一个大西洞。宛如世外桃源。

酉阳至秀山的交通要算是酉属的翘楚，沿途阡陌相连，云树掩映，而且树木溪壑，都很美丽，路中场镇距离，也很适当，可供舆马息足的店家，也比较多；由内地旅行酉属四县的人，行在这段路中，大致都会联想到内地旅行的况味，而激动思归的情绪。

千分水岭，是酉秀道上一个较高的山峰。两面的山势，逶迤相向而来，交合于此，酉阳方面以凉风关为屏障，威勇关、羊角脑，两地要算是分水岭外的两道路线，从羊角脑山岭而下，山道曲折，盘旋如螺丝状，人行其中，经过数小时后，始能脱离他的范围，而到龙潭平原端头的渤海场。

龙潭是酉属四县上重要地点之一，镇上户口约千家，商务除百工杂业外，以油漆盐为主要。油漆两项，输出湖南常德，销行长江各埠。惟盐务情况，极形狼狈，湖南湘西各县，与酉属四县为涪边区域，过去几年以来，自井运往涪边岸盐巴，每年约二十万包，现在被淮盐冲入涪边岸，把湘西十余县的市场抢去，以致龚滩道上很少看见蹒跚而摇摇的盐夫的影子。

井冈口及酉属溪口，左右三十余里，为酉属溶溪镇。棉花坡的形势，极似成都的屏藩龙泉驿一般无二。从溪口缓纡上山至棉花坡山口，下望号称小成都的秀山，与一带平原的景物，更与龙泉驿俯瞰成都相同。所不同的只不过是一切景物，多笼罩几分云雾，没有龙泉驿山上望得那样巨细不遗罢了。

龚滩处恶山环拥，险水激流之中。从酉阳方面必经丁家湾、小盖山、望天馆、金鱼穴、七里坡等险地，由彭水方面来，必须经手把崖、马倒崖一带徒手攀缘困难的羊肠鸟。从龚滩出涪陵，沿河又多险滩，乃为行旅所视为畏途。这个不毛之地，却因涪陵边岸盐路关系反而有相当的繁荣。镇上户口约千家，百工杂业，也很不错，盐业在过去很景气，每年由涪陵输入，约计二十万包，畅销湘西各地。

上文可见，涪州到酉州旱路1015里，凶险而遥远、漫长而曲折。乌江的涪陵到龚滩一段，却是滩险水急。但是，每年从涪岸转运到龚滩的20万包食盐，是不可能通过涪陵到酉阳的千里旱路运输的。到达龚滩古镇的食盐，一部分继续溯乌江及其支流水路而上，运往务川、印江、沿河、思南、德江，一部分起岸之后沿酉龚陆路，转运到龙潭，进而通过酉水、沅江运销湘西、鄂西南各地。酉龚陆路在食盐等商品转输中具有十分重要的地位。曾常写道："地处川黔湘鄂四省相邻的酉阳，自古以来，酉阳州就以龚滩、龙潭两镇与外省互通有无，而在酉阳的莽莽群山中，则依靠两条羊肠小道，连接着这一州两镇，联系着沅江、乌江两大水系。"①

经乌江运输到川黔的物资，大多在龚滩转运，使龚滩成为重要的物资集散地，而需要转运至酉阳、秀山、湖南的物资，则大多经由酉阳—龚滩古道、龚滩—龙潭古道，由人力背负转运，再经龙潭之湄舒河入沅江。当时在这两条古道上，人来人往，十分热闹。正是有这样大量的商品流通往来，酉阳—龚滩、龚滩—龙潭两条古道得以滋生。抗日战争时期，西南公路工务局决定新修酉阳—龚滩公路，而这一公路亦为抗日战争后运输粮盐之要道。②

在商贸繁兴的酉州通道上兴起了一些重要场镇。龚滩至龙潭270里古道上的龚滩、丁市、铜鼓、钟多、龙潭，涪州至酉州1015里旱路上的塘铺即是因处于交通要冲而兴盛。在乌江、酉水、阿蓬江、龙潭河、梅江沿岸也兴起了一些集镇，如乌江上的龚滩镇、石堤镇，酉水的龙潭镇、石堤镇，梅江上的梅江镇、石耶镇，阿蓬江上的濯水镇、两河镇，郁江上的保家楼、郁山镇都成为远近闻名的商品集散地。

龚滩地处酉阳西面，有乌江流经其境，酉阳—龚滩路接通川、湘道，历为渝、湘、鄂、黔边区食盐集散重要口岸。当地的农副产品，特别是秀山、酉阳各区乡及湘西北、鄂西南、黔东北十多个县的粮食、油料、漆榨、皮张、桐、木桊油、木材等各种山货途经龚滩转运出口，源源不断地经乌江水运顺流而下，运往涪陵、重庆、武汉、上海等大城市。而重庆、涪陵、自贡等地百货、布匹、糖食、毛烟、食盐等产品，又通过

---

① 曾常：《酉龚公路发展述略》，载于酉阳土家族苗族自治县民族宗教事务委员会编《茶话酉阳》，西南交通大学出版社2018年版，第127页。

② 曾常：《酉龚公路发展述略》，载于酉阳土家族苗族自治县民族宗教事务委员会编《茶话酉阳》，西南交通大学出版社2018年版，第128、131页。

乌江运到龚滩转运到渝、湘、鄂、黔邻近的广大城乡。[①]

龚滩古镇位于阿蓬江与乌江交汇处，北倚凤凰山麓，东靠马鞍城，西隔乌江与贵州省沿河县新井乡相望，北过大岩门接沿河，乃三面环水，一面着陆的天堑。明万历元年（1573），凤凰山岩石崩塌，填塞乌江形成险滩，人称龚滩。

在古代，湘鄂渝黔边界地区陆路交通极不方便，鄂西的咸丰、利川，湘西的吉首、花垣、保靖、茶洞，渝东南的秀山、龙潭、黔江大部分和酉阳各地都使用人力运往，大宗货物只能通过乌江运输。乌江龚滩段阻塞之后，沿乌江上下运输的货物均不得不在此换运，用人力搬运过滩另行装载。于是，各地商贾渐渐云集龚滩，古镇成为货物、客商集散中转站。一年四季，不分白昼夜晚，龚滩古镇上的物资挽运人员往来川流不息。1959年，经过三次整治航道，将险滩夷平，大小船只才得以通行。在此之后，商贾渐次退去，经济也由之而逐步衰落。

石堤古镇位于酉阳东部，处于后溪河（酉水）与龙潭河汇流处。"《通志》：（石堤）在县东一百一十里，各土司河道总汇，雍正十三年（1735），设巡司于此。案：石堤司紧与湖南保靖县界，为由楚入川水道要区。司面据龙潭河，背枕后溪河，而汇于治南。商贾帆樯，往来络绎，诘奸禁暴，宜时加严。"[②] 清政府在此口岸设厘局亦见其商贸地位重要。

徐心余记述，石堤厘局，前清时为州县班第一优差，官场称为石堤道，谓差满后积蓄既丰，可以过班道员。且其局面之堂皇，仪注之阔大，直可驾府道而上之，缘该地为酉阳州所属之秀山县辖境，巡检驻石堤镇，局去镇五里，为川云贵及两湖五省交界处，且四面苗疆，非此不足以立威警众也。其大堂、二堂、三堂、银库等处，金碧辉煌。大堂鼓点而外，陈设各种刑具，两辕门东西分列，拱峙江干，辕西有护局之巡防军两营，归局节制。河下验关坐船，门窗轩敞，如住屋然。又有炮船一艘，水勇六十名，每日头二醒炮，船勇须吹号应之。厘金官称为总办，如因事赴

[①] 《龚滩区志》编写组：《龚滩区志（1949.11—2001.9）》，2001年7月，第61—62页。
[②] （清）冯世瀛、冉崇文等纂修：《酉阳直隶州总志》卷4《规建志·关隘》，酉阳县档案局整理，巴蜀书社2009年版，第93页。

镇，例乘炮船，巡防两营，排队迎送，船至两江口，燃大炮轰之，声闻镇上，即知总办莅镇，可预备一切矣。先和定公，在任年余，莅镇仅三四次，盖不欲以威势自尊，令人耗费耳。① 徐心余（1866—1934），江苏南通人，清光绪十九年（1893）首次随父入川。父徐联芬，号莅双，谥和定，同治三年（1864）优贡生，历任营山、夹江知县，以及同知衔成都南关厘金局总办、叙永土税局总办、石堤百货厘金局总办等职，清宣统二年（1910）卒于石堤。在此期间，徐心余均在其父任所供职。②

未读此篇，意想中，对蕞尔之区的一介"厘金总办"，总以为位卑官小，不足挂齿。殊不知其官邸堂皇，威仪甚盛，积蓄饶丰，竟凌驾于府道之上。且有巡防军两营、水勇60名归总办节制。去石堤镇上，还要鸣炮助威。巡防军营制，据周询记述，各营兵额最多者，每营至600余名。最少者，则仅200余名，平均每营400余人。③ 一个边远小镇（石堤）外五里之厘卡，拥有巡防、水勇900名以上，其主要任务是征收水陆码头商贩的厘税（兼资弹压边民），这足以说明这个地区商贸活动、船运、挑运的繁荣。周询，贵州麻江人，自幼随父宦游入川，曾做过多年的幕僚，也做过几任知县知州。民国后，还曾主持过成都重庆两地的中国银行。因此，他对清代的典章制度和四川军政各方面的秘闻知之甚多。④

石堤码头有特殊构造的"高勾子船"（一种行驶于酉水上的特殊船型），由酉水远航湖南、湖北。徐心余记述：漆以川产为佳，酉阳、秀山为出漆之兴盛地，每年运出两湖，不下数千百桶，石堤厘局，视此为收入大宗。据川人云，真正原漆，干燥不堪，非搀入伪质，不能应用。造伪质法，先将米炒极枯，投以儿茶、大黄根两种，熬之极酽，俟冷搀入，故川漆以搀入之多寡，定价值之高下。惟熬水须用龙潭河内之水，搀入后方可混合无迹，他处水不行也。故漆商入川，多驻龙潭，以便就地购造。买卖双方，均视此为集中地，市面极繁盛可观。清时为酉阳州辖境，

---

① 徐心余：《蜀游闻见录》，四川人民出版社1985年版，第59页。
② 徐心余：《蜀游闻见录》，四川人民出版社1985年版，第1页。
③ 周询：《蜀海丛谈》，巴蜀书社1986年版，第35页。
④ 周询：《蜀海丛谈》，巴蜀书社1986年版，第1页。

以州同驻其地焉。① 由石堤至龙潭，本有水旱两路，因旱路有梯子崖之险，故客商来往，均以舟行，不过稍延时日耳。又有龚滩者，较永宁更险十倍。余昔赴石堤，由涪州转江而入。区区一舟，纤索至五百余人，号叫多时，仅移半步，竭全日之力，方将险度过。② 就是这个龙潭镇，由于漆业等商务活动之发达，财力雄厚，在清代中期兴建了一座在四川属于第一流的大戏楼。③

龙潭河汇入酉水，曲折流经酉阳、保靖、永顺，在沅陵汇入沅江，流入洞庭湖。明末清初著名史学家谈迁在《北游录》写道："保靖山连酉阳司，相传大禹所开，岩壁有斧凿痕。一溪中流，自蜀分派，历酉阳、保靖、永顺。三月出北江，经辰（州）、常（德），汇洞庭以达于海。"④

谈迁《北游录》、周询《蜀海丛谈》、徐心余《蜀游闻见录》、甘明蜀《西属视察记》，在不同时期记述了酉州通道的路径和道路上所见所闻。据此，我们对酉州通道网络有了一个比较清晰的图像。

以上，我们用了较大篇幅阐述重庆地区古道及沿线场镇，试图说明一个问题，即许多地区场镇的兴起与古代水陆交通密不可分，今天情况发生了很大的变化，这些场镇存在的水陆交通条件已经不复存在，因此衰败就不可避免。在考虑古镇保护与文化旅游开发的时候，这类古镇是以历史文化遗产存在，还是想办法让其复兴，要根据实际情况而定，不能一概而论。

第五节　古镇之变

四川、重庆地区 120 个州（县）的场镇总数在清嘉庆年间上升到 2333 个，平均每个州县 19 个；道光年间增至 3114 个，平均每个州（县）26 个。当下，有些场镇已经发展成为乡（镇）机关所在地，其现代化程度与昔日不可同日而语，古镇的政治、经济地位实际上提高了；有些场

---

① 徐心余：《蜀游闻见录》，四川人民出版社 1985 年版，第 85—86 页。
② 徐心余：《蜀游闻见录》，四川人民出版社 1985 年版，第 51—52、99 页。
③ 蒋维民：《移民入川与舞台人生》，成都科技大学出版社 1998 年版，第 84 页。
④ 蒋维民：《移民入川与舞台人生》，成都科技大学出版社 1998 年版，第 82 页。

镇则失去了昔日的繁华，失落在偏远的农村地区，往往表现出交通不便、经济社会发展水平低、现代化程度低，但是保存着古香古色的传统建筑和古朴淳厚的民风民俗；有些场镇既有现代社会生活的气息，又保留着传统社会生活的风貌。

一　古镇赖以存在的基础发生了变化

正是农业、手工业生产、商贸服务、资源开采、交通运输等传统社会经济活动，支撑和推动着历史上重庆地区古镇的经济成长，这也是重庆古镇赖以存在的社会经济基础。

前文，因农业垦殖而兴起了洛带古镇、上里古镇、福宝古镇、双江古镇、龙潭古镇、梅江古镇、竹园古镇、庙宇古镇，因商贸服务之盛而兴起黄龙溪古镇、云顶场、大顺场、高家古镇、清泉古镇，因处于水陆交通要道而兴起磁器口古镇、偏岩古镇、丰盛古镇、白沙古镇、石蟆古镇、松溉古镇、安居古镇、西沱古镇、龚滩古镇，依托井盐、煤矿等资源的开采和制造业的发展而兴起大宁古镇、云安古镇、郁山古镇、金刚碑古镇、红炉古镇，涞滩古镇则因军事防御而兴。近现代以来，随着古镇所在地交通格局的变化、商贸活动的萎缩、资源的枯竭，有些场镇经济赖以成长的基础条件不复存在，古镇发展缺乏必要的发展动力，一大批场镇往往失落在交通不便、离中心城镇较远的边远之地，但仍然保存着古朴的民风民俗、古香古色集中连片的传统建筑和众多的文物古迹。它们何去何从，是任凭岁月的剥蚀让其消失，还是推倒重建，抑或是有其他的办法，这正是本书思考的问题。

以松溉古镇、西沱古镇为例。

永川松溉古镇曾经是长江之滨著名的物资集散地，有上、中、下三个码头，水上运来的货物在此地卸载，通过陆路发往各处；陆路运来的货物在此处等待装载，通过长江水路上下运往。陆路运输方式主要是马帮，从各县境内运货至此的马和骡子每日近千匹，在老街上熙熙攘攘、络绎不绝。为马帮服务的行业——马房也应运而生，昌盛时达20多家。最盛时期，该镇人口逾5万，水路繁忙、商号林立、市场繁荣。其老街总长约十华里，雄居重庆古镇之首。特别是抗日战争时期，这里还是新生活运动纺织实验区。但是，随着公路的建成，水上转运贸易逐渐衰落，马帮的作用日趋下降，直至1978年，才关闭最后一家马房。可见，松溉镇因水陆运输而兴，因水陆运输地位的丧失而失去昔日的繁华。①

石柱西沱古镇之兴衰，与该地水陆运输地位之兴衰密不可分，这与松溉古镇、龚滩古镇有一些相似。唐宋之际，西沱古镇就是渝东、鄂西边境地区的物资集散地之一。明清之际，整个场镇发展成为绵延5里的云梯街，从江边垂直向上直到平坦的地势，是一个全程垂直于等高线的场镇分布。现代以来，随着公路的修建，陆上运输地位的上升和水上运输地位的下降，西沱古镇不再拥有作为水陆物资集散中心的地位，其发展的社会经济基础已经丧失，目前面临着转型升级的选择，徘徊于何去何从的十字路口。②

有些古镇，虽然农业生产、交通运输、商贸服务、资源开采等传统经济社会条件发生了很大的变化，昔日面貌可能已经不复存在。但它们或因是乡（镇）一级机关驻地，仍然处于小区域中心地位；或因处于农业发达之区而继续保持农副产品、工业品商贸中心的地位；或因陆路交通条件改善而仍享交通运输之便利；或者仍然有一定的矿产资源开采。总之，古镇已经不再是昔日的古镇，古镇又还是昔日的古镇，既有传统社会经济活动的传承，又有现代社会经济因素注入与转型，已经转变为既具有传统又具有现代特征的城镇，因而焕发出蓬勃生机，仍处于水路、陆路交通要道而兴的磁器口古镇、白沙古镇、石蟆古镇、安居古镇，因资源开采而繁盛的永川区红炉古镇，就是这种情况。我们需要思考的是，如何做到既保护和传承古镇的传统社会经济活动，保存活态的古镇，又要将现代社会经济元素注入古镇，两者相得益彰、互不相害。

在历史时期，重庆市沙坪坝区磁器口古镇的支柱产业是瓷器生产，手工作坊在最盛时多达70余家。民国年间，该镇成为嘉陵江中上游各个州、县和沿江支流的农副产品的集散之地。中华人民共和国成立后，这

---

① 松溉历史文化名镇保护采访，采访对象：重庆市永川区文管所，采访人：龚义龙，2018年5月27日。

② 西沱古镇保护采访，采访对象：石柱县地方志办公室，采访人：龚义龙，2018年7月21日。

个码头仍然繁华。武汉—重庆公路修建之后,该镇作为物资集散中心和水陆运输中转站的地位渐渐丧失,昔日繁华的基础不再拥有。为了保存这片蕴藏丰厚历史文化的遗迹,当地政府以原有风貌为基础,维修和恢复明清建筑风格,在传统风貌核心区外围另辟民俗文化街区,使磁器口镇成功实现转型。

重庆市江津区白沙古镇在宋太宗雍熙四年（987）建镇,逐步取代石门水驿的地位,成为川江上游连接泸州、渝州和贵州三地物资的交会点,成为西南地区最大的镇。清代川盐济楚和重庆开埠之后,白沙镇一度号称"小香港",控制着长江下游和入黔西线的盐、粮、糖等战略物资的贩运。白沙商人诸子言所领导的"江津帮"商会甚至一度垄断了自贡自流井的盐业生产和贩运。抗日战争时期,随着大量国家级教育和研究机构迁移白沙,众多社会贤达齐聚白沙古镇。白沙古镇以抗战大后方文化四坝之一的美誉蜚声海外,陈独秀、宋美龄、黄炎培、马玉祥、于佑任、梁漱溟、萧红等在白沙古镇留下动人的抗战故事,万人大合唱、抗日募捐、新生活运动、产业救国等在白沙轰轰烈烈开展,冯玉祥将军受白沙人民爱国壮举所感动,挥泪题写"最爱国的镇"四字。中华人民共和国成立初期,白沙镇一度为江津县政府驻地。目前全镇面积237平方千米,常住人口18万人。

悠久的历史传统在江津白沙古镇打下深深的烙印。目前,白沙古镇保存完好的老街老巷38条、约8.5千米,构成约14万平方米、建筑面积9.5万平方米的古镇核心保护区,其中宝珠村东海沱为中国传统村落,寺庙、书院、洋房、古码头等重点保护面积3.5万余平方米,文峰、东华、石坝、高家坳、板板街等5条老街呈手掌形状分布,别具风格。现有文物保护点111处,其中市级文物保护单位15处。白沙古镇是重庆抗战遗址类型保存最为完整、拥有数量最多的镇,留存了国立女子师范学院等市级抗战遗址23处,占江津区抗战遗址的85%、重庆市的15%。被称为"老重庆"的城市缩影,留住"重庆记忆"的必选之地。种类齐全、保存完好的丰富的文化旅游资源,催促我们一定要竭尽全力,规划好、保护利用好这个古镇。

在城镇化和现代化的冲击下,白沙古镇面临着古镇保护和转型升级的必然选择。近年来，江津区委、区政府将白沙定位为"产城融合、文旅融合、城乡统筹示范小城市、江津经济社会发展战略支点"，国家、重庆市的多项改革试点落地白沙，先后设立非遗文创孵化园、职教产业园、特色农业园，正在创建白沙古镇国家 AAAA 级旅游景区、打造重庆影视城（江津白沙），一、二、三产业融合发展，辐射带动江津西部塘河古镇、石蟆古镇以及四川合江、贵州习水等周边区户籍人口超过 38 万人。2017 年，全镇实现地区生产总值 37.4 亿元。[①]

全国其他地区也存在类似情况，例如镇远古城、青岩古镇、遵义古城、安顺古镇、英寨古镇、隆里古镇等都是历史上的商品集贸重镇和交通枢纽，正是依托农耕时代商品贸易和交通地位，古镇才创造了辉煌的历史，保存下来丰富的文化遗址、遗存。在现代化和城镇化的冲击下，特别是现代贸易方式和交通路线发生变化后，这些古镇的传统商贸经济地位有所下降，但是已经转型发展为现代因素浓厚的城镇。

受到现代化浪潮的影响，以及适应古镇经济社会发展的需要，古镇基本上都注入了现代文化要素，想要发现一成不变的传统古镇基本上是不可能的。保存得比较好的古镇，一般是在古镇传统街区附近另建一座新镇。这样的古镇，一边是具有现代特征的城镇片区，另一边又保存着昔日古镇街区，例如，重庆市北碚区偏岩古镇、沙坪坝区磁器口古镇、江津区白沙古镇、黔江区濯水古镇、永川区万灵古镇就是这样一些古镇。

二 传统街道建筑年久失修

古代建筑在保存过程中主要面临着自然力破坏和人为破坏两种类型的破坏。

古代建筑遭受自然力的破坏主要表现为木质材料遭受风吹日晒、雷击雨淋、虫蛀鼠咬。在古代建筑中，木质材料主要起支撑作用和装饰美化的作用，木构件包括梁、柱、檩、椽、枋、斗拱、门、窗等，是古代建筑不可缺少的组成部分。木构建筑最忌雨水浸淋和干湿变化。古代建

[①] 白沙古镇历史文化保护传承采访，采访对象：重庆市江津区文管所，采访人：龚义龙，2018 年 9 月 21 日。

筑木质构件材料在温湿度变化的长期影响下，经受反复的、不同程度的膨胀、收缩而导致木质材料干缩、起翘、开裂、剥落。木材是由纤维素、半纤维素、木质素等组成的，湿胀、干缩是其固有的特性。湿度变化引起木材膨胀收缩而产生应变和应力；温度变化导致木材表面裂纹、开裂及内部裂纹开裂。

木质材料的化学老化主要包括化学降解、氧化降解、热降解、光降解等。化学降解主要是木材的酸性水解，它是木材纤维素的主要化学老化反应形式；氧化降解本质上是木质材料吸收氧形成过氧化物；热降解主要包括纤维在低温下的缓解降解和高温下的急剧分解两种，天然高分子材料的热降解可使高分子链断裂、聚合度降低，分子量减小而导致木质材料强度、弹性降低，因此应避免古建筑木质构件受强热或聚光灯照射产生强热。木质材料的光化学老化主要包括光降解、光氧化、光敏氧化、光催化氧化及大气污染成分引起的光化学反应。

木材的生物老化是指木材易遭受微生物和白蚁、土蜂等的侵害。微生物对木质材料的化学破坏，是微生物在生长代谢过程中产生的，它的实质是酶的反应。微生物通过它的代谢活动和代谢产物对木质材料进行腐蚀和破坏。对古代建筑木质材料危害最大的虫类是白蚁和钻孔虫（土蜂）。它们可将木质材料梁、柱、檩、椽蛀或钻通，严重影响建筑物的寿命和安全。白蚁主要在主梁或横梁与墙壁的交接处，窗框、门框与墙壁的交接处，楼梯与地相连的木柱、天花板、木板夹墙内，地板下面的横木枋与墙壁的交接处等地方筑巢，甚至可将木材内部蛀空。土蜂（钻孔虫）对古建筑中木构件破坏的深度、速度十分惊人。麻雀、蝙蝠等动物常喜欢在屋檐、梁架、斗拱及椽子的空档筑巢栖息，直接影响建筑的强度。另外，麻雀及蝙蝠的排泄物不仅污染建筑物上的彩画，还会腐蚀彩画的颜料，使画面模糊。

古代建筑中砖、瓦、石材料的破坏和风化。砖、瓦、石材料是古代建筑中不可缺少的重要材料。某些砖、石建筑物，特别是造像、石碑、经幢等雕刻品都是十分重要的文物。由于砖、瓦、石本身组成材料、结构的原因及外界环境中各种因素的影响都不同程度地风化，影响建筑的强度，降低建筑的艺术价值。

由于受到自然力的破坏，古镇传统的建筑、街道每隔一个时间周期都需要翻新重建，残缺的屋顶和木质构件需要修好，以免进一步损坏与倒塌。目前，许多古镇都面临着传统建筑年久失修、破败不堪、市政设施严重不足，存在水灾、火灾隐患，已不符合现代人的居住要求等现实问题。例如，河南省开封市朱仙镇是国家第二批公布的历史文化名镇，在历史上与赊店镇、回郭镇、荆紫关镇并列为"河南四大名镇"。如今，朱仙镇在保护与开发上存在很大的问题，主要表现在：整体风貌破坏严重，生态环境恶化；基础设施建设难以满足现实需求和发展需要；水体污染严重，河道景观失去载体；非物质文化遗产传承困难；传统空间肌理难以满足现代社会生活；建设性破坏较大。[1] 贵州省一些古镇存在文物保护单位周边风貌破坏、传统街区乱拆乱建、保护维修经费短缺或使用不当等问题。[2] 川渝地区古镇保护与开发利用也存在一些问题。例如，忽视整体性保护与开发；古镇地处偏远，规模相对较小且经济文化落后，保护成本高，社会关注程度低；保护资金的匮乏，几乎是古镇保护所面临的一个普遍问题；自然环境破坏，人工环境破败，人工环境衰弱。[3] 从本研究课题组对各个古镇调查的情况看，有一些古镇在核心保护区之外另辟新区，对传统建筑、寺庙、会馆、宗祠、红色文化宣传教育基地进行维修，青羊古镇正在修复陈万宝庄园的几处古建筑腐朽破烂的部分，旅游服务基础设施如卫生间、水泥路面是全新的建筑。有一些古镇风貌已经基本上遭到破坏、传统建筑荡然无存，郁山古镇的粉墙黛瓦、穿斗结构的传统建筑基本上被钢筋混凝土的平房取代，除了能够看到一些遗址外，很难想象这是一座有着几千年历史的古镇。还有一类古镇传统建筑处于自生自灭状态，亟须拿出保护和利用方案。

---

[1] 吴怀静：《河南地域文化特色的历史古镇保护与转型研究》，中国水利水电出版社2015年版，第26—29页。

[2] 贵州省文物局等编：《贵州古镇保护与旅游开发青岩论坛文集》，中国贵阳青岩，2011年2月，第3页。

[3] 赵春兰、杜抒、黄运昇编著：《蜀韵古镇——多维视野下的古镇文化遗产保护与利用》，四川大学出版社2019年版，第11、38—41、45、122页。

三　建设性破坏

古镇、古建筑除面临着自然力的破坏之外，还会遭受人为破坏。其主要有古代改朝换代对文物的破坏、中外战争对我国古代建筑的破坏，以及建设性破坏。

自20世纪50年代以来，在各项水利、生态及工程设施的移民项目中，一些古村落遭到毁灭性的破坏；一些富裕起来的农民为了改善自己的居住条件常常自行修建或修缮房屋，在缺乏有效行政监管和相应技术指导的情况下，大量历史古镇和传统建筑遭到严重破坏。古城的大规模拆除从20世纪80年代开始。当时，全国一片拆掉旧城建新城的形势，大部分的地方都是拆掉旧城建新城，拓宽原来的马路变成新马路。由于没有将当时世界上最先进的城市发展理念运用于城市规划建设之中，大江南北在城市建设过程当中出现了大量的无序拆迁。

80年代初，江南许多乡镇都在抓经济建设，到处开办乡镇企业，挖河开路，拆房建厂，很多古色古香的古镇毁于一旦。如上海外滩金陵东路口原法国领事馆1984年经特批拆除，于原址建起高140米的金陵大厦。1984年建成的联盟大厦和以后建成的文汇报大厦都以其庞大的体型破坏了外滩优美的轮廓线。许多建筑在顶部及立面上搭建或加层，破坏了原有建筑的风貌。而最严重的是原来外滩的建筑大多是以金融商业为主的楼宇，后来大多变成了以行政办公为主，有的还成为居住甚至是工厂仓库，这些建筑改变了原来的使用性质，也就不能物尽其用，并且遭到许多不恰当的改建和破坏。[1]

古镇的保护、保留是20世纪90年代大规模城市改造以后提出来的。90年代进行大规模城市建设和改造时，虽然提出过拆、留、改并举，但实际上是以拆为主，稍微有一些保留，基本上没有什么改造。在崇尚高楼的理念下，全国的城市个性都弱化了，城市面貌差不多，建筑形态单

---

[1] 阮仪三口述，居平编撰：《留住乡愁——阮仪三护城之路口述实录》，华东师范大学出版社2018年版，第104—105页。

调划一，缺乏审美元素，城市文脉遭到损害，许多城市记忆随之消失。[1]例如，江苏省伴随着经济社会快速发展，各地城乡也出现大拆大建，部分古村落、民俗文化、乡土风貌等正在消失。例如盐城小城镇建设普遍"千镇一面"；古村落、农耕文化急剧消失；村镇常住居民显著减少，乡村吸引力严重减退。同时，植被减少，清水变浑，土不土、洋不洋、大同小异的水泥楼，"乡愁"无处可寻，让人回家之情越来越淡。[2]

我国地级以上城市200多个，其中183个都提出过要建成国际化大都市。一提国际化—现代化，即大拆历史街区，大建时尚新楼。全国109座历史文化名城中，有相当多的出现"建设性"破坏。有的甚至违规批准在国家风景名胜区的核心景区内建造别墅，大量破坏自然与文化景观。贪大求洋还互相攀比，已成文化祸害。[3]例如，山西省平遥古城大多数房屋都是明清建筑，有着非常珍贵的文物价值。20世纪80年代，全国保存相对完整的古城城墙只剩下4座，第一个是平遥，拆了一个口子；第二个是西安，拆了一半；第三个是荆州，没有拆，因为湖北荆州的城墙本身就是国家级文物保护单位；最后一个是东北的兴城，明末袁崇焕建筑抗击后金的城市。1980年，山西平遥古城拆掉了一条大街，从西门拆起，进去180米，拆掉300幢房屋。[4]

深圳老城区的历史街区和传统建筑，反映了深圳从晚明到经济特区设立前的真实历史风貌，因而具有深厚的历史文化积淀和历史延续性，是深圳历史的见证，也是深圳迈向国际大都市的起点。飞速发展的城市建设，必然要对古老的街区进行重新规划、改造重建。深圳的领导者和建设者们，对深圳老城区的改造、规划是非常慎重的。但是，十几年"改造"的结果，将老城区的传统建筑和历史街区全部拆光，包括一些极

---

[1] 上海市群众文化学会、《群文世界》杂志社编：《古镇文化的活态保护与上海国际文化大都市建设论文集》，2012年5月，第4页。

[2] 刘根生：《别让大拆大建毁了美丽"乡愁"》，《群众》（思想理论版）2014年第3期。

[3] 郑光复、马光蓓：《在市场经济中保护与发展——桑江梦》，载中国民族建筑研究会编《华南地区古村古镇保护与发展（广州）研讨会文集》，中国广州，2008年6月20—22日，第59页。

[4] 阮仪三口述，居平编撰：《留住乡愁——阮仪三护城之路口述实录》，华东师范大学出版社2018年版，第28、45页。

具有历史、艺术、民俗价值的文物建筑,连已经被公布为深圳市文物保护单位的两处建筑都未能幸免,几乎是片瓦无存。东门老城区的历史风貌损失殆尽。① 深圳市罗湖区蔡屋围怀懦公祠,是第一次东征时周恩来同志革命活动的旧址,祠前广场是周恩来同志演讲的地方,后来该祠又成为省港大罢工时铁甲车队的队部。这样一座有纪念价值的重要革命旧址,也因建设的需要而未能保留下来。宝安区松岗镇燕川村中有一处区级文物保护单位——祥溪禅院,是明代的古建筑,也是深圳不可多得的佛教建筑,在该村的重修中仅一两天便被夷为平地。南山区市级文物保护单位汪刘二公祠,是纪念明代抗葡名臣汪鋐和分立新安县名臣刘稳的历史建筑。因前殿抗日战争期间被日寇拆毁,后来成了涌下生产队的队部。1994年该生产队在没有任何批报的情况下,竟集资在前殿盖起四层的楼房,使汪刘二公祠遭受严重的破坏。② 位于深圳市罗湖区东门一带的深圳墟老城区的省港大罢工接待站旧址和叶挺东江游击指挥部旧址,被列为市级文物保护单位。在旧城改造过程中,该区传统建筑和历史街区被拆得片瓦无存,这两处文物保护单位也没有幸免。后来,在政府努力之下,这两座文物保护建筑得到了重建,重建后的省港大罢工接待站旧址(思月书院)孤零零地位于东门商业区的中心广场上顾影自怜,叶挺东江游击指挥部旧址则三面处于商业楼群的包围之中。③ 广东省高州地区的许多不可移动文物除了自然的风雨侵蚀、虫害损毁之外,一些未被列入保护单位之列的文物点在城乡建设中遭到拆毁,一些非文物部门使用管理的单位遭到使用者的随意拆建、改建和扩建,造成人为的破坏,这些现象时有发生。近年来,不少具有保留价值的民居建筑、骑楼被拆掉,代之而起的是一幢幢崭新的高楼大厦。市级文物保护单位观山寺内的一口

---

① 赖德劭:《深圳东门老城区改造之我见》,载广东省文物博物馆学会编《文物保护与利用》(第二辑),岭南美术出版社2002年版,第111—114页。
② 董小明:《深圳文博工作的回顾与展望》,载广东省文物博物馆学会编《文物保护与利用》(第二辑),岭南美术出版社2002年版,第62页。
③ 赖德勤:《深圳东门老城区改造之我见》,载广东省文物博物馆学会编《文物保护与利用》(第二辑),岭南美术出版社2002年版,第112—113页。

古井被填封，在上面盖起了大雄宝殿。①

　　随着国家西部大开发和三峡库区建设的迅速推进，重庆地区的城镇化也进入了一个崭新的阶段，这在带给古镇发展机遇的同时，也给古镇保护增加了巨大的压力。在相当多的古镇，"保破护旧"不如"拆旧建新"更具吸引力，迅速改变古镇"落后面貌"的迫切愿望往往成为古镇大兴土木的第一动力。于是我们看到，大规模拆除古镇的行为开始出现，凝聚着数百年乃至上千年历史传统特色的古老建筑，被成片地无情地拆除，取而代之的是按现代城市标准"克隆"出来的新城镇。某些古镇打着保护的旗号，进行所谓"开发性保护"，将仅存的传统街区和建筑尽数铲除，然后按照开发模式建起新的仿古城镇。这种本末倒置的"开发性保护"给古镇带来的是灾难性的毁灭，其做法无异于将古镇原有特色无情"阉割"，然后又接上"文化假肢"，最后使得古镇成为不伦不类的文化赝品。还有些古镇虽然具有保护意识，也采取了保护措施，但却因为缺乏正确的保护理论与方法的指导，以粗放的技术方式来实施保护，在曲解古镇保护"原真性"的基础上推进着"保护"工作，使得本该个性化的古镇历史文化遗产保护被严重地"公式化"和"符号化"，造成了古镇广泛性的"保护性破坏"。②

　　二十世纪九十年代在重庆旧城改造大拆迁中，对历史文化建筑和有价值的历史传统街区造成破坏的例子不胜枚举。如1992年对临江门传统街区拆除就是一个遗憾。长春电影制片厂著名导演李前宽在拍《重庆谈判》时大量使用了临江门作为拍摄场景。1992年电影公映后，李前宽再次来到临江门，这里已拆得七零八落。李前宽为此心痛不已，作为电影拍摄场景，这里是花几千万元都无法造出来的。对传统街区大拆大建，拆掉一片房屋，开发商要建几倍于拆迁面积的建筑，不仅彻底破坏了历史风貌，也造成城市空间更加垂直。但原封不动保留也不行，这些地方的建筑多是危房，市政设施极差，居民的生活和居住环境非常恶劣。只

---

　　① 陈冬青：《谈谈高州地区的文物保护与管理》，载广东省文物博物馆学会编《文物保护与利用》（第二辑），岭南美术出版社2002年版，第89页。

　　② 戴彦：《巴蜀古镇历史文化遗产适应性保护研究》，东南大学出版社2010年版，第5—6页。

有通过保护性改造来改善这些地方的条件。①

但是，随着科学发展观的渐入人心和人文精神的普遍觉醒，人们开始认识到历史文化遗产保护的经济、社会和文化价值，逐渐形成了遗产保护的社会共识。江南水乡的周庄古镇以保护水乡古镇整体的生态环境为前提，邀请专家、学者出谋划策，进行科学全面的规划，另辟工业区，重点保护古镇区，将保护与发展完美结合起来。洛阳市在涧西规划建设新工业区，既保护了洛阳古都城遗址和明代古城，又发展了工业，保护与建设很好地成为共同存在的统一体。② 在2014年江苏省"两会"上，不少人大代表和政协委员呼吁：在新型城镇化建设中要高度重视文化遗产保护，千万别让大拆大建毁了美丽"乡愁"。③ 在全社会的关注和努力下，一大批具有悠久历史和文化价值的文化遗产得到挖掘保护和开发利用，如七批全国历史文化名城、名镇（村）的颁布保护，平遥古城、丽江古城、皖南徽派古镇、江南古镇群的保护与旅游开发等。

四　旅游性破坏

随着社会生产力的发展、物质生活水平的提高，休闲成为当代许多人的一种追求、一种与生存质量息息相关的领域，成为社会进步的一个标志。在满足了衣、食、住等基本生活需求之后，许多人开始寻求更高层次的精神满足。④ 在这种形势下，文物旅游持续升温，没有一个旅游者会到了北京不去看故宫、看天安门，到了西安不去看秦始皇兵马俑。旅游者不断流向历史名城、文化古都，而且开始流向乡村，引发古代民居旅游热，寻古探幽情感越来越浓。旅游业成为第三产业中经济增长的支撑点，江南水乡周庄开辟成为旅游点之后，仅门票收入就给所在的乡镇每月创收300万元的经济效益。广州花都开设洪秀全故居、洪秀全纪念馆

---

① 何智亚：《传承城市历史的老街区不再搞大拆大建》，《重庆建筑》2005年第12期。

② 黄海见：《保护与可持续发展——历史文化名城的系统性工程》，载广东省文物博物馆学会编《文物保护与利用》（第二辑），岭南美术出版社2002年版，第38页。

③ 刘根生：《别让大拆大建毁了美丽"乡愁"》，《群众》（思想理论版）2014年第3期。

④ 蔡卫胜：《创新是做好文物保护工作的必由之路》，载广东省文物博物馆学会编《文物保护与利用》（第二辑），岭南美术出版社2002年版，第101页。

等七大旅游景区、景点,当年就接待游客127.3万人次。①

各地出于发展地方经济的迫切需要,纷纷制定和出台了一系列旅游兴市、旅游强市的发展策略与开发措施。

旅游业是一种特殊的经济事业,它既不进行生产,也不用进行商品交换,而是依托自然风光、文物古迹、风土人情等旅游资源,为旅游提供优质服务而获得经济效益。在旅游业的发展中,博物馆、文物古迹已经成为重要的旅游资源,是其中不可缺少的重要内容。例如,北京的故宫,西安的秦始皇兵马俑,上海的中共一大纪念馆,广州的广东民间工艺博物馆、南越王博物馆,都是旅游公司的固定参观点。特别是外地的游客往往通过博物馆来了解文物古迹、来了解当地的社会变迁和风土人情。现代的旅游不仅是简单的游山玩水,而是涉及历史考古、社会考察、风情民俗等诸多领域的文化活动。② 但是,文物古迹的利用要有一个度,过度的开发、盲目的发展往往忽视了文物古迹自身的保护要求。有些地方随便地组织班子,匆忙地规划与开发,对文物古迹进行人为的改造与修缮,既损坏了文物古迹原有的风貌,也破坏了其蕴含的历史信息。而有些地方出于短期经济利益的驱动而大搞仿古建筑,营造新"古迹",修建亭台楼阁或立寺建庙,甚至在旧城改造的名义下屡屡破坏古建筑,以旧换新,毁掉真古建筑,仿造古建筑,而对真正的文物古迹却不予理睬、漠然置之。山东省曲阜市发生的水洗孔庙和元代石碑被撞毁事件。有媒体报道,四川计划把具有3000多年历史的古文化遗址三星堆面向全球招标,意图将这片古老的遗迹开发成一个巨大的三星堆文化科技旅游产业园区,湖北省也对黄鹤楼产生了极为浓厚的"兴趣"。2002年5月23日的《广州日报》又披露了湖北十堰市政府正在酝酿出售武当山经营权的

---

① 洪瑞珍:《利用文物资源,发展花都旅游经济》,载广东省文物博物馆学会编《文物保护与利用》(第二辑),岭南美术出版社2002年版,第499页。

② 卜穗文:《互相依存、彼此沟通、共同发展——试论博物馆业和旅游业的合作关系》,载广东省文物博物馆学会编《文物保护与利用》(第二辑),岭南美术出版社2002年版,第494页。

消息。①

在每年的长假期中,各条旅游线的爆满表明一些文物古迹点受到巨大的旅游压力。笔者曾经参观西安大雁塔,七级浮屠之间狭窄的楼梯,川流不息的人们上上下下,每一个游客蹬蹬蹬的沉重脚步,究竟会对这个国家级文物保护单位造成多大的伤害?反过来,这座文物古迹能够经受多少游客的脚步?不仅仅是这一处文物古迹如此,黄鹤楼、滕王阁、岳阳楼等地方,无不是同样一种境况。关键是有的地方政府还在引导旅客涌向这些珍贵的文物古迹。广州市将南越王博物馆、广州博物馆、陈氏书院、广州近代史博物馆作为指定的参观点之一,黄埔区将参观黄埔军校旧址纪念馆作为重要内容,吸引了大批观众。② 应该说,在观众不多时,广为宣传,多方招徕游客是需要的。但是,如果不加控制地让游客大量涌入,必然会加速文物古迹的损耗消亡。

过多地从商业开发、城市化建设的角度来对文物古迹的周边环境进行城市化、娱乐化的改造,也会对文物古迹的文化氛围、生存环境造成不可估量的负面影响。在旅游景区,配套服务设施是需要的,但缆车、大宾馆、大酒店等要统筹规划,建在离文物景点较远之处。在文物建筑陈列布展时随意打洞、拆墙、改建;因管理、服务之需增建、改建影响主体等都属于此范围。③ 我们一定要对文物古迹认真规划,慎重决策,有效保护,加强开发和利用,绝不能以牺牲文化遗址作为代价来进行城镇建设。旅游规划要有文化名镇的意识,要保持传统街区空间环境景观,保护历史风貌、文物古迹、近代革命史迹,营造浓厚的文化氛围,并合理地加以利用。务求良性循环,避免追求短期经济效益,坏了名声,出现恶性循环。

---

① 吴振宇:《试论文物资源的有效保护与开发利用的关系》,载广东省文物博物馆学会编《文物保护与利用》(第二辑),岭南美术出版社2002年版,第41页。

② 卜穗文:《互相依存、彼此沟通、共同发展——试论博物馆业和旅游业的合作关系》,载广东省文物博物馆学会编《文物保护与利用》(第二辑),岭南美术出版社2002年版,第495页。

③ 邓炳权:《文物建筑的保护与利用》,载广东省文物博物馆学会编《文物保护与利用》(第二辑),岭南美术出版社2002年版,第3、10页。

经济的发展无疑为古镇保护提供了坚实的物质基础，但是不可否认的是随着经济建设的大规模开展，古镇保护与大规模的经济建设之间，特别是古镇保护与市镇建设、旅游业的矛盾也日益突出。由于行业的隔阂，使各自在问题的处理上往往缺乏全面性和整体性观念，以致有些古镇保护工作难以得到其他相关部门的理解、支持。如何在不断地冲撞、协调、整合中做好古镇保护、利用工作成为摆在大家面前一个无法回避的现实问题。

本章小结

我国历史文化悠久，拥有数量庞大的历史文化名镇名村。古镇作为一种传统聚居形式，广泛分布于全国各地。但由于所处的地理环境不同，以及社会经济功能差异，孕育出了各自不同的地域文化和民俗风情，也形成了各具特色的古镇风貌。从雪域高原到东海之滨，从白山黑水到南部海域，每一个地区都形成了与自然环境、风土人情、民风民俗、民族传统相互映衬的以建筑为代表的特色古镇。研究者根据城市的历史形成、自然和人文地理、城市物质要素和功能结构对比分析，将我国的历史文化名城可划分为七种类型：以长江三峡库区为代表的山—江—桥—城模式；以桂林、柳州、无锡为表代表山—水—城模式；以三亚、福州为代表的山—海—河—城模式以及水乡景观型、山水景观型、建筑风貌型、人文背景型。重庆地区古镇或依托农业、手工业、交通运输业、商贸的全面发展而兴，或依托物流通道的区位优势而兴，或因资源开发而兴，或因军事防御而兴，或受区域性影响而兴，因古代交通繁荣而繁荣，因古代场镇之繁荣而繁荣，因农耕文明之变迁而变迁。认识到此点，我们才能理解古镇繁荣的历史条件大多已经发生了很大的变化，古镇赖以存在的交通条件、场镇交换习俗已经发生了很大的变化。有些场镇已经发展成为乡镇机关所在地，其现代化程度与昔日不可同日而语，古镇的政治、经济地位实际上提高了；有些场镇则失去了昔日的繁华，失落在偏远的农村地区，往往表现出交通不便、经济社会发展水平低、现代化程度低，但是保存着古香古色的传统建筑和古朴淳厚的民风民俗；有些场镇既散发出现代社会生活的气息，又保存着传统社会生活的风貌。古镇并不是衰落了，而是在现代化、城镇化作用下已经发生或正在发生转型。古镇赖以存在的基础发生了变化，传统街道建筑年久失修，古镇、古建筑除面临着自然力的破坏之外，还会遭受人为破坏，主要有古代改朝换代对文物的破坏、中外战争对我国古代建筑的破坏，以及建设性破坏。我国人民生活逐步进入小康水平之后，许多人寻求更高层次的精神满足，旅游业成为全球性的朝阳产业，出现了强劲的发展势头，各地都把发掘旅游资源、发掘旅游事业作为推动经济和文化发展的重要项目，古镇古村落所蕴藏的文化旅游资源和无限商机正在被人们发现。然而，过度开发利用给文化旅游资源造成的压力也是不容忽视的大问题。

第四章

古镇保护、发展与开发利用的关系

古镇保护与文化旅游资源开发要处理好三对关系：一是保护与发展的关系，二是保护与开发的关系，三是传统与现代的关系。保护是就古镇环境要素（包括人工环境、人文环境、自然环境）而言，发展是就古镇适应经济社会发展（包括城市化、现代化）而言，开发主要是文化旅游市场开发，传统是就古镇的过去而言，现代是就古镇活在当下而言。我们应该深度思考保护、发展与开发之间，以及传统与现代之间的辩证统一关系，本章主要解决形而上的问题。

第一节 古镇的保护与发展

一 保护的发展观

保护与发展是辩证统一的关系。保护是一种人居环境的历史延续、保存；发展是现代生活方式、价值观念、物质技术条件对历史状态的冲击、融合或更替。既要保护，又要发展，成为历史古镇必须面对而又难以很好协调解决的问题，"一概不动"或"推倒重来"两个极端均是理论和实践上的误区。①

传统是一种只有在发展中才能流传和保持的东西，发展不是原有规定性的重复和扩大，而是不断地产生新的规定性，传统中包含着古与今的因素，进步是趋势。后来居上、"厚古薄今"的观点是站不住脚的。发

---

① 赵勇、张捷、秦中：《我国历史文化村镇研究进展》，《城市规划学刊》2005年第2期。

展是以保护为前提的,只有做好历史保护的发展才是可持续的发展。可以说保护是发展的内容之一,发展是保护的条件和必要手段与目标。我国历史文化村镇一般经济都比较落后,都面临着发展和保护的双重任务。历史保护要树立保护的发展观,即历史保护不仅仅是为了保护而保护,应该在保护中发展,在发展中促进历史文化遗产的可持续性保护,使历史文化成为历史城镇发展的永恒动力。①

有人指出,"发展"对于古镇来说,既是攸关生死的迫切问题,也是推动复兴的现实条件。② 如果遗产保护不能促进当地经济发展、居民生活质量提高、更好地融入当代生活、彰显遗产突出普遍的人类价值（OUV）,那么历史城镇就失去了保护的意义。旅游发展导向型的历史城镇振兴,被证明是一条成功的国际经验,同样被证明是一条成功的国内经验。③

从云南丽江和山西平遥的实践中,我们可以体会到一条宝贵经验。保护历史文化名城就是促进发展,保护好文化遗产也是保护生产力。丰富古城历史文化、科学技术内涵就是发展生产力。④ 苏州市周庄古镇成功的关键在于坚持"保护与发展并举"的指导方针,坚持"保护古镇、建设新区、发展经济、开辟旅游"的规划理念,坚持旅游开发和古镇保护、传统文化弘扬与传承的完美结合,坚持旅游产业和现代文化产业、高新技术产业的融合发展。⑤

二 保护的整体观

历史环境保护的整体观就是要将历史文化村镇的历史构成要素作为

---

① 汪永臻:《街亭古镇——历史文化名镇的保护与传承》,甘肃文化出版社2017年版,第20页。

② 赵春兰、杜抒、黄运昇编著:《蜀韵古镇——多维视野下的古镇文化遗产保护与利用》,四川大学出版社2019年版,第122页。

③ 江苏古镇保护与旅游发展研究课题组编著:《江苏古镇保护与旅游发展研究》,东南大学出版社2014年版,第4—5页。

④ 贺福怀:《古城保护与长安古镇》,2007年,第40页。

⑤ 朱文泉:《周庄——保护与发展的杰出典范》,载中国城市规划学会历史文化名城学术委员会、昆山市人民政府《2008年古镇保护与发展周庄论坛》,中国江苏周庄古镇,2008年4月,第10页。

整体来保护，强调体现历史文化内涵的各要素全部被保存下来，而不是单一的历史遗存本身的保护。《内罗毕建议》指出："每一个历史的或传统的建筑群和它的环境应该作为一个有内聚力的整体而被当作整体来看待，它的平衡和特点决定于组成它的各要素的综合，这些要素包括人类活动、建筑物、空间结构和环境地带。""一座文物建筑不可以从它所见证的历史和它所产生的环境中分离出来。"由此可见，历史环境不仅包括可见的物质形态，同时也包含这些物质形态有关的自然与人工的背景，以及与历史地段环境在时空上有直接联系或经过社会、经济以及文化纽带相联系的背景。①

人类的居住环境是包括社会环境、自然环境和人工环境（建筑物内部和外部）的整体。人类的居处包括必不可少的两个组成部分：一是其人工的构成部分（Architecture of man）；二是其自然的构成部分（Architecture of nature），两者综合起来，便构成了"居住环境"。② 从整体观点来看待建筑学：单体房屋只是人类聚居的一个要素（element）。由房屋所组成的聚落，才是房屋营建艺术的前提。③ 建筑美总是建立在群体的完整性上（不同地点、条件下建筑美的创造方式与表现形式是不一样），城镇中不同内容的建筑物及其多种多样的形象构成有序的系统的组合，所以它给人的印象是最高的整体的美。④

城镇是人工建筑物与自然环境相结合的产物，是利用和改造自然的综合构成。虽然城镇环境内的自然，一般已属"人化"了的自然，即使如此，还是要做到不留斧痕，"虽由人作，宛自天开"为妙。城市环境特色之美，还在于对人工建筑物本身已经形成的特色自觉地加以保护、继承和发扬。一些有历史文化传统的城市美是有一定特色的，规划都应当去观察、分析，从而对此有更为自觉的理解，在设计中加以有意识地创造发扬。反之，原有的特色便会在日新月异的建设中被"稀释"，甚至被

---

① 汪永臻：《街亭古镇——历史文化名镇的保护与传承》，甘肃文化出版社 2017 年版，第 21 页。
② 吴良镛：《广义建筑学》，清华大学出版社 1989 年版，第 8—10 页。
③ 吴良镛：《广义建筑学》，清华大学出版社 1989 年版，第 13 页。
④ 吴良镛：《广义建筑学》，清华大学出版社 1989 年版，第 155 页。

破坏而消失。对于设计者来说，一幅巨大的城市"镶嵌"图案，其构成是需要把一块石子精心点缀、赓续完成的。特别是一些重点建筑物，它对城市风貌及特色的形成起着重大作用，它可以强化原有的特色，或者构成新的特色，倘若处理不好也可能破坏城市的特色。①

三 保护的基础是发展

长期以来，传统建筑学与城市研究相割裂，这是一个重大的萎缩和缺陷，至今影响尚在。广义建筑观要求把建筑的发展与城市化的发展联系起来观察，可以为建筑的历史发展和现状，以及未来提供明晰的概念和肯定的方向。②用现代化解决落后城镇和地区的问题，在经济发展和文化保护之间寻找一个平衡点是不容易的，但却至关重要。在现实的地域环境中，发展对于重庆古镇来说，既是攸关生死的迫切问题，也是推动复兴的现实条件。

历史上的川渝古镇主要借助农业垦殖和集市贸易这两类经济活动，以及水陆交通运输条件发展起来的。一方面，川渝大地土地肥沃，是我国主要的粮食生产基地之一。历经明清移民的艰辛劳作与开发，川渝地区一些开垦程度较高的地区逐渐兴旺成镇，农耕经济也成为区内大多数古镇发展的主要经济支撑；另一方面，川渝地区交通自古难通，一些地处交通要冲的小型聚落因地理之便成为人、物的汇聚地，农副产品的集市贸易促进了当地经济的进一步发展，使得古镇商业经济尤为发达。但近现代以来，川渝古镇的经济格局发生了深刻的变化，一方面，人口的急剧膨胀严重冲击了原来的传统农耕经济，外地粮食的大量输入削弱了古镇自给自足的农耕经济的支撑地位；另一方面，随着公路、铁路的建设发展，古镇原先赖以生存的交通优势不复存在，传统的集市贸易经济开始萎缩并走向衰落。如何在现代经济发展的背景中来谋划古镇没落的传统经济走向，也是当前巴蜀古镇急需解决但却未曾认真思考的问题。③

---

① 吴良镛：《广义建筑学》，清华大学出版社1989年版，第157—158页。
② 吴良镛：《广义建筑学》，清华大学出版社1989年版，第14页。
③ 戴彦：《巴蜀古镇历史文化遗产适应性保护研究》，东南大学出版社2010年版，第38页。

川渝古镇普遍修建于数百年前，其场镇与建筑的空间功能与当时的经济技术水平、基本生活需求和社会群体意识是相适应的。但是随着时代的发展，古镇传统空间形式与现代基本生活需求的矛盾日益尖锐。其一，古镇传统镇区多为自组织方式生成，尽管个体的建筑单元乃至群体的街区能够保持一定的空间秩序，满足一定的空间功能，但是总体上却缺乏现代社会中一些必要的市政设施，例如排污设施、供水设施与照明设施，这给现在的居民带来诸多的生活不便，从而造成古镇市政服务水平与居民生活需求的矛盾；其二，古镇的历史建筑普遍较为简陋，居住安全性与舒适性差，例如古镇多数历史建筑的墙体为木墙或夹泥墙，倾斜严重，保温隔热效果差，加之采光、通风条件普遍不佳，与现代的基本生活要求相去甚远，居民普遍有拆除修建砖房的意愿。上述这两类矛盾已经有了很大程度改善，但是仍然需要花大力气改善。在古镇保护中应该有效地协调这二者的矛盾。

古镇传统空间形式与现代基本生活需求的矛盾日益尖锐。一方面，古镇是一种稀缺的历史文化资源。它既是历史文化的载体，又是独特的文化景观和文化现象，基于巨大的价值评价，古镇需要得到较为积极与严格的保护。但从另一方面来看，古镇的传统镇区又普遍存在基础设施陈旧落后、建筑破旧不堪且年久失修、居住生活环境恶劣的通病，居民要求维修、改造甚至拆除的呼声非常强烈。大多数古镇地处偏僻，交通可达性较差，产业单一落后，居民就业率低，社会经济水平普遍落后于该地区的其他类型城镇，城镇发展的愿望与要求甚为迫切。

老城区现已成为国家最低生活保障人口最密集、人居条件最差的地区。基于此，古城的保护迫在眉睫。古城发展一方面可以改变旧城风貌，使整体形象上一个档次，提高其城市品位；另一方面又可以通过拆迁安置等措施使居民从危旧房中迁移出来，从而消除隐患，改善居民的居住条件，提高居民的生活质量。[①] 古镇保护规划必须坚持永续发展的原则，处理好两个方面的关系：一是保存与发展的关系，即对有价值的东西进

---

① 祝天华：《加强盘县古城的保护与开发，推动古城经济发展》，载贵州省文物局等编《贵州古镇保护与旅游开发青岩论坛论文集》，2011年2月，第171页。

行保存，而对一些落后的东西坚决进行更新（如引入现代的市政设施改变古镇基础设施落后的局面），要使古镇既能够继承传统生活方式，又能够跟上现代社会的节奏，而不是处于农耕文化时代留下的文化孤岛上。二是旅游与生活的关系，也就是让古镇居民和外来游客的需求能够在同一空间都得到满足。古镇居民长期生活在这里，他们需要居住环境得到改善、生活水平不断提高，期望能够分享古镇保护与旅游开发红利；另外，游客远道而来，他们希望能够看到古镇居民的生活样态，增长见识，希望能够得到全新的旅游体验，不虚此行。

这就要求古镇保护规划要充分考虑现代社会发展节奏和古镇居民、旅游者的社会生活需求。对属于私有住房的传统风貌建筑内部增加现代生活功能，例如厨房安装抽油烟机、液化气灶、修建现代风格的灶台、自来水设施；卫生间安装抽水马桶或蹲便器、自来水管；在不损害原有风貌的前提下，在建筑物的适当位置安装空间，按现代生活标准对室内进行装修。原有建筑立面结构、空间结构、房顶、墙面维持原有风貌；对腐朽破败的建筑物及其附属设施进行维修处理。最大限度地利用好传统建筑，就是一种最好的保护。最大限度地利用现代生活设施，就是对古镇居民社会生活需求最大的满足。其实，这也是远道而来的游客最需要的古镇，他们不希望为寻找卫生间发愁，也不希望为寻找一家风味餐馆而劳神；他们希望能够住进设施齐全、条件优越、安全可靠的旅店。

这样的古镇就是聚居的正常状态，就是健康的聚居。道萨迪亚斯认为，如果一个聚居能够同时满足所有居民的需要和环境的需要，这个聚居就是正常的和健康的。[1] 人居环境研究的一个战略问题就是如何安排共同空地（即公共空间）和所有其他非建筑物及类似用途的空间。[2] 尊重自然环境，完善市政功能，修缮历史建筑。积淀深厚的历史文化资源，蕴藏丰富的自然生态资源，突出区位优势条件。[3] 历史城镇和街区是传统文化生存和发展所依托的载体，它的物质环境必然也因历史发展的新陈代

---

[1] 吴良镛：《人居环境科学导论》，中国建筑工业出版社2001年版，第269页。
[2] 吴良镛：《人居环境科学导论》，中国建筑工业出版社2001年版，第45页。
[3] 赵春兰、杜抒、黄运昇编著：《蜀韵古镇——多维视野下的古镇文化遗产保护与利用》，四川大学出版社2019年版，第124—125页。

谢而呈现出各个时期的"拼贴"场景，而传统物质结构与现代社会功能的碰撞也无时无处不在。因此，"传统与现代对话"的第一要义是各个时代多样化的和谐共生：不仅要真实地反映地方历史特色，留存城镇的记忆，还要适应当代的需求，改善设施，提高生活品质，留住老百姓的感情。[①]

如何才能给古镇发展注入强劲的动力？这个问题已经不是一个全新的问题。我们欣喜地看到，重庆地区认真贯彻执行党中央、国务院、市委、市政府关于历史文化保护传承重要指示精神，每一个古镇几乎都制定了战略发展规划。

近年来，江津区白沙镇联合高校、博物馆和其他专业机构对当地历史文化资源展开调查，将尚未登记的码头渡口遗迹、民居建筑、民间流散文物、田野文物等乡村文化资源，确定为镇级保护文物，纳入古镇保护体系，采取登记、挂牌、征集等多种手段进行综合保护。加快推进文物保护性修缮等工作，到2020年完成现有23个点的抗日战争遗址主体建筑的保护性修缮，综合整治遗址周边控制范围内建筑立面，确保抗日战争遗址保存完好率达到100%。2022年完成文物建筑建设控制地带环境整治，拆迁有碍文物建筑风貌的后期建筑，彻底改变文物建筑周边风貌，完善文物建筑周边停车场等旅游配套设施，打造全国抗日战争遗址群的旅游精品。与文物修缮工作同时，开展文物科学利用工作。对古镇内夏公馆、张爷庙、党史编撰委员会旧址、王政平民居、卞小吾故居、国民党粮食堆积所等文物建筑，根据其原有历史功能展示其原有历史，开辟为社区文化中心、特色"冷单碗"茶楼体验、特色文创产品、艺术品展销中心，将其作为大众民间创作视频拍摄的取景场地。采取文创产品、历史建筑和老街的场景小品，树立、演绎白沙人文故事，展示白沙历史文化，赋予古镇人文灵魂；做靓、做强白沙镇—闹元宵民俗文化活动、抗战文化节、端午长江龙舟文化节等三大文化品牌，以大型节庆活动带动旅游，使白沙旅游四季皆旺；创建非遗文创孵园，挖掘本土特色民风、

[①] 阮仪三、袁菲、葛亮：《新场古镇——历史文化名镇的保护与传承》，东方出版中心2014年版，第86页。

民俗、传统技艺，如以槽坊街为代表的古法烧酒酿造、以韩氏酱园为代表的古法酱油、晒酱酿造文化、白沙传统臊子面、白沙传统风筝制作等。启动老城区基础设施上档升级工程，扩充和提高白沙老城区水、电、网、污水处理等的容量和处理能力；2019—2022年改造老城公共交通、停车、接待等设施完善工作，积极引进标准化酒店和鼓励群众发展特色民宿。

振兴白沙文化旅游产业。发挥白沙影视基地10年来发展积聚的优势，积极引进先进影视企业资源，建设好"重庆影视摄制一站式服务平台"。以白沙建川博物馆聚落和重庆市考古工作基地为项目支撑，整合散落在白沙古镇的20余处抗战遗址、公馆洋楼，打造以聚奎书院教育博物馆、老糖厂白沙往事、新运纺织厂商帮文化为主的三片区博物馆聚落；采取专题博物馆展示和文创产业相结合的方式，打造集看、玩、游、学一体的新型主题景区。依托重庆市文化遗产研究院开展重庆考古工作基地（博物馆）建设，打造集考古研究、建筑遗产保护、科技修复、公众教育和文化创意等为一体的白沙文博研究和学习地。发挥"江小白"高粱酒的品牌引领作用，重点推进"江小白酒业集团中产业园""江小白高粱酒产业园""江小白村"等项目建设，带动驴溪酒业、甘大哥酒业等酒类企业的发展。利用吊脚楼、滨江崖筑等特色资源，构建除餐饮、休闲、娱乐等常规项目外的非物质文化遗产作坊、大型实景演艺、传统娱乐等代表性项目。联合北京皮皮鲁文化公司，将知名儿童作家曾维惠《稀奇古怪王国》等经典场景还原，打造青少年研学基地。[①]

近些年来，濯水、龚滩、万灵、松溉、东溪等古镇，都制定了各具特色的发展规划。这些古镇规划的完整实施，必将带动重庆地区经济社会得到更加健康、更加快速的发展。

四　立下规矩

在古镇保护中，有的城市新建了一批与原风貌很不协调的建筑，特别是大工厂和高楼，使城市的文物古迹的环境风貌进一步受到损坏。怎

[①] 白沙古镇历史文化保护传承采访，采访对象：重庆市江津区文管所，采访人：龚义龙，2018年9月21日。

样防止类似事情发生？

制定相关法律法规，对集中反映历史文化的老城区、古城遗址、文物古迹、名人故居、古建筑风景名胜、古树名木等，要采取有效措施，严加保护。建筑物的体量、高度、造型、风格必须与之相协调。[1] 例如，美国弗吉尼亚州亚历山德里亚市（Alexandria）60英里的土地由木桩定界，城市规划呈网格状。自1752年城市建立之初，受托人就立下了以下施工规范和规定："购买土地两年之内，所有者必须以20英尺见方的面积建造完成一栋砖、石或木结构的房屋。如果不按规定时间和要求完成，这块土地将被受托人重新投资并卖给能够按照规定完成建造的人。"建筑细则不仅仅明确了高度、材料、风格和用地边界，还严格规定了居住用地的布局和朝向。规定还包括："所有居住房屋从今往后必须以其主立面朝向街道，房屋山墙面等只能在两条街道相交呈现一定角度时面朝街道，否则将予以拆除。"受托人因此按照一个严格的总体规划设计了新的亚历山德里亚市，街道整齐有序，小型商业街区密集并有人行道环绕通达，住宅和商业用地都有各具特色的建筑风格。这种严格统一的规划布局创造了一种安全、宜居的社区环境。[2]

重庆市永川区松溉古镇保护规划确立的几个原则，为其它古镇制定保护规划提供了参考和借鉴。

一是整体保护、突出重点的原则。宏观上注重城镇格局、空间形体和历史文化环境的整体保护，微观上突出重点，强调对具有重要历史、科学和艺术价值的文物古迹、古镇古街及其环境的保护。松溉古镇属于永川地区具有浓郁传统山地特色的城镇之一。对于整个老街街区，必须全面保护下来。这里的全面保护包含两层含义：其一是指古镇整体风貌都应得以保护，包括整体山水格局、街巷空间肌理和重点文物古迹；其二是指不仅要保护古镇空间物质形态，还要整体保护当地具有地域特色的历史文化，保护规划应以保护突出松溉特色的山水格局和老街以及传

---

[1] 贺福怀：《古城保护与长安古镇》，2007年，第20页。
[2] 赵春兰、杜抒、黄运昇编著：《蜀韵古镇——多维视野下的古镇文化遗产保护与利用》，四川大学出版社2019年版，第185页。

统宫庙祠堂建筑为重点。

二是保护第一，保护与开发利用相结合的原则。文物古迹的保护和抢救是松溉历史文化名镇保护工作的当务之急。而通过维修和恰当安排，有选择地作较高层次的合理开发利用，则是防止城镇开发建设中有可能出现的建设性破坏和保护性破坏的基本对策。

三是专业部门保护与公众参与相结合的原则。城建和文化部门是名镇保护发展的业务和领导机构，但名镇风貌和文物古迹的保护，离不开社会公众的渠道、多角度的关心和参与，应充分调动公众参与名镇保护的积极性。

四是调整老街的街区功能。随着老街部分房屋结构衰败，居住人口流失，社会活动趋于消亡，老街已失去具有活力的居民，也不再是适宜的居住环境，因此调整原有功能与性质就变得尤为重要。保护并强化老街的居住和商业功能，在历史上，老街是一条繁忙的商业步行骨架，仅大的商号就有34家。随着老街的保护进程促进了旅游，老街两旁临街建筑就要求转化为商业功能，主要经营以旅游购物为主，经营土特产品、旅游纪念用品等，将整个衰败的商业老街转变成为旅游业和服务本地居民并重的商业街。老街靠南端坡地则强化居住功能，吸引居民的回流，创造一个有浓郁地方生活气息的传统生活区，也有利于传统街区的复兴。充分发展老街的旅游功能，将老街单一的居住功能转变成博览、旅游服务等多功能复合体以及恢复文物古迹，如禹王宫簇群，将其转变成集旅游接待、博物馆和服务于一身的综合建筑。部分重点建筑改成乡土馆，沿街居民修缮门面或改变房间布局转换成为旅游或餐饮娱乐服务。

五是维护古镇"山—水—城"交融共生的山水簇群格局。将楔形绿色从新街引入老城区，控制老街的更新范围，绿化带内严禁新修建筑，同时种树以扩大绿化，改善整个老区的生态环境。维护古镇传统的山水景观格局和路网形态，保护旧城，发展新区，组团格局，有机衔接。"一心两林地三组团"——"一心"即围绕自然山体这个绿心，以城镇过境环道衔接不同发展时序的城镇片区，延续现有的主要服务性道路永（永川城区）—松（松溉古城）路，串联不同功能的核心地段，共同组成点、线、面结合的，突出发展重点和建设时序的布局结构。"两林地"即对古镇周边的两个自然山体进行绿化，种植经济作物。"三组团"即是将城镇分为古镇保护区、新区拓展区以及火电工业园区。古镇保护区位于城镇东部，以历史文化保护和发展旅游业为主。新区拓展区位于城镇北部，以发展居住、商贸为主。火电工业园区位于城镇西南，且处于城镇区域长江下游和城镇主导风向的下风向，以火电厂建设及相关配套产业为主。

六是环境整治与设施改造。对有传统历史文化价值的建筑予以保护，其他不符合当地传统历史风貌的部分进行整饬，而对穿插其中的新修建筑坚决进行改造或拆除，目的是最大限度地保存历史的痕迹；同时仔细处理难以恢复的部分，使得传统氛围能够协调统一。古镇曾经是一个生活起居的传统人居场所，而现在其生活环境颓败不堪，为了强化其居住功能，必须加固维修房屋结构，改造其内部功能布置，完善公共服务和市政设施，尤其是妥善处理好生活污水和生活垃圾，防止污染环境，以促进历史古镇的环境卫生建设。[①]

第二节 古镇的保护与开发利用

一 开发利用的发展保护观

没有开发利用就没有古镇保护，也就不可能真正促进古镇发展。科学规划是古镇保护与开发利用的前提。古镇规划最核心的问题是能够促进持续健康发展，使古镇在现代化和城镇化进程中不至于失落，也不至于出现完全按现代化的标准重新建造一个新镇；古镇规划最为关键的问题是要处理好保护与开发、共性与特色、传统与现代、挖掘与创新之间的关系。[②]

古镇古村古巷很难孤立起来保护，有必要在它们所融入的乡镇、至少是城镇的一个行政区，从大局全面安排。只有从大局全面策划，并在详规与城市设计中将保护传统文化与发展致富的矛盾统一起来，在发展

[①] 松溉历史文化名镇保护采访，采访对象：重庆市永川区文管所，采访人：龚义龙，2018年5月27日。

[②] 《贵州古镇保护与旅游开发青岩宣言》，载贵州省文物局等编《贵州古镇保护与旅游开发青岩论坛文集》，2011年2月，第7页。

中才能保护，以变化求不变。认为文化本身只要古色古香，便一定能生财，未免天真，我国及许多发展中或新兴国家，有众多古迹、古村镇，那些村镇并未自动地都富起来。甚至，希腊古建筑可谓既古又多又高品位，却至今还是欧洲穷国之一。问题在于静态保护又不发展，除了供参观，大体不利用（偶然有的供作露天演出场）。墨西哥、秘鲁、柬埔寨、尼泊尔等国家都有世界一流的古迹，那些古迹所在的村镇，迄今尚未成为全球驰名的文化旅游富裕村镇。我国山东曲阜、薛城为孔孟故里，且古庙壮丽，然而此二城并未出现跨越式发展的奇迹。龙门石窟、云冈石窟，也都是只卖一张门票的收入。①

几十年来，我国东部地区的古镇保护实践可视为解决保护与开发利用之间关系的有益探索。以江南古镇旅游开发为代表的保护模式首开了历史城镇"保护性开发"的先河，由于这种保护模式既在形式上保存了当地的物质遗存，又推动了地方的社会经济发展，因此成为国内大多数古镇保护开发的范本。但应该看到的是，江南古镇保护开发能取得较好的效果是与其所在区域良好的经济水平以及通达的交通状况分不开的。而在川渝地区，除了少数接近中心大城市的古镇具备这一条件外，大多数古镇地处偏远，社会经济发展水平较低，完全复制这一保护模式是不现实的。即便是已经保护开发的古镇，其先期投入巨大，解决投入与效益失衡的问题，难度不小。因此，面对数量众多的川渝古镇，如何谋求保护与开发的双赢，可以说至今为止还未能找到一种公认的可行之法，这也是当前川渝古镇保护所面临的第一大难题。②

二 古镇保护开发模式

周庄模式。中国的太湖流域和宁绍平原在历史上称作"江南水乡"，由于相似的地理地貌、同一的文化渊源和紧密的经济活动，产生了近千

---

① 郑光复、马光蓓：《在市场经济中保护与发展——桑江梦》，载中国民族建筑研究会编《华南地区古村古镇保护与发展（广州）研讨会文集》，中国广州，2008年6月20—22日，第63页。

② 戴彦：《巴蜀古镇历史文化遗产适应性保护研究》，东南大学出版社2010年版，第37页。

个有着共同特征，又极具个性色彩的江南水乡城镇。以水网河道为路径框架，依水成街、因河道运输发展成为城镇是它们最为突出的共性特征。①

苏州市周庄古镇是个不足1平方千米的水乡古镇，"小桥、流水、人家"的韵味在这里更为鲜明和浓郁，其整体风貌和格局被认为在全国水乡古镇群中保留得最为完整，"中国第一水乡"的美誉也被越来越多的专业人士和社会公众所认同。制定完整的古镇保护规划，严格按照古镇保护规划进行施工，这是周庄古镇保护开发取得成功的重要一环。该镇保存了水乡建筑原有的规划格局，完整地保持着原有的风貌建筑、小桥、驳岸、树木等古镇要素。为了实现古镇可持续发展，在古镇保护和旅游开发取得成功之后，及时设立保护基金，将旅游经济所获收入的一部分用于维护古镇，对居民生活设施进行改善。受到周庄古镇成功经验的影响，江苏、浙江一些古镇纷起仿效，形成江南水乡特有的周庄模式。②

民俗博物馆模式。在很多人看来，开发与保护有着不可调和的矛盾，认为只要开发利用就会造成破坏。在这种认识下产生了两种保护意见：一种是把历史文化村镇的居民整体迁移出来，另建新的村镇，实行"博物馆"式的保护；另一种是不进行开发利用，顺其自然。

在北方，例如山西乔家大院、王家大院、渠家大院、曹家大院、常家大院、皇城相府，大都开辟为封闭式的民俗博物馆，将原来居住其中的人口迁往新区安置。这样做虽然有利于建筑遗产本体的保护和管理，依靠门票收入也保障了稳定的旅游效益，而且很少发生过度开发和"商业化"问题。但是这种模式的最大弊端，就是让旅游者只见物，不见人，

---

① 中国城市规划学会历史文化名城学术委员会、昆山市人民政府：《2008年古镇保护与发展周庄论坛》，中国江苏周庄古镇，2008年4月，第23页。
② 阮仪三、袁菲：《十字街头的踯躅——江南水乡古镇的保护与合理发展》，载中国城市规划学会历史文化名城学术委员会、昆山市人民政府《2008年古镇保护与发展周庄论坛》，中国江苏周庄古镇，2008年4月，第15—16页。

抛弃了仍在存续的传统起居形态和生活秩序，导致古镇失去了活的灵魂。①

"博物馆"式的保护，确实完整地保护了历史文化村镇的建筑实体，但却使得古村镇成为一个有形的"空壳"。事实上，历史文化村镇的价值不仅在于它的历史建筑和村落形态，更在于其原住居民的生活方式以及建筑所承载的文化脉络。一旦居民迁出，原来的社会生活内容和性质就都失去了。现代化并不意味着就要修建鳞次栉比的高楼大厦，就要摆脱原有的传统村落和传统生活方式。②

持续转型的乌镇模式。乌镇古镇隶属浙江省桐乡市，镇域面积71.2平方千米，其中建成区面积2.5平方千米。乌镇突出的普遍价值（OUV）可以概括为：以河成街、桥街相连。各式民居、店铺依河筑屋，既有深宅大院、百年老屋，也有河埠廊坊、过街骑楼，是具有"小桥、流水、人家"典型特征的江南水乡古镇。乌镇在地理上被内河水系天然地分为四个区域。在保护过程中，该镇借鉴国内外先进理念，铺设地下管网，整治河道、驳岸，对古镇格局、建筑物实行原貌保护，防止过度炒作导致古镇商业气息太浓。这些措施都是卓有成效的。

乌镇模式最突出的特点在于分期利用、持续转型，即它的发展脉络非常清晰，清楚每个阶段该干什么，不该干什么。从一期东栅工程的遗产保护和游览观光模式，到二期西栅工程的休闲度假转型发展，再到三期工程的整体联动和国际化突破，乌镇旅游发展的整体进程和脉络基本上很好地响应，乃至引领了当前中国古镇旅游市场格局演变。

乌镇一期（1998—2006）：从"遗产保护"向"遗产保护＋旅游发展"转型，其发展特点可以概括为立足遗产保护，发展遗产旅游。乌镇二期（2007—2010）：从"原汁原味"游览观光向"有滋有味"休闲体验转型，其发展特点可以概括为"遗产保护＋旅游发展"的效益最大化，无论是在理念认识、保护与利用的强度上，还是综合的经济、社会、文

---

① 中国城市规划学会历史文化名城学术委员会、昆山市人民政府：《2008年古镇保护与发展周庄论坛》，中国江苏周庄古镇，2008年4月，第43页。

② 汪永臻：《街亭古镇——历史文化名镇的保护与传承》，甘肃文化出版社2017年版，第53—54页。

化和环境效益取得上都得到较大强化。乌镇三期（2011年至今）：从局部向整体，从国内旅游向国际旅游转型，其发展特点可以概括为"整体重组，衔接城市发展，寻求国际化突破"。①

放大休闲的丽江模式。丽江古镇，又叫大研镇，核心面积3.8平方千米，人口约2.5万人，处于滇、川、康、藏的交通要冲，坐落于玉龙雪山下，已有近千年历史。它是以充分体现人与自然和谐统一、多元融合的文化为特点，以平民化、世俗化的百姓古雅民居为主体的"建筑群"类型的世界文化遗产。其中，街道依山势而建，顺水流而设，不求平直，依主干分出的街道纵横交织，四通八达，路面皆由五花石铺就；建筑多为院落式民居，构造别致，木雕精细，徐霞客在《滇游日记》中描述为"民房群落，瓦房栉比"；黑龙潭水系在双石桥分支三岔穿街过巷，形成"家家流水，户户垂杨"的迷人景致；木家院是明代木氏土司官邸，被誉为"宫室之丽，拟于王者"。

丽江古城把自然地理环境、民族文化和悠久历史形成的厚重遗址遗存、古老的给排水系统、城市风貌以恰当的形式结合起来，创造了古镇保护的丽江模式。第一个典型特征在于民族文化与经济对接，遗产保护带动旅游发展。丽江古城因创造了"民族文化与经济对接"的"丽江现象"和"世界遗产保护与带动旅游发展"的"丽江模式"，其世界遗产的保护工作得到国内外专家和联合国教科文组织的肯定。第二个典型特征是将休闲无限放大，是整合营销的典范。整合营销的典型特征是积极地一体营销"两山、一江、一城、一湖、一文化、一风情"的核心资源卖点，即老君山、玉龙山、长江第一湾、丽江古城、泸沽湖、纳西东巴文化和摩梭风情。②

书写大地景观的婺源模式。婺源位于江西省东北部上饶市，与皖、浙两省交界。地理环境上，大致分为"八分半山一分田，半分水路和庄园"，是个典型的山区林业县。历史文化上，婺源素有"书乡""茶乡"

---

① 《江苏古镇保护与旅游发展研究》课题组编著：《江苏古镇保护与旅游发展研究》，东南大学出版社2014年版，第177—180页。

② 丽江古城保护规划调研，采访对象：丽江市图书馆等，采访人：龚义龙，2021年10月21—22日。

之称,是古徽州府属六县之一和徽州文化的发祥地之一,有国家非物质文化遗产徽剧、傩舞、徽州三雕(石雕、砖雕、木雕)、歙砚制作技艺,有 4 个国家历史文化名村,13 个国家重点文物保护单位。旅游发展上,在周边名山、名湖、名镇簇拥的背景下,婺源以"中国最美乡村"(China's most beautiful countryside)品牌形象而成为热门的旅游目的地和区域旅游线路的重要节点。婺源旅游发展主要有三个典型特征:一是突出塑造核心资源卖点。婺源的品牌形象是"中国最美乡村",就古镇旅游的发展上,其实质在于放大和塑造外围区的景观环境效应。二是扎实围绕"旅游活动六要素"展开。旅游活动六要素主要包括吃、住、行、游、购、娱,体现了中国人对于旅游高度浓缩的理解和认识。三是不断创新经营管理模式,政府主导,放手民营,集合社会力量,利用社会资源,进行社会化运作,形成社会财富,分享社会收益,提升社会形象,扩大社会影响。[①]

三 古镇营销模式

古镇营销是开发利用的重要组成部分,其目的是树立自己的品牌形象,展现自己的风采和特色。营销的手段可以是做广告、举办推介会,还可以通过旅游公司进行推销,但最为重要的还是古镇旅游产品对于旅客的满意程度,它包括风貌保存的完美程度、旅游配套设施的完善程度、民族风情与民风民俗的展现程度。

旅游导向型。搜奇访古,游山玩水。旅游的本质在于寻找、感受、经历与平时完全不同,至少是差异化的环境,包括空间和时间。旅游导向型的历史城镇复兴,其根本的内涵在于"遗产保护 + 旅游发展"的内在自然链接关系,朝阳产业旅游成为古镇谋求再发展的重要途径。旅游导向型的古镇复兴显然适应于那些历史遗存丰富、传统风貌保存较为完整又极具特色的地区。[②]

[①] 《江苏古镇保护与旅游发展研究》课题组编著:《江苏古镇保护与旅游发展研究》,东南大学出版社 2014 年版,第 184—186 页。

[②] 《江苏古镇保护与旅游发展研究》课题组编著:《江苏古镇保护与旅游发展研究》,东南大学出版社 2014 年版,第 66—67 页。

工商业导向型。因为历史的、区位的、地理的等多方面的环境变化，过去经历高度地域繁荣时期的多数历史城镇，作为衔接城市和乡村的商业市镇枢纽功能和地域经济产业功能不复存在。

商业导向型的历史城镇复兴，在于寻求新的、联系城市和乡村的"枢纽型功能"，积极响应其区位、经济、环境等方面的变化。商业导向型的历史城镇复兴，有两个比较突出的特征：一是继承和发扬传统的手工艺、特色商品、特色资源禀赋等，即过去曾为重要的生产中心，现在则试图利用现代科学和技术的进步，通过功能重构、技术创新、产业化生产从而试图再次成为重要的生产中心，比如英国伯明翰市的珠宝街、日本的别府温泉、扬州的湾头玉器生产、泰州的黄桥烧饼等；当然也包括对已有资源的重新认识而发展的新的产业，比如扬州的邵伯龙虾。二是淡化历史城镇"古"的元素，而依托其新的区位、经济和环境，导入现代服务业、高科技产业乃至工业制造业等，积极响应全球化、城市化、现代化所带来的巨大的外部机遇。通过摄影基地、文化美术中心、休闲度假地产等，积极承接周边城市的一种或多种城市职能，打造基于历史城镇的独特地域氛围，如商务、会议、餐饮、医疗、办公等。典型案例比如周庄的高科技产业、泰州邵伯发达的工业经济。[1]

居住导向型。如果说旅游导向型的历史城镇复兴，带来的是12小时（上午8点到晚上8点）乃至短暂逗留的人气；那么居住导向型的历史城镇复兴，则有助于创造一个24小时、基于居民日常生活的活跃的中心。通过努力保留现有居民和力图吸引新的、愿意来此居住的人口，从而保持其传统的居住功能，实现有益的人口置换和绅士化。比如巴黎的马赖社区、纽约的苏荷区、意大利的博洛尼亚中心区、格拉斯哥的商业街区和伦敦沙德的泰晤士区等。[2]

---

[1]《江苏古镇保护与旅游发展研究》课题组编著：《江苏古镇保护与旅游发展研究》，东南大学出版社2014年版，第68—69页。

[2]《江苏古镇保护与旅游发展研究》课题组编著：《江苏古镇保护与旅游发展研究》，东南大学出版社2014年版，第69页。

第三节　古镇的传统与现代

一　置身于现代文化

古镇保护要在面向未来的前提下实现新型城镇化、现代化与保护历史之间的平衡，找到古建形式与新型城镇化、现代化发展之间的平衡点。

新型城镇化的"新"就是要由过去片面注重追求城市规模扩大、空间扩张、千镇一面、千篇一律，改变为以提升城市的文化、公共服务等内涵为中心，真正使我们的城镇成为具有较高品质、充分彰显城镇特色的适宜人居住的地方。[1]

城市现代化的标志应该是高效率、文明、舒适、方便。古镇内既应有现代化的基础设施，还应有深厚的历史文化内涵、完整的街道格局、众多的文物古迹和与之相陪衬的传统民居构成的历史文化街区，这样才算是保持了古镇特有的历史传统风貌。1982年，国务院在公布第一批历史文化名城的通知中指出："搞现代化，并不等于所有的城市都要建设很多工厂、大马路和高层建筑。特别是对集中反映历史文化的老城区、古城遗址、文物古迹、名人故居、古建筑、风景名胜区、古树名木等，更要采取有效措施，严加保护，决不能因进行新的建设使其受到损害或任意迁动位置。"[2]

要使已被现代生活边缘化的古镇重新回到人们的生活中来，就必须考虑古镇同现代生活之间的关系。在充分尊重古镇的历史性和文化传承性的前提下，同样要尊重古镇的城镇特性，古镇作为很大一部分城镇居民繁衍生活的载体，同样也需要现代生活设施和生活元素的注入。所以，在进行古镇开发时，要注重古镇的合理化更新，将现代生活融入古镇之中，使其具备时代特征，能够按照城市发展的规律形成良好的城市自循

---

[1] 吴怀静：《河南地域文化特色的历史古镇保护与转型研究》，中国水利水电出版社2015年版，第6页。

[2] 《国务院批转国家建委等部门关于保护我国历史文化名城的请示的通知》，1982年2月8日，https：//sthjt.yn.gov.cn/zcfg/fagui/gjfg/200512/t20051222_13364.html。

环系统。①

人类对自己聚居环境的建设,主要是从人的生活需要出发的各种物质建设。因此首先要对生活的研究与组织、对经济的筹划与节约、对技术的利用与改进等进行一系列逐步深入的探讨。② 2017年10月7日国务院公布的《历史文化名城名镇名村保护条例》规定,要改善历史文化名城、名镇、名村的基础设施、公共服务设施和居住环境。在保证经济发展的同时促进古镇保护,提高美学品质,需要建立健康有效的城市基础设施;强调城市绿地、景观等环境建设的重要性;以古迹旅游为工具,在保护城市核心区的同时改善当地居民的生活。③ 要使古镇能够成为人们的宜居之所,就需要对古镇建筑进行结构安全性改良与居住舒适性(保温隔热、采光通风、排污功能)改造。

二 深植于传统文化

不同国家现代化及其国际化大都市建设发展的成功经验表明,任何一个国家现代化的发展,都不能离开世界发展的步伐,外部世界的文化也必将对本民族的文化构成重要的影响,但是更为重要的是,现代化无法简单地拷贝复制。任何一个国家现代化的发展,必须深深扎根于自己民族的文化土壤之中,努力地按照本民族的特色来发展自己。如在亚洲的日本、韩国,西欧的法国、英国等国家在现代化的进程及东京、首尔、巴黎、伦敦等国际文化大都市建设中,都把确立民族特色和自身的文化身份作为重要的基础。

我国的古镇是传统农耕社会生产方式和生活方式统一的集聚体,体现着我国人民的生存智慧:古镇或古村落的位置选择、布局形态以及内部构造,无不是在与自然界相接触融合的过程中不断摸索总结出的宜居的生活文化模式。古镇是我国传统农耕社会物质文化和非物质文化的集

---

① 祝天华:《加强盘县古城的保护与开发,推动古城经济发展》,载贵州省文物局等编《贵州古镇保护与旅游开发青岩论坛文集》,2011年2月,第164—165页。
② 吴良镛:《广义建筑学》,清华大学出版社1989年版,第153页。
③ 国务院:《历史文化名城名镇名村保护条例》,《国家法律法规数据库》2017年10月7日, https://flk.npc.gov.cn/detail2.html?ZmY4MDgwODE2ZjNlOThiZDAxNmY0MjNlNTA5MTAzZDY。

中体现地,是中国历史发展长河中自然形成的文化空间。中国自古以来就是一个农业国家,中华民族的生活、思想和文化方方面面都在农业经济基础这棵大树粗壮的树根上生发开去,离开了这个滋养的根,我们的国家和民族将变成一棵浮萍,在当今世界席卷全球的单一化西方化狂潮中迷失自我、随波逐流。①

以内环线为中心、以租界为核心的文化分析模式,已经不能被新上海人与富有活力的上海文化所认同了。江南上海、海洋上海、高知上海已不再把殖民文化视为上海发展的核心文化,而仅仅将其视为一个小小的过渡阶段,只是当作上海文化发展中的一个插曲。代表上海文化传统的古镇逐渐走入人们的视野,优雅的江南文化形态才是上海文化的根。六千年的上海文化博大精深,上海古镇承载着深厚的文化传统,将承担起建构城市文化的使命。②

三 徜徉于活态文化

文化旅游事业的终极问题:文化旅游创造的效益是否比社区遭到破坏的代价更重要。旅游景区的重中之重,在于尽可能地不让游客打扰到遗产地居民的正常生活。古镇开发要建立一项能够架起沟通文化遗产保护和社区发展桥梁的总揽性政策,尽力保护那些影响了他们世代生活的古典建筑和城市肌理。③

古镇开发过程中注重历史文化遗存的保护,并不仅仅是对遗址遗迹的原样保护、修旧如旧,更要注重历史传统的保护和文脉的延续。正如丽江、江南水乡古镇之所以有如此强的吸引力,不仅仅是由于小桥、流水,更在于生活在那里的人家,有了生活在那里的人家,文化才是鲜活

---

① 陈勤建:《上海国际文化大都市建设中的古镇活态保护》,载上海市群众文化学会、《群文世界》杂志社《古镇文化的活态保护与上海国际文化大都市建设论文集》,2012年5月,第12页。

② 田兆元:《神圣空间及其文化功能——以三林圣堂为例》,载上海市群众文化学会、《群文世界》杂志社《古镇文化的活态保护与上海国际文化大都市建设论文集》,2012年5月,第48页。

③ 赵春兰、杜抒、黄运昇编著:《蜀韵古镇——多维视野下的古镇文化遗产保护与利用》,四川大学出版社2019年版,第200—203、213页。

的，才是有真正魅力的。只有充分调动起居民保护古镇的积极性，让其能够从旅游发展中得到相应的收益，并且乐于生活在世代居住的古镇，为自己的古镇与文化传统感到自豪，古镇的意蕴与文脉才能真正延续下去。江南水乡古镇的"整体性保护"是一种活态的文化保护，不只保护历史建筑和城镇空间，更重要的是保护居住于其中的社会阶层，并通过适宜的环境与政策的提供，使这些社会阶层连同他们所创造的制度、精神文化一起，融入现代社会的生活秩序中来。[①] 古镇居民是传统文化遗产的传承者，古镇的保护、开发要围绕居民展开，使居民成为古镇保护开发的永续力量。古镇文化的传承也要依靠原居民，古镇旅游最大的目的是体验其传统风貌，体验丰富多彩的民风民俗和民族文化，体验其活着的生活样态，而古镇居民是这一切的载体。就是说，淳朴的古镇民风民俗对于保存古镇的吸引力是极为关键的因素，而这一切的实现都有赖于古镇居民精彩的"表演"。

聚居是由内部的居民创建的，聚居存在的先决条件是其内部居民的存在。[②] 古镇、古村落的存在，是因为有原住民生活着，生活在其中，承载着古镇、古村落精神内涵的"人"——原住民，应该是古镇、古村落保护的重要部分。[③] 古镇保护，最关键的是要保存保护好创造并享受原有生活流的主人——原住民。[④] 改善当地居民的生存环境，促进当地经济的健康成长。[⑤] 各种人居环境的规划建设，必须关心人和他们的活动，这是人居环境科学的出发点和最终归属。[⑥] 例如，贵州省镇远古城有着厚重的历史、悠久的民俗和千年古迹。最重要的是，镇远古城还保存着原汁原

[①] 中国城市规划学会历史文化名城学术委员会、昆山市人民政府：《2008 年古镇保护与发展周庄论坛》，中国江苏周庄古镇，2008 年 4 月，第 23 页。

[②] 吴良镛：《人居环境科学导论》，中国建筑工业出版社 2001 年版，第 273 页。

[③] 上海市群众文化学会、《群文世界》杂志社：《古镇文化的活态保护与上海国际文化大都市建设论文集》，2012 年 5 月，第 16 页。

[④] 上海市群众文化学会、《群文世界》杂志社：《古镇文化的活态保护与上海国际文化大都市建设论文集》，2012 年 5 月，第 14 页。

[⑤] 赵春兰、杜抒、黄运昇编著：《蜀韵古镇——多维视野下的古镇文化遗产保护与利用》，四川大学出版社 2019 年版，第 123 页。

[⑥] 吴良镛：《人居环境科学导论》，中国建筑工业出版社 2001 年版，第 45 页。

味的生活,很多墨客骚人来到镇远后,都赞誉镇远的美丽,深深被这里的文化气息和秀丽风景所吸引。余秋雨认为镇远"搞旅游不要去考虑太深,主要是美丽而舒适"[①]。

　　建筑事业是为群众服务的,当然应当熟悉他们的基本生活要求,而群众对环境建设也具有一定的发言权。因此,建筑事业从城镇建设到邻里的建设应该倾听群众意见,也理所当然地需要不同形式的群众参与。建筑事业需要群众参与还有更为积极的意义,即城乡建设是乡土建设的一个很重要的方面,号召群众热爱自己的乡土,积极地支持并参与当地的建设,抵制破坏居住环境的事物。这是一股积极的力量,也是推动城镇及社区建设的一个很好的方式。[②]

　　有研究认为,就川渝古镇历史文化遗产的保护来看,尽管公众参与在一部分古镇得以实现,但还存在公众参与程度不深、参与方式单一、参与水平较低等问题。川渝古镇的保护,面临着房屋改建维修、居民拆迁等涉及居民切身利益的具体问题,因此获得居民的配合是一个必不可少的条件。政府通过公众参与,让居民了解保护的意义,告知保护可以为他们带来实际利益,可以获得居民的理解和配合,减少保护中的社会阻力。[③]

本章小结

　　古镇保护是要让自然环境、历史传统因素和当下人们生产生活活动尽量地维持下来,同时保持古镇在城镇化和现代化的冲击下不成为文化孤岛,从而失落在偏远的角落。这就要求既要做好保护工作,同时又要规划古镇经济与社会发展战略。保护是对人居环境的历史延续、保存;发展是现代生活方式、价值观念、物质技术条件对历史状态的冲击、融

---

　　① 蒋映生、李吉科:《文化旅游"镇远模式"的人本探索》,载贵州省文物局等编《贵州古镇保护与旅游开发青岩论坛文集》,2011年2月,第125页。
　　② 吴良镛:《广义建筑学》,清华大学出版社1989年版,第122页。
　　③ 戴彦:《巴蜀古镇历史文化遗产适应性保护研究》,东南大学出版社2010年版,第47页。

合或更替。既要保护，又要发展，是历史古镇必须面对而又难以很好协调解决的问题，二者的辩证统一在于，保护在发展中保护，发展在保护中发展。古镇保护要树立保护的发展观、保护的整体观，保护的基础是发展。在现实的地域环境中，发展对于重庆地区古镇来说，既是攸关生死的迫切问题，也是推动复兴的现实条件，我们需要在经济发展和文化保护之间寻找一个平衡点，这一点至关重要。古镇保护与旅游开发要处理好保护与开发利用的关系，树立开发利用的发展保护观。没有开发利用就没有古镇保护，也就不可能真正促进古镇发展。科学规划是古镇保护与开发利用的前提，规划的核心是要解决古镇的可持续发展，关键是要处理好保护与开发、共性与特色、传统与现代、挖掘与创新之间的关系。经过几十年古镇开发利用实践，在中国形成了创新型保护性开发模式、周庄模式、民俗博物馆模式、持续转型的乌镇模式、放大休闲的丽江模式、书写大地景观的婺源模式每个古镇应结合自身特点从不同角度创造出适合自己的营销策略，形成了譬如旅游服务导向型、居住导向型等营销模式，保持了古镇的魅力，维持和延续了古镇的生命，促进了古镇的全面发展。

　　传统文化与现代化往往在古镇交汇，所以，古镇保护一方面要尽量让历史传统原生态的保护，另一方面要注入现代因素，恰当地协调好二者的关系。置身于现代文化，古镇保护要在面向未来的前提下实现新型城镇化、现代化与保护历史之间的平衡，找到古建形式与新型城镇化、现代化发展之间的平衡点。深植于传统文化，不同国家现代化及其国际文化大都市建设发展的成功经验表明，任何一个国家现代化的发展，都不能离开世界发展的步伐，外部世界的文化也必将对本民族的文化构成重要的影响。但是，更为重要的是，现代化无法简单地拷贝复制。任何一个国家现代化的发展，必须深深扎根于自己民族的文化土壤之中，努力按照本民族的特色来发展自己。徜徉于活态文化，文化旅游业的终极问题：文化旅游创造的效益是否比社区遭到破坏的代价更重要。旅游景区的重中之重，在于尽可能地不让游客打扰到遗产地居民的正常生活。古镇开发要建立一项能够架起沟通文化遗产保护和社区发展桥梁的总揽性政策，尽力保护那些影响了他们世代生活的古典建筑和城市肌理。让游客能短暂停留，乡村旅游必须转变旅游经济的增长方式，即把"赶场式"旅游转变为生态旅游，把观光旅游转变为休闲旅游，让游客在旅游中增长知识、提高素质、陶冶情操、愉悦身心，在旅游中获得健康。

第 五 章

古镇的整体性保护

只有整体性保护，才能真正彰显古镇的独特个性和魅力，这就要求保护古镇的街巷空间、总体布局，以及街巷、水系等物质要素的格局肌理和风格；处理好城市与自然的关系，以建设"山水城市"作为城市规划和建设的最高理想。

第一节 整体性保护的内涵

整体性保护就是要对文物古迹、历史建筑、历史街区、自然环境、社区文脉、传统文化全部进行保护，并恢复过去曾有的具有代表性的历史建筑，对不协调的建筑进行风貌整治，体现古城的整体价值。

古城古镇古村落的形成是一个长期的历史过程，因此保护不是一朝一夕可以完成的，必须持久地保护下去。上百年的历史不可能一下子恢复，更别说历史文化村镇还要见证新的历史发展进程。一时做不好慢慢去做，一时找不到方法先放一放，现在的技术达不到就等以后，这一代完成不了还有下一代，急功近利必然会造成对历史文化的破坏。[①] 吴良镛指出，古镇保护的完成需要一代人一代人的努力，完善的居住环境需要数代人塑造。在如今急剧变化的情况下，建设周期不断缩短，但不能祈求新环境很快就能完善起来，特别值得注意的是：第一，在关键问题的

[①] 汪永臻：《街亭古镇——历史文化名镇的保护与传承》，甘肃文化出版社2017年版，第29页。

决策上，不要犯致命性、难以挽回的错误；第二，要留有余地，给后人的创造留下更多的机会与时间去充实、修正与完善。①

古镇整体性保护的第一个方面是格局保护，包括保护其独特的个性和魅力；保护其街巷空间，包括街、巷、弄，以及作为街道空间延伸和扩大的广场空间；处理好城市与自然的关系，以建设"山水园林城市"作为城市规划和建设的最高理想。

江苏省苏州市周庄古镇保护规划依据该镇整体布局，将全镇分为老区、新区、工业区三个地段；将全镇划分为重点保护地段、一般保护地段与环境保护协调区等三级保护范围。

苏州市甪直古镇视觉环境的保护规划实际就是古镇格局保护规划。在高度控制上，将沿河建筑高度控制在8米以下、沿河靠街建筑高度控制在6米以下、内部街巷控制在12米以下，周围集镇均控制在8米以下，河道上下不准建立房屋。其色彩控制主要由天空色、河流色等环境色和建筑材料色组成，青砖、白墙、黑瓦、赭色木板门窗和河边驳岸、绿色草木。保护分为三个等级，重点保护传统街道的文物古迹、民居、河道、驳岸、桥梁；一般保护区域周围和传统木结构民房；环境协调区要求作为历史地段的延续地区，建筑应该与传统协调，符合现代要求。

苏州市同里古镇保护综合考虑建筑、城镇及其所处自然环境，构筑包含建筑、城镇与外围自然风景三大部分的整体保护框架，严格制定用地规划、建筑控制规划、空间界面控制规划，将建筑分为严格控制建筑、一般控制建筑、局部改造的建筑、需要整饬的建筑、需要重新定义的建筑五种类型，按控制要求对各类建筑实施保护。对核心保护区的开放空间和界面分为严格控制和重新定义两种，根据其所处的不同位置、特点、周边建筑的使用功能、界面封闭程度与形式、河街空间比例关系实施不同的控制。

浙江省湖州市南浔古镇的古镇特色由小桥、流水、人家、传统街巷、古典园林、中西合璧的建筑构成；从点、线、面三方面进行保护，节点主要是历史景观节点、历史空间节点，轴线主要是景观连续的历史风貌

---

① 吴良镛：《人居环境科学导论》，中国建筑工业出版社2001年版，第129页。

带，区域主要是古镇风貌控制区。保护规划的保护范围分为单体文物点、古镇控制区、区域控制区三个层次。①

重庆市永川区松溉古镇保护规划确定的总体结构为"一带、两片、四轴"格局。"一带"指城镇滨江风貌景观带，"两片"指养殖场自然生态林地片区和观音阁、黄桷树东侧的自然生态林地片区，"四轴"指沿城镇主要干道永—松路的城镇景观主轴，古镇与新区协调区的古镇风貌景观轴，连通工业园区与北部居住新区生活景观轴以及以行政中心、商业中心、文化休闲为一体的城镇中心区形象景观轴。一是松溉镇保护规划将保护区划分为核心保护区和建设控制区、风貌协调区、生态保护区等三个层面进行分级保护。二是建筑高度控制规划，保护古镇的天际轮廓线；保护视线走廊，视线走廊控制的目的在于建立景观点之间的呼应关系，使分布较散乱的景点统一为一个整体；控制文物古迹的高度，各级文物保护单位重点保护单位高度控制在10米以内，一般保护范围及建设控制地带建筑控制在10—30米。三是城镇风貌格局保护，保护"整城依山筑，四水绕城流"的城镇山水空间形态，建立连贯山与水的绿色通廊，绿地系统规划为三个层次，这三个层次从对自然生态环境的影响方面看，其重要性依次减弱；而在对市民活动的影响上，其重要性依次加强。四是景观结构规划，包括保护古镇赖以生存的传统山水格局风貌、延续古镇的路网格局、突出景观通廊和重点节点的保护。

古镇的个性只有通过整体规划保护才能显现，对古镇的保护也只能是整体性取向的保护。例如，酉阳县龚滩古镇自然环境优美，水碧山青，岸陡峡深，凉风习习，急湍、高峡、绝壁、洞穴等自然旅游资源独具特色。人工环境与自然环境交相辉映、浑然一体，窄街广檐，建筑古香古色，老街、民居、会馆等古建筑散布在乌江东岸的扇形地域内。石板街长达2000余米，涵盖3个行政村，沿着乌江岸线排列，起伏有致，规模罕见，街面两侧的平房、楼房、平檐、飞檐，分布有序而外观各别，但那裸露在外的黄色木质材料与绽裂的纹理隙缝，处处显示出它的固有沧

---

① 阮仪三：《护城踪录：阮仪三作品集》，同济大学出版社2001年版，第67—69、84、94—95、99—100页。

桑岁月。在老街百米以上的半山腰间，新街便随之一字排列开来，这一上一下，相得益彰；如此强烈的反差，推陈出新，相映成趣。在山麓河面仰望，整座古镇是清一色的吊脚楼建筑，其长长的柱脚，或支悬崖，或撑乱石，或倚古树，宽敞高峻，奇招迭出。人文环境表现为民风淳朴，传统生活方式依然较为完整地保存着。在制定保护规划时，只有将自然环境、人工环境、人文环境因素整体通盘考虑，才能将龚滩古镇的独特魅力显现出来。

黑獭堡街位于乌江东岸，一半属于酉阳县，一半属于贵州省沿河县，为重庆市、贵州省各族人民的农副土特产品集散地，其市街虽古老残破，但仍不失颇具民族特色的边贸旅游价值。黑獭堡街附近有一片约2平方千米的天然石林，与老街互为补充、相映成趣，平添了几分古镇旅游的意趣。清泉乡是一处古朴完整的乡村集市，屋舍俨然，场镇贸易如期而至。乡场南端的龙凼沟上，现存风雨廊桥一座，已有120多年的历史。龙凼沟北侧，弃置有一副直径3米的巨大石磨，人称"中华第一石磨"。与清泉老街隔江相望有贵州省的鲤鱼池及重庆市秀山县的两处土家族村寨，系乡间地道的土家吊脚楼形制建筑，回廊重楼，底柱飞檐，或翠竹环合，或榉木遮护，依山傍水，淡泊宁静。住户拣柴熏肉、土灶做饭，玉米为粮，葫芦为瓢。至今犹有人家用油灯、松明照亮；然神主牌位香灰溢满，保存着奉祭先祖、尊敬长上之淳朴民俗。[1]

古镇整体保护的第二个方面是要素保护。古镇传统的人工环境是指人们从事生产生活所产生的历史遗迹，包括码头、院墙、台阶、匾额、树木、排水道、拴马石、高圪台等，规划保护不允许对其外观特征改动，而是在协调统一的原则下进行整饬和修复。例如，湖州市南浔古镇的人工要素由古桥、名人故居、传统民居、传统街巷、古典园林、古建筑、中西合璧建筑构成。温州市楠溪江古村落保护要素包括保护建筑、保护地段、保护区域、基础设施四个层次。[2] 山西碛口古镇遗产的价值首先体现为整体性。从单体建筑来看，碛口古镇上的建筑并不算十分古老和精

---

[1] 《龚滩区志》编写组：《龚滩区志（1949.11—2001.9）》，2001年7月，第62—68页。
[2] 阮仪三：《护城踪录：阮仪三作品集》，同济大学出版社2001年版，第99、112页。

美，但从建筑群体来看，古镇的建筑结构严整，依山就势，参差错落，代表了晋西北古集镇的特色，具有极高的遗产价值。除建筑群体遗存的方式外，建筑与民俗、商俗等传统文化以及古镇悠久的历史相结合，也是其整体性的表现之一。在碛口，可以见到完整的古镇，以及古镇人的商业经营与生活习俗，形成了浓厚的古镇文化氛围。[①] 因此，山西碛口古镇需要整体保护传统商贸建筑、传统民居、传统庙宇、古街巷。龚滩古镇主要的人工环境要素有大岩门岩棺群、龚滩石拱桥、龚滩古镇石板街、沿河背街吊脚楼、隔江远眺蛮王洞，建筑的美学价值很高。

　　人文环境要素是人们生活风貌的环境体现。例如，南浔镇的人文环境要素由名人轶事、风尚习俗、宗教构成。楠溪江古村落保护的人文要素分为地方传统、土地整理两个方面。碛口古镇历史悠久，商业习俗、民俗活动丰富，民间娱乐活动、民间工艺、民俗饮食非常独特，也是古镇整体保护的内容。龚滩古镇人文环境要素有土家族的歌舞、表演、服饰民俗、手工工艺、风味小吃，它包含有民间美术、民族音乐、民族戏剧歌舞、民族体育、民族饮食文化等，内容丰富，艺术性高，处处体现民族特色。古镇是写生、摄影、影视创作基地，《渔家姑娘》《远山峡谷》《红杜鹃、白杜鹃》《奇人安世敏》《赵世炎》《最后的船夫》等影视都在这里拍摄。自然景观成了艺术院校师生写生创作的理想之地，《画中思》《乌江人家》都是在古镇创作。[②]

　　古镇的自然地理环境要素主要是指古镇传统街区及其周边的地形地貌和自然景观。几千年来，中国人讲求天人合一，在长期的生产活动中总结出不违农时、吃饭靠天、一方水土养一方人等智慧。在建筑方面讲究依山傍水、堪舆风水，神韵与形式达到完美的统一。这些智慧，在古镇选址和建筑布局上体现得十分明显，形成了中国古镇特有的自然地理环境风貌。

　　湖州市南浔古镇的自然要素由河流水系、古树名木构成。温州市楠溪江古村落的自然生态由大气、水文、植被、地貌构成。甘肃省张掖市

[①] 霍耀中、张其俊、师振亚：《碛口古镇保护》，山西人民出版社2006年版，第35页。
[②] 《龚滩区志》编写组：《龚滩区志（1949.11—2001.9）》，2001年7月，第68页。

由于祁连山的降水、地下潜流和冰川融合补给，使当地水资源相对丰富，形成以河流景观、苇塘景观和湖泊景观为特色的良好自然环境。[1] 山西碛口古镇背靠卧虎山，面临黄河与湫水河，自然环境较为优越。[2] 酉阳龚滩古镇周边有白水壁、月亮洞、三家矸，从万木乡黑獭村开始，乌江以航道中心线为界分属重庆市、贵州省。行船走水，人可以不抬脚便随时出入两地，令人新奇。沿江所经十八道峡谷，船下江水凝碧，在阳光照射与草木映衬中，不时变换出淡绿、墨绿、浅蓝等多种色调。两岸高山更是幽深峭绝、嵯峨瑰丽，其中长约18千米的黎胡子峡，船工俗称"荔枝峡"。江水切削梵净山脉，列阵夹岸，鬼斧神工，仪态万千，其悬崖绝壁，排空纵立，涉水柱天，如锁江门；其平缓深潭，如绒缎铺翠，滩碛过处，似激浪飞雪。更有一笋状条石，傲立远山，亭亭独秀，宛如妙龄少女俯视行舟。[3]

古镇保护要以整体的观念，寻找人工环境要素、人文环境要素、自然环境要素之间的相互联系，"这是人居环境科学的核心，也是它的方法论，甚至可以说是人居环境科学的真谛所在"[4]。古镇保护与旅游文化开发应当在人居环境科学的指导下，寻找古镇保护与旅游开发、古镇保护与社会发展的最佳契合点。

第二节　建设"山水城市"之理想

一　理想的提出

古城、古镇、古村落的保护规划要充分理解"山水城市"的科学内涵，以建设"山水城市"作为最高理想。

建设"山水城市"的构想早在20世纪50年代就已经提出，1958年"大跃进"高潮中毛泽东主席提出"实现大地园林化"的号召，并且把未来城市的模式称为"园林城市"或"园林化城市"。大地园林与传统园林

---

[1] 阮仪三：《护城踪录：阮仪三作品集》，同济大学出版社2001年版，第174页。
[2] 霍耀中、张其俊、师振亚：《碛口古镇保护》，山西人民出版社2006年版，第35页。
[3] 《龚滩区志》编写组：《龚滩区志（1949.11—2001.9）》，2001年7月，第62页。
[4] 吴良镛：《人居环境科学导论》，中国建筑工业出版社2001年版，第214页。

相比，根本不同点在造园的空间对象上有了极大的发展变化。大地园林是以整个城市为整体的，穿插整个城市进行造园，也就是把整个城市加以园林化。显然，这与过去的在城乡一隅以独立空间造园有极大的不同。园林城市建设要充分保护和利用城市依托的自然山川地貌和郊区林地、农业用地，将城市绿地系统同国土绿化紧密联系，把城市当成一个大园林进行规划、建设和管理。在这里，园林的概念已经不是叠山理水、营造风景建筑和布置花木，也不仅仅是搞城市园林绿地系统，而是把它扩大到区域以至国土的景物规划（Earth-scape Planning）。[①]

生态学界将未来城市模式称之为"生态城市"，这里的"生态"也不能简单地理解为生物与生物之间、生物与生存环境之间的动态平衡联系，而是把"人"也包括在生态之内，把研究的重心逐渐从纯自然生态向人类活动影响下的生态学过渡。一些生态学家把城镇看作是社会—经济—自然的复合生态系统，认为驱动城镇复合生态系统的动力学机制来源于自然和社会两种作用力。自然力的源泉是各种形式的太阳能，它们流经系统的结果导致各种物理、化学、生物过程和自然变迁。社会力的源泉有三：一是经济杠杆——资金；二是社会杠杆——权力；三是文化杠杆——精神。所以，有的生态学家把生态学称为"联结自然科学与社会科学的纽带"。[②]在钱学森的倡导下，中国学术界对"山水城市"的构想进行了广泛的研究，复合城市空间的设想就是在"山水城市"的思想指导下构思的。[③]

二 思想内容

关于"山水城市"的构想与实践是钱学森在研究建筑科学时论述最多的内容。1980—2000年，钱学森与吴良镛、鲍世行、顾孟潮、涂元季

[①] 鲍世行、顾孟潮主编：《杰出科学家钱学森论山水城市与建筑科学》，中国建筑工业出版社1999年版，第177页。

[②] 鲍世行、顾孟潮主编：《杰出科学家钱学森论山水城市与建筑科学》，中国建筑工业出版社1999年版，第178页。

[③] 鲍世行、顾孟潮主编：《杰出科学家钱学森论山水城市与建筑科学》，中国建筑工业出版社1999年版，第308—309页。

等人的书信来往,钱学森的著作、谈话,绝大部分与此有关。我们可以将其思想归纳为:全面考虑,整体规划。早在 1985 年,钱学森就提出"城市学"概念,主张用系统工程、整体观点研究城市问题。1994 年 7 月 28 日钱学森《关于城市建设要有整体考虑给鲍世行的信》指出,城市建设要有规划,要搞城市学的研究,都是说从整体考虑的重要性。城市也是一个大系统,没有系统的整体考虑怎么行!建筑师们不考虑城市的整体景观,只顾一座建筑的美是不正常的。[①]

1996 年 3 月 15 日钱学森《关于重庆市建设山水园林城市给李宏林的信》指出,是否以为搞好园林绿化、风景名胜区,就完成了重庆市的山水园林城市建设任务呢?那可不是我设想的山水城市。[②]

1997 年 3 月 16 日《鲍世行给钱学森的信》指出,建设园林城市首先是要搞好城市整体规划,要从城市生态的角度规划建设好城市,而不能把园林城市仅仅理解为苏州园林式的城市。一些城市领导对园林城市的认识尚停留在苏州园林式的小农意识水平上,他们不是去认真搞好城市总体规划和城市设计,从健全城市生态系统、发展城市历史文化内涵显现城市的个性特色,而是盲目模仿攀比,简单照搬,似乎种了大草坪,建了大广场,有了花坛盆景,有了小桥流水、曲径幽廊的公园,就可以成为园林城市了。[③]

我们在过去,要办的事很多、很急,要解决人民的基本生活需要,在城市建筑上,来不及认真思考、科学地规划、合理布局,办了一些傻事,如把首都钢铁公司、北京石化公司的工厂建在北京上风位地区;有些建筑又影响甚至破坏了城市风貌,今后要有所改善。[④]

过去我们一讲到城市建设,好像就是道路交通、通信、居民居住房

---

① 钱学森:《论宏观建筑与微观建筑》,鲍世行、顾孟潮、涂元季主编,杭州出版社 2001 年版,第 116—117 页。
② 鲍世行、顾孟潮主编:《杰出科学家钱学森论山水城市与建筑科学》,中国建筑工业出版社 1999 年版,第 42—43 页。
③ 鲍世行、顾孟潮主编:《杰出科学家钱学森论山水城市与建筑科学》,中国建筑工业出版社 1999 年版,第 177 页。
④ 钱学森:《论宏观建筑与微观建筑》,鲍世行、顾孟潮、涂元季主编,杭州出版社 2001 年版,第 159 页。

屋、工厂、学校、机关、商业区的建设，一下子就投入具体工作中去了，而没有注意一个首要问题：建设中的城市，其功能是什么？这个城市是国都？是大港口？是商埠？是省城？是文化城？是旅游城？是工业城？还是其他？有了一个城市的建设目的，明确了其功能，下面的问题就是对这个城市已有的建筑要明确哪些是文物必须保护，并加以科学地维修（而不是粉饰一新）。这两个问题明确以后，下一步才是城市的总体规划。总体规划要有长远眼光，要大胆设想、逐步实施。[1]

钱学森、鲍世行等人将建设"山水城市"（Shan-Shui City）作为城市建设的最高理想。鲍世行将"山水城市"的核心概括为"尊重自然生态，尊重历史文化；重视现代科技，重视环境艺术；为了人民大众，面向未来发展"三句话。[2] 钱学森进一步指出，"山水城市"的核心精神是尊重自然生态，尊重历史文化，重视科学技术，运用环境美学，为人民大众，面向未来发展，对于这一点一定要全面地、正确地理解，并非仅是搞一些具体的挖水堆山。[3]

三 建设"山水城市"的实践

从问题的提出、认识的深化，到一些城市的实践，山水城市构想已经成为吸引国内外许多有识之士参与探索的一种理论学说，正在成为许多城市的规划建设实践。例如，重庆城市建设正在朝着为实现"山水城市"的理想目标而努力奋斗。

重庆主城区位于群山环抱之中，两江汇流之处，风景名胜资源丰富，面积宽、种类多、分布均匀、历史悠久，众多的温泉、溶洞、石林、瀑布、森林都独具特色，引人入胜。著名的"重庆十小景""新巴渝十二景"具有很高的知名度。枇杷山、鹅岭、佛图关、虎头岩一线中央天际

---

[1] 钱学森：《论宏观建筑与微观建筑》，鲍世行、顾孟潮、涂元季主编，杭州出版社2001年版，第159—160页。

[2] 鲍世行、顾孟潮主编：《杰出科学家钱学森论山水城市与建筑科学》，中国建筑工业出版社1999年版，第420页。

[3] 钱学森：《论宏观建筑与微观建筑》，鲍世行、顾孟潮、涂元季主编，杭州出版社2001年版，第218页。

线，地势高亢，山脊起伏有致，时隐时现，将长江、嘉陵江分隔。依山而建的三个公园，绿树成荫，花团锦簇，隐现无穷妍态，招摇不尽之春，宛如一条翡翠长廊，构成山地园林特有的景观美。燕子岩、南区公园、王家坡、兜子背沿江耸立的山岩石壁护坡绿化，更突出塑造了山城丰富的立体景观及绿化效果。城市建设依山傍水，城市景观点线交融，具有得天独厚的山水条件，到过重庆的人都赞誉重庆是一座美丽的山城。从自然环境到人文环境看，重庆已具备了建设"山水园林城市"的基本条件。

重庆城区是"巴渝文化"与"陪都文化"最具代表性的地区，丰富的人文景观为创建"山水园林城市"奠定了基础。巴渝文化、陪都文化遗迹众多，罗汉寺、能仁寺、莲花池巴蔓子墓等历史人文景观及红岩村、宋庆龄旧址、桂园、曾家岩周公馆、邹容烈士纪念碑等一批近代革命活动旧址及革命纪念碑，以及保留的广东会馆、湖南会馆等历史古建筑，充分反映了不同时期人文景观的特征及价值，为我们创建山水园林城市提供了诗情画意、浮想联翩的审美情趣。

美轮美奂的现代街市是重庆城区人文景观的又一组成部分，是人类文化与科学的结晶，是城市文明的象征。街道、建筑、桥梁、雕塑构成城市市街线状空间及点状空间，人们从它的外部空间角度观赏、感受到外部形象美。市街建筑鳞次栉比、造型各异，为人们提供了形式美的审美情趣；长江大桥、嘉陵江大桥似长虹卧波，市街雕塑、室内的美化，都向人们展示了五彩缤纷的市街景观，它是山水园林城市的重大景观。①

重庆市建设"山水城市"的总体目标进程分为三个阶段。第一阶段以保护现有自然山水风貌、保护现有绿地、发展市街绿化和新区开发绿地为重点，深入开展创建园林式单位、园林式村段、园林市街活动，加大公共绿地建设力度，保证绿地指标稳中有升。第二阶段以发展城市公共绿地为重点，调整城市绿地系统结构，形成城乡一体化大绿化格局，强化景观保护、治理和建设，加强园林小区、园林城镇的创建活动，争

---

① 鲍世行、顾孟潮主编：《杰出科学家钱学森论山水城市与建筑科学》，中国建筑工业出版社1999年版，第601、618、619页。

取城市绿化覆盖率达到35%，人均公共绿地指标高于园林城市标准，达到5.5平方米/人。第三阶段以公共绿地建设为重点，全面开展对山、水、城的治理和建设，加大城市环境污染治理的力度，在全市公共区域内深入开展山水小区、园林小区和山水城镇、园林城镇的创建活动，提高城市整体景观和环境质量，力争城市绿化覆盖率达到40%，人均公共绿地达到7平方米，基本实现"山水园林城市"的目标。在具体实施中，尤其要注重主城东西两侧山脉林地的保护和建设，注重长江、嘉陵江沿岸绿带的建设，注重城市道路沿线绿带的建设，注重社会单位和居民区绿化的建设。①

在制订五年计划和远景目标总体规划中，以定性定量为基础，确定自身的历史机遇及发展，按照经济社会及园林可持续发展战略及现代化城市应具备的指标体系，确定自己的经济指标体系、社会发展指标体系、科技进步指标体系、城市建设指标体系、重庆环境指标体系。创建山水园林城市是一项涉及面广、牵涉部门多的系统工程，它必须由政府进行决策、导向与调控。在规划上，对房地产开发规模及容量应实行总量控制，坚决制止过度开发，对背离山水城市性质、方向的行为应及时制止。公建平房顶应搞屋顶绿化。在建筑层高上，应错落有致、高低适宜，切不可将山脊风景遮挡，使山、水、林透视轮廓能较好地显露，强化立体效应。

加强美丽街市的建设。美丽街市是山水城市、园林景观、山水景观的有益补充，它是人类文化的结晶，是城市文明的象征。街市景观和山水景观、园林景观比较，其特点是与功利性结合一体。各层次规划设计人员按总体要求，把改造环境创造出符合实用要求与审美要求的蓝图，分步实施。规划设计人员可以考虑在朝天门、文化宫中门、人民大礼堂及火车站等几个片区各自规划设计一个广场，并在广场建设标志性雕塑，形成街市点状空间。

山水景观及园林景观的建设。重庆创建山水城市应在江上、山上做

---

① 鲍世行、顾孟潮主编：《杰出科学家钱学森论山水城市与建筑科学》，中国建筑工业出版社1999年版，第603页。

文章、下功夫,充分利用地理景观优势进行人工改造,达到"呈尤人作,宛自天开"的效果。保护与建设好山脊天际线,是创建"山水园林城市"的根本。要拿出更多土地搞绿化。①

第三节　保护古镇街巷总体格局

一　保护街巷空间形态

根据场镇的平面布局及建筑年代分析,我们可以大致推测古镇一般的演进过程。它们通常沿路滨水选址而建,并随着人口增加而沿着主要交通线向外扩张;在向外生长的同时,场镇内部空间逐渐为新建房屋所填充,并形成场镇巷道,场镇开始丰满起来。从场镇的居住、商业、宗教场所的空间功能分布,人们可以大致判定该场镇在某个时期形成了相对成熟的模式。②临街而市的建筑也催生出许多临街檐廊。长长的街边廊道,一根根古香古色的柱子,构成了古镇共有的风景。作为店铺的延伸和室内室外过渡的"灰空间",檐廊为过往行人遮风避雨,也将街道划分出不同的活动层次。

例如浙江省嘉善县的西塘古镇拥有长达1.5千米的檐廊,也被人称为"雨廊",其出挑2米多,形成廊棚。中间局部地方还有木雕刻纹,十分精美。临水沿街构建的檐廊串联起了西塘人的日常生活:不少商家把商品摊放在檐廊下,老人在檐廊下休息聊天,小孩则绕着古旧的柱子嬉戏玩耍,好一幅生动惬意的画面。四川乐山市犍为县的罗城古镇也因其独特的檐廊而出名。罗城镇老街东西长、南北短,很像一艘东西向行驶的大船,所以其城中老街又称为"船形街"。船形街的两侧都是出挑3米左右的檐廊,为来来往往的行人遮风避雨,罗城人形容这里是"风雨长廊"。100多根粗壮的圆木支撑起200米长的船形沿街檐廊。作为一种重要的公共空间,檐廊贯串川渝古镇、江南水乡古镇的市井生活。它不仅

---

① 鲍世行、顾孟潮主编:《杰出科学家钱学森论山水城市与建筑科学》,中国建筑工业出版社1999年版,第622—623页。

② 戴彦:《巴蜀古镇历史文化遗产适应性保护研究》,东南大学出版社2010年版,第63页。

连接了各个空间，更如一条强有力的纽带联系起邻里乡亲的感情，赋予居民公共活动以安全感，为古镇带来和睦融洽的氛围。①

重庆地区古镇兴起的原因大致有四种情况：因位于水陆交通要道而兴，因矿藏资源开发利用而兴，因经济社会发展而兴，因控扼军事要塞而兴。其中，西沱古镇、龚滩古镇、龙潭古镇、石堤古镇、涞滩古镇、偏岩古镇、磁器口古镇、松溉古镇、万灵古镇、东溪古镇、白沙古镇，更多是因为处于水陆码头，从事水陆货物转运而兴；丰盛古镇、龙兴古镇、走马古镇，更多是处于陆上交通运输而盛。由此形成街道的分布格局，大致有三种类型：一是街道与江河垂直分布；二是街道分布于溪河两岸，或沿着大江一侧分布；三是街道分布于陆路交通要道两侧。街巷走向是其功能的鲜明体现，保护其空间形态实际上就是保护其兴盛与变迁的历史记忆，街巷空间保护包括有形的和无形的两个方面。

地处乌江和阿蓬江交会之地的龚滩古镇，因水路交通运输之兴盛而兴盛。明万历元年（1573）凤凰山岩石崩塌填塞乌江，沿乌江上下运输的货物在此搬滩，使这里商贾云集，在乌江东岸兴起了一座场镇。街道延伸方向，虽不如西沱古镇街道与长江形成90°夹角，但也是沿着乌江岸边倾斜着向岸边高处延伸的。街道两侧是商铺、钱庄、酒肆、鸳鸯楼、四合院、普通民宅、祠堂、西秦会馆，吊脚楼风格。万灵古镇的传统风情街区——大荣寨的街道走向，也是沿着濑溪河畔倾斜着向地势高处爬升，形成102级石阶。西沱镇街道则形成了从长江边向高处平地垂直爬升的分布格局，高差大约160米，经过整修之后，形成了113个平台、1314步石阶，街道两边是依山就势修建的吊脚楼，这样的街道分布格局在重庆地区的古镇中是极为少见的。与前几个镇相比，松溉古镇是另外一种风格。历史街区从长江边倾斜着向地势高处爬升长达5千米，现在仍然保存有3千米长的青石板步行街。由于松溉镇货物吞吐量大，人员往来更加频繁，因此形成了重庆西部地区的一个巨镇。明清之际，松溉几度成为永川县衙所在地，即使不是县衙驻地的时候该镇的政治经济地位也

---

① 赵春兰、杜抒、黄运昇编著：《蜀韵古镇——多维视野下的古镇文化遗产保护与利用》，四川大学出版社2019年版，第134—135页。

远高于县内其他场镇。

丰盛古镇是一个在陆路交通运输繁盛的基础上兴起的场镇，街道分布于道路两侧。客商、脚夫和马帮从贵州到重庆，南川、涪陵到重庆，洛碛、长寿到涪陵、南川、贵州，丰盛镇是必经之地，从四面八方远道而来的人们从四大场口进入街道，使这里沿主道两侧形成了以十字街为该镇主街、其他街巷依次展开的分布格局。街道两侧建筑的功能主要是满足来往行人的各种需求，驿站、医馆、酒肆、茶楼、商铺、钱庄、会馆、戏楼便顺势而兴，为了保证场镇人口的生命财产安全，十字形的街道尽头设置了东南西北四道栅门，场镇周围则高耸起100余座碉楼。

综观全国其他地区的古镇，也都形成了自身的特色。例如，番禺石楼镇大岭村村落整体格局特色是"蛎江涌头，半月古村"。大岭村整体傍水而建，村落居民有序地排列在菩山脚下和大岭村之间，基本呈半月形布局。大岭村以一条古街为主轴，旁生里巷，形成"大街—小巷"的两级交通体系，形成"鱼骨状"的街巷格局。大岭村街巷石板路、街、巷门、旗杆夹石群、蚝壳墙、水井、池塘、绿化古树、菩山和菩山第一泉、河涌和石埠头、田野构成大岭村独特的传统环境要素，村中布局的文塔、祠堂、庭院、蚝壳屋等不同建筑形成的古民居，是珠江三角洲地区历史建筑的典型代表。整体来说，传统村落肌理清晰、格局完整，具有较高的历史价值和审美价值。[①]

街道格局构成了古镇在空间形态上最重要的因素，无论是水路还是旱路，古镇文化在空间方面的本质就是街道文化。临街而生、沿街而市是传统古镇在空间形态上的显著特征。古镇居民的主要公共活动场所即为街道。从场地剖面上看，古镇街道在尺度上非常相似，主要街道宽度少则1米，多则4—5米。老街以当地青石或卵石铺就，石材之间留有缝隙，雨水渗入其中，防止积水。老街同时注重街道的坡度，以达到快速

[①] 《百年古村落保护完好，岭南水乡风貌依旧——番禺石楼镇大岭村（历史文化名村）保护规划及整治规划介绍》，载中国民族建筑研究会《华南地区古村古镇保护与发展（广州）研讨会文集》，中国广州，2008年6月20—22日，第35—36页。

排水的目的。两侧房屋以一层和两层为主，三层或三层以上的临街建筑较少。[①]

保护古镇街心道路、街巷两侧建筑布局轮廓，保护街巷建筑的传统功能，就成为古镇保护最基本的原则。

江苏省常熟市古里古镇在进行保护中，大力改善交通状况，构筑外环的道路系统，缓解镇区内部的交通压力。充分考虑对自然环境和历史风貌的保护，历史街区内的道路布局，服从保护规划的要求，不改变已有的道路骨架和街巷格局，不破坏沿街建筑和环境风貌，不改变街区的空间尺度。这就是很好地执行了古镇保护不得改变街巷空间格局的基本原则。江苏省太仓市沙溪古镇在保护过程中，也是整体保护历史文化街区传统空间格局，维持街区的空间肌理、街巷比例和建筑布局；严格保持传统街巷的历史原状，禁止改变传统街巷的宽度、走向；保持河、街、建筑的空间关系，不随意拆除或改建沿街、沿河建筑，不随意填埋、拓宽河道。苏州市周庄古镇整体保护历史镇区独特的空间格局，保护构成空间格局的传统河道、路网格局、特色空间界面、特色节点、传统建筑及古桥、古码头等其他历史环境要素。重点保护南北市河、西市河、后港、中市河等4条河道构成的井字形水网；保护和保持传统街巷的线形、空间尺度、传统铺装和景观风貌，不得随意改变传统街巷的走向和宽度；保持河道两侧河、路、房的空间关系，不得改变原有尺度比例。[②]通过控制建筑高度，利用绿化等措施来展示传统古镇的格局。重点保护古镇沿街、沿河的轮廓线，避免新建筑对"因水成街、因水成市"的水乡风貌造成破坏。

在现代社会，传统场镇的经济社会功能已经发生了很大变化，古镇保护和开发利用需要因势利导对其功能进行调整。重庆市永川区松溉古镇规划将临街建筑的功能转变为服务旅游业和本地居民，改善传统街区基础设施、增加居民经济收入，引导外迁居民重新搬回来居住；将合适

---

① 赵春兰、杜抒、黄运昇编著：《蜀韵古镇——多维视野下的古镇文化遗产保护与利用》，四川大学出版社2019年版，第132页。

② 苏州市规划局等编：《苏州古镇保护规划》，中国建筑工业出版社2016年版，第145、165、176页。

的场地改造成为博物馆、展览馆，展示本乡本土的民族文化、民风民俗，增加古镇旅游项目；部分建筑开辟成为餐馆酒馆、旅游产品销售门店。这样既能满足本地居民的需求，也能丰富旅游服务质量，达到改善居民生活条件、促进古镇经济发展、充分保护和利用古镇的目的。这个设想是值得重视的。

重庆市黔江区濯水古镇将核心保护区建筑主要用于发展旅游服务业，包括本地特色餐饮、旅游商品制作销售、茶楼，还在外围新建风貌协调区建造现代民居、商场、酒店、餐馆、娱乐场所。在古镇西面的蒲花河畔打造毕兹卡水上乐园，占地148亩，配套有水上综合娱乐、冲浪、儿童游乐、集散广场、停车场、景观小品等设施，成为吸引儿童、青少年的最佳去处。又于古镇西面的蒲花河畔打造现代农业园，占地560亩。园区按照四季有果有花的定位，种植以本地特色瓜果为主，同时种植具有观赏采摘价值的"名、特、优、新、稀"等奇花异果。依托本地农耕、农具展现民族农耕文化，通过组培室、雾培室等农业设施展示现代农业科技。把"宜游、宜赏、宜识、宜娱"概念植入园中，是渝东南地区独有的集休闲、观光、采摘为一体的现代农业观光园。这样，在古镇上，游客不仅能看江、听戏、品美食、玩味精美的古建筑，还能在土家工艺精心编制而成的楠竹船上，欣赏到船工们的对歌声。

古镇核心保护区功能的拓展，风貌协调区服务设施的完善，功能拓展区新兴产业的形成，不仅仅有效保护了街巷空间形态，更为重要的是为其可持续发展提供了不竭的动力。

二 保护街巷文化元素

街巷空间形态归根到底是由各种人工和人文元素构成的，二者是辩证统一的关系。场镇不仅是居民世代生息繁衍之地，也是其所在区域商业活动的中心，还是家族文化、地域文化和民族文化的集中展示之地，可能还兼具一些政治功能，这些要素需要以适合其功能表达的街、巷、弄空间，民居、大院、会馆、祠庙、戏楼等建筑空间，作为街道、建筑空间延伸和扩大的广场，以及河、湖、汊、港等非建筑空间作为载体。它们构成街巷的物质要素。

街巷的非物质要素内容也很丰富，民族文化、民风民俗、道德风尚、街坊邻居关系、待客之道、具有地方特色的饮食、土特产，以及非物质文化遗产都可以归于其中。

重庆地区古镇久远的历史必然会在街巷留下各种物质的和非物质的文化要素，下面以重庆市荣昌区万灵古镇和黔江区濯水古镇为例，说明整体性、系统性保护各种物质的和非物质的文化元素对于古镇格局保护的重要价值。

重庆市荣昌区万灵古镇的核心保护区始建于嘉庆年间（1796—1820），咸丰年间（1851—1861）再度加固维修。在1976年陆续修建二郎滩大桥和街道船闸、堤坝时，拆去部分城墙石头用于修建。现存古寨城墙全长246米、高3.5—11米、厚40—50厘米；存有狮子门、日月门两个寨门，高5米、宽2.6米。明清老街长502米，宽3—4.8米，由濑溪河岸倾斜向岸边高地延伸，青石板阶梯102级。这是该镇的历史街区的整体布局。街道两侧依次排列民居、大院、会馆、商铺，各式建筑的主体构件一般为穿斗卯榫结构、石砌白墙、青瓦勾缝，歇山式、硬山式、悬山式屋顶，木质构件精雕细刻，板门、板墙、镶格窗，飞檐翘角，穿斗抬梁。这本身就是万灵古镇的一道亮丽的风景。

万灵历史文化街区濒水而建、错落有致，街区代表性建筑有狮子门、日月门、尔雅书院、湖广会馆遗址、赵氏宗祠、谢氏宗祠等。

狮子门。为大荣寨保存最为完好的一道寨门，系大荣寨西门。有寨门二道，分为大门、二门，门板厚实，门杠粗壮，寨门十分坚固。门内壁的圆洞用于插门杠，抵御外侵。此处曾为古战场，清嘉庆年间，白莲教起义，曾攻破大门，但未进入二门。日月门系大荣寨的四大城门之北门，门楼上有日月亭，门内即烟雨巷，"桥横古渡烟霞聚，寨耸雄关日月巡"。门内有一瓮形古井，深12.2米，内设暗道通往河心，由重一吨多的古板遮盖。该井系嘉庆年间修建的战备设施，以备遭兵匪长期围困时取水传信之用。恒升门系万灵古镇大荣寨四大寨门之南门，与"日月门"遥相呼应，取"日升月恒"之意，寨内明清老街上行至此为最高处，寓意凡过此门，仕宦者会官运亨通，商人则财运旺盛，人生境界将不断升华。太平门系万灵镇大荣寨四大寨门之东门，取"天下太平，万物安宁"

之意，寨门内过去是古镇的政治中心，因而位列四大寨门之首，以下按逆时针方向，依次为日月门、狮子门、恒升门。

尔雅书院。为明朝刑部尚书喻茂坚所建。明嘉靖二十七年（1548），喻茂坚替因弹劾严嵩而获罪的谏官夏言陈词，受到夺俸处分。次年（1549），喻茂坚辞官回荣昌故里，钟情于濑溪河畔的佳山秀水，定居万灵，修建了这座"尔雅书院"。喻茂坚亲自题写"以诗书课后"，教习子弟耕读传家。"尔雅"，言辞雅正而深厚。喻茂坚夫妇死后，葬于该镇尚书村，明朝状元杨慎亲自撰写《明刑部尚书月梧喻公墓碑》。民国年间，当地的团总周献廷与荣昌的议事会议长唐叔咸及知名人士叶和笙，参与反对袁世凯破坏共和的斗争。该镇还是我国著名的电机工程师赵松森、抗日革命烈士柳乃夫（原名赵宗麟）、四川妇女解放运动的先驱赵宗楷（杨闇公夫人），以及知名人士赵蓂生、周尚文、赵管青、赵宗照、赵宗燠、陈继宇、黄良福的故乡。2009年，尔雅书院修复重建。

湖广会馆。又名禹王宫，祭祀大禹。清乾隆年间（1736—1795）修建，正殿悬山顶，卯榫结构，供有禹王神像。正殿两侧有走廊与附廊、庑殿相连。正殿对面为戏台，歇山式屋顶。正殿与戏台中间为会馆内部的广场。近些年来，湖广会馆恢复了川剧演出，演出之时广场上挤满了观众。

赵氏宗祠。建于清乾隆三十八年（1773）。赵氏始祖赵万胜于乾隆九年（1744）自湖广宝庆府邵阳县迁到万灵镇，经过两代人的努力积攒，其后裔赵富仁、赵富永、赵富身、赵富盛四大房商议集资初建，后来不断扩大规模，清光绪年间（1875—1908）已经达到1600平方米，成为三进四重堂组合的四合院建筑。

小姐绣楼。原为贺姓大户人家的住所，二楼的阁楼是专门为女儿所建。古代，大户人家的小姐不能抛头露面，她们的生活起居都在绣楼上。此建筑大门供长辈及贵客进出，二门供家属、家眷进出，小门供佣人、下人进出。

吊脚楼。万灵的吊脚楼，又名望夫楼，为该镇的特色建筑。过去，每当船夫们运送货物远航之后，由于河流航程遥远，滩多浪急，当妻子的盼望丈夫早日平安归来，常在临河的窗户边守望，故名望夫楼。

十八梯。因此段街区有十八级台阶而得名。从前，这里商贾云集，是各种行帮势力相互倾轧之地，一片灯红酒绿。几百年来，老街虽经多次修整，但这段街道仍保持原貌，因而成为古镇沧桑的见证，更是万灵百年近代史的缩影。

烟雨巷。位于日月门，由于巷道两壁高耸、间距较窄，看上去恍若一线天。每当雨雾天气，寨门外江雨霏霏，烟笼寒水，巷道内则烟雨空濛，很有一番江南烟雨的景象，故以"烟雨"命名。[①]

明清老街及其建筑物是曾经居住和活动于此的人们留下物质的文化要素，而万灵古镇保存的非物质的文化要素也很丰富。

万灵古镇街区居民的杀年猪、送灶神、打扬尘、过年、拜年、闹元宵、清明节、端午节、中秋节习俗，放河灯、龙舟赛、年猪节、缠丝拳、龙舟赛、七夕河灯文化节等各种活动，特色美食干烧母猪壳、干烧鲤鱼、糖醋翘壳、菊花鱼、椒麻鸡、手撕鸡、卤鹅、回锅肉、粽粑、艾粑粑，土特产梁氏蜂蜜、妃子蜜、填川酒、无花果、沙堡萝卜、食用菌，都是该历史街区非物质的文化元素。

重庆市黔江区濯水古镇街道文化元素集中体现于长1000米、宽2—3.5米的历史街区。临河而建的青石板街、徽派风格的商会、宫殿、戏楼，以及龚、余、汪、樊"四大家族"遗存下来的大院、商号、钱庄，处处透着历史的影子。其代表性建筑有龚家抱厅、余家大院、汪本善旧居、烟房钱庄、光顺号、樊家大院、禹王宫、万天宫、后河戏楼。

龚家抱厅。古镇最具有建筑空间特色的民居之一，干栏式、天井合院，全木结构。正屋临街，11柱4列3间，正门6扇3开，左右各有柜台1个。临街平层之下两层楼沿江面采用吊脚接地，其最具特色之处于过厅上端撑起歇山式屋顶形成的"抱厅"，特点是屋当中有一冲天楼，目的在于采光和利于雨水的自然流向。

余家大院。原为"八贤堂"，是清乾隆十六年（1751）的进士宅第。三进四合院，砖木结构，一进9柱，二进祠堂11柱，三进7柱，均为横

[①] 重庆市荣昌区万灵镇志编纂委员会编：《万灵（路孔）镇志》（1949—2017），2019年4月，第305—309、341—358页。

向5列4间，共有5个天井。整座宅第共有90根立柱、68座雕花柱础、183朵雕花窗、33扇门。各进正门均为6扇3开，大院前后设有侧门。大院地下设有水道，水道使5个天井地下水相通，然后从地下暗沟排入河边。

汪本善旧居。镇上唯一有封火山墙的临江五层吊脚楼，也是唯一站在街面上，透过这栋楼的大门和地下通道就可以看到江景的建筑，也是镇上目前最高的吊脚楼，被称为"濯水第一楼"。

烟房钱庄。亦为汪姓宅院，木结构穿斗梁架，大院南北两面有封火山墙，北面与汪家作坊共墙。三进两厢三天井布局，第一进为9柱4列3间，第二进为10柱4列3间，第三进为9柱4列3间，作为作坊的第四进为9柱4列3间。由三天井形成了三小院，将整个钱庄分成了前店、起居、银库三个功能区。烟房钱庄是濯水古镇上开间最多的大院，临街开有8扇4开大门，二、三进之间设有冲天小阁楼，顶层设有栏干阳台。在第二个天井的太平缸十分独特，为整石打制，而非五面合成，缸体为椭圆柱型。其功用主要是用于消防。

濯水古镇非物质的文化要素主要有深厚的人文精神、民俗活动、民族文化、特色饮食、土特产等。

该镇历史文化底蕴厚重，崇尚文化教育。龚家抱厅的主人龚沛光是20世纪50年代中国科学技术大学首批学生，1963年毕业后分配到中国科学院大气物理研究所工作，现为高级工程师。余家也是一个书香之家，饱读诗书的余共安中了进士后，皇帝赐予顶戴花翎，夫人钦赐凤冠霞帔，现存钦赐匾牌一块。余家保持与世无争的处世态度，训诫子孙要世代学文从医，在"八贤堂"的临街前堂开诊所、药房。烟房钱庄的主人汪氏，秉承"以诚待人，忠孝为先"的祖训，在该镇近代工商业发展中有着极为重要的影响。他们还引进徽商詹氏在该镇发展徽墨产业，开办银号，为徽墨的发展作出了贡献。汪本善是我国著名有机地球化学家。街道保存的武陵山地区极为少见的"道德碑"，警示古镇商贾，经商、为人处世之道在于"天理良心"。

濯水古镇的非物质文化遗产有后河古戏、西兰卡普、雕刻、绿豆粉、泉孔老酒酿制工艺、石鸡坨古陶瓷制作艺术、濯水龙舟文化，目前濯水镇组建有龙舟、后河戏、摆手舞、打莲宵、婚轿、腰鼓、龙狮舞、苗鼓、莽号等15支文艺队伍，常年开展群众性文化活动，传承非物质文化遗产。特色小吃有绿豆粉、马打滚、金包银饭、懒豆腐、烟熏腊肉、大格蒸肉、大锅烩菜、油茶汤、鸡蛋茶、团徽、打粑粑、魔芋豆腐、豆腐粑、炕洋芋、烧嫩苞谷、烤红苕、五香豆豉、砸酒、酢广椒、葛粉、罐罐茶。

古镇街巷文化要素包括物质性的街巷空间、建筑、附属设施，也包括非物质性的人文精神、历史文化、民风民俗、民族文化、道德风尚、特色饮食、土特产品。人们之所以要强调保护街巷文化要素，是因为这才是古镇文化活的要素，是古镇的灵魂。

本章小结

古镇的整体保护，第一个方面的内容是格局保护，第二个方面的内容是要素保护，包括古镇的自然环境要素、人工环境要素、人文环境要素、古镇所在地的非物质文化遗产。自然环境是古镇保护的基础。科学界认为，古镇的个性，即是古镇突出的普遍价值（OUV）。只有全面考虑，整体规划，才能留住古镇个性。古镇保护应尊重自然生态，尊重历史文化。将建设"山水城市"（Shan–Shui City）作为古镇保护的指导原则。

这就要求我们在古镇规划保护中，深入挖掘古镇历史文化底蕴，张扬古镇所在区域的文化个性，从整体上保护古镇的历史文化遗产、历史环境要素；保护古镇的环境风貌特征、保持古镇良好的生态环境；整合古镇所在区域的非物质文化遗产、民风民俗，保护古镇的活态文化，维护居民的正常生活。只有整体保护古镇自然、人工、人文元素，不损伤古镇任何元素，才能真正实现古镇特色保护的目标。保护古镇的街巷空间，包括街、巷、弄，以及作为街道空间延伸和扩大的广场空间，街巷空间尺度、立面、铺地、小桥、河埠等；保护村镇的总体布局，以及街巷、水系等物质要素的格局肌理和风格。

第 六 章

古镇的个性保护

古镇的整体性保护强调格局肌理保护，个性保护强调古镇元素的类型和层次，本质上都指向古镇突出的普遍价值（OUV）。古镇规划保护要根据其文化资源类型和分布规律，制定功能分区，进行单个文物保护单位的保护、重点保护区保护，打造传统风貌协调区，完善古镇的整体风貌。建筑物的保护与整治必须根据建筑物的价值和保存状况确定其方式，包括修缮、维修、改善等。

第一节 保护古镇个性特征

由于古镇古村都有自己不同的基础、背景、环境和发展条件，由此孕育出来的历史村镇也都显示出自己与众不同的特点。中国文物学会会长、故宫博物院学术委员会主任单霁翔说，每一座古城镇都有其独特的文化亮点，都有自己独具魅力的个性特色，这些亮点、个性是地域文化的见证，是城镇文化发展的重要资源，也是这个城镇历史与生活的见证。到北京看皇家园林，到上海看现代化城市，到广西看桂林山水，到海南看热带风光，到陕西看文物古迹，到西安历史古都文化旅游，说到底都是品味所到城镇的独特个性。[①]

根据不同的特性，每个古城、古镇都会有不同的保护方法和侧重点，但归根结底都以保持其鲜明的个性特色为旨归，这就更加突出整体性保

---

① 贺福怀：《古城保护与长安古镇》，2007 年，第 50 页。

护的重要，更加凸显格局保护的重要。

江南水乡城镇的突出之美并不在于一个个的建筑单体有多么美轮美奂，而是在纵横的水网环境中形成的粉墙黛瓦、小桥流水的聚落整体意象令人分外陶醉。因此，在古镇的历史环境保护中，整体性原则就显得特别重要。[①] 周庄、古里、同里、黎里、千灯、锦溪、甪直、南浔、乌镇、西塘、龙门、木渎、朱家角、新场、前童、安昌等是水乡古镇挖掘文化底蕴，张扬文化个性，整体保护古镇历史遗产、历史环境要素，环境风貌特征、保持良好生态环境，保护传统"河—街"空间形式，积极开发文化旅游特色品牌，发展一主多业、多业并举的新兴产业，深刻地诠释了整体保护历史文化名城名镇名村的格局不仅是必要的，也是可能的，这就为全国其他地区开展古镇保护与旅游文化开发利用起了一个好步，开了一个好头，积累了丰富的实践经验。

江苏省常熟市古里镇临水而建，水系蜿蜒交织，是江南典型的"小桥、流水、人家"风貌。街巷房舍顺水系建造，水街相依，水巷和街巷是古镇整个空间系统的骨架，是人们组织生活、交通的主要脉络。古镇在更新改造过程中，不得改变地形和水系，应保持原有环境风貌特征。古里集镇区范围重点保护青墩塘、东港河、西港河沿线环境风貌、自然水系以及沿岸水乡风光和驳岸、码头等历史环境要素。镇域范围重点保护白茆塘、练泾塘等主要水系。综合古镇绿地系统和外围生态网络的规划建设，构筑历史文化古镇的绿色屏障。以田园风光为主体，以水系为绿带，以道路为骨架，串联各类公园、绿地，组成点、线、面结合的园林绿地系统，并与古镇外围农林生态防护网联为一体，形成内外交融的绿化空间，保证古镇空间在更大范围内的良好生态环境。在历史文化街区保护区地段，街区保持传统独有空间形态，采取见缝插针的形式，处理好建筑转角、凸凹处和街巷收放处的小块绿地，改善外部环境；开发居民院落天井绿化、垂直绿化，以传统形式提高整个街区的绿地率。[②]

[①] 阮仪三、袁菲、葛亮：《新场古镇——历史文化名镇的保护与传承》，东方出版中心2014年版，第89页。

[②] 苏州市规划局等编：《苏州古镇保护规划》，中国建筑工业出版社2016年版，第145—148页。

江苏省苏州市吴江区黎里镇制定以河湖为中心的自然生态保护规划，确定太浦河两岸100米范围内为太浦河生态廊道。黎里古镇保护注重控制生态廊道的自然景观和建筑风貌，使之与环境相协调。整体保护自然河湖风貌，不得改变与历史镇区相互依存的自然景观和环境。[①]

如果说江南水乡古镇是集万千宠爱于一身的大家闺秀，那么成都平原的古镇更像是犹抱琵琶半遮面的小家碧玉，芳华不让，却更多一分羞涩。在各种优越的自然和人文条件的滋养下，成都平原地区自古以来就崇尚安逸生活与休闲文化。代表客家移民文化的洛带古镇，反映独特山水环境下聚落民居特征的黄龙溪古镇、柳江古镇、街子古镇，反映独特建筑形态和类型特征的罗城古镇和安仁古镇，反映主导产业特征的罗泉古镇，作为茶马古道重要驿站的平乐和上里古镇。[②]

而坐落于闽南山区的古镇，民居、祠堂、家庙、府第、池塘、广场兼备，形成另外一种风格特色。漳州古镇古村落繁多且富有特色，最具代表性的是各具特色的土楼和"骑楼竹篙厝""红砖燕尾脊"的闽南古建筑。[③]

处于云贵高原的贵州，每一个古镇都是特定的地理条件和自然环境以及在人文历史发展和孕育中逐步形成和发展起来的，每一座古镇凝聚着历史以来所有的物质文明和精神文明的总和。在两千多年的历史长河中，镇远积淀了悠久厚重的历史文化、众多瑰丽的文物古迹和绚丽多姿的民族文化，现已形成了五个国家级旅游品牌，即中国历史文化名城镇远、国家级风景名胜区潕阳河、国家级重点文物保护单位青龙洞古建筑群和"和平村"旧址、全国农业旅游示范点铁溪景区。另外，还有省级风景名胜区高过河，以及保持明清风貌的古民居、古巷道、古码头等省、县级文物古迹160余处。城内潕阳河自西向东呈"S"形蜿蜒贯通全城，形成了"九山抱一水，一水分两城"、册水城浑然一体、天人合一的独特

---

① 苏州市规划局等编：《苏州古镇保护规划》，中国建筑工业出版社2016年版，第89页。
② 赵春兰、杜抒、黄运昇编著：《蜀韵古镇——多维视野下的古镇文化遗产保护与利用》，四川大学出版社2019年版，第1页。
③ 杨振之：《古城旅游发展的新思路——以福建泰宁古城为例》，载贵州省文物局等编《贵州古镇保护与旅游开发青岩论坛文集》，2011年2月，第291页。

的太极图古城风貌，被中外游客誉为"东方威尼斯"。①

重庆地区古镇也具有各自不同的个性，每一个古镇的个性都是一个突出的普遍价值（OUV），下面以重庆市永川区板桥古镇、黔江区濯水古镇、彭水县郁山古镇为例说明这个道理。

重庆市永川区板桥古镇处于箕山山脉和巴岳山脉之间，境内有小安溪河、柳溪河（板桥河）、牛市河，后两条河注入小安溪河，在合川境内注入嘉陵江。该镇传统街区现存800米长，宽10米，建筑风格与重庆地区其他古镇大同小异，基本上是明清风格、卯榫结构、悬山式屋顶，砖、石、木、竹篾墙体。该镇建筑有两个特点：一是街面建有廊棚，从前屋檐向街心伸出数米，街心留有大约1米宽的间隙，主要是方便屋面排水和街道采光；二是在廊棚间隙地面修筑宽0.8米、深1米的沟渠，主要是方便街道居民排水、沟渠上搭建平桥，方便行人来往。

黔江区濯水古镇位于乌江主要支流阿蓬江与蒲花河交汇之处，东有伍佛岭，西有麒麟山，最高海拔1098米，使该镇形成"两山一江一河"、山环水绕地形地貌。濯水古镇山地、淡水资源丰富，生态植被良好，耕地保护有力，具有天蓝地绿水清的绿色屏障。"两山"森林茂盛，森林覆盖率达到50%，是全镇的"绿肺"，自然森林以松树分布最广，占70%以上；人工森林以杨树、柳树为主，有桂花、乌杨、白果等名木古树25株，其中国家二级保护植物7株，古树最长树龄达500年以上。土壤气候条件适宜发展烤烟、水果、中药材产业。阿蓬江是全区的湿地公园，沿江两岸生态优美，适宜发展花卉、苗木和乡村旅游产业。以前，山货贸易产品主要有桐油、生漆、中药材；如今，野生中药材资源主要有天麻、黄连、白术、黄柏、杜仲、金银花、五倍子等，中药材种植有青蒿、白术、百合、党参等品种，基本上形成了产业。处于湘、黔、川、鄂边境地区和武陵山脉腹心地带的区位特征和地貌特征，造就了这是一个以山货产品为传统贸易的场镇。濯水古镇秀美的自然风光，造就了其独特的旅游资源和众多的旅游景点，例如4A级景区蒲花暗河、天生三桥、大漏

---

① 蒋映生、李吉科：《文化旅游"镇远模式"的人本探索》，载贵州省文物局等编《贵州古镇保护与旅游开发青岩论坛文集》，2011年2月，第124页。

斗群都是难得的自然美景，怡情养性的地方。该镇着力打造了毕兹卡水上乐园、蒲花河休闲农业体验园和蒲花暗河，它们与古香古色、具有深厚历史文化底蕴的濯水古镇相互映衬，相得宜彰。

作为渝东南重要的驿站，濯水古镇有着十分悠久的历史。从地域文化角度，滇黔文化、巴蜀文化、湖湘文化、江南文化在这里发生碰撞；从民族文化角度，这里又是土家族文化、苗族文化、汉族文化交融之区。因此，我们可以看到临江而建的土家脚楼、风雨廊桥、徽派风格的商会、宫殿、戏楼，汪、余、樊、龚"四大家族"遗存下来的龚家抱厅、余家大院、汪本善旧居、樊家大院、汪家作坊、烟房钱庄、光顺商号、禹王宫、万天宫、后河戏楼。"天理良心"道德碑，作为一种商业文化，不仅仅是对于远道而来的商人与本地商户从事商业贸易产生着约束力，它也深深地内化为古镇居民为人处世的基本准则，进而内化为一种古镇精神。如果说禹王宫、万天宫是远近而来的商人在这个古镇从事商业贸易留下的珍贵记忆，那么吊脚楼、西兰卡普、苗鼓、莽号，又是土家族、苗族、汉族文化在这里交流交融的历史遗产。① 由此可见，优美的自然地理环境，处于武陵山区腹心地带的区位条件，使得各种地域文化杂陈、多种民族交融、商业文化浓郁成为濯水镇独特的个性特征。

彭水县郁山古镇位于该县东北部，为后江河、中井河、后灶河交汇之处。该镇因盐而兴，有漫长的盐丹开发历史。早在汉武帝统治时，就在此处设置涪陵县，以后，从蜀汉及晋、北周、隋朝、唐朝，这里都是县、州治所，清朝曾在此设置黔彭军民厅、巡检署。郁山古镇得名于宋嘉定元年（1208）在此设置的玉山镇，明景泰元年（1450），玉山镇因避讳而更名为郁山镇。由于历史悠久，这里留下了大量的遗址、遗存，人们现在多提到县级文物保护单位开元寺、黄庭坚衣冠冢和丹泉井，还有南宋鸡冠城遗址、清代黔彭军民厅遗址、汉代盐井鸡鸣井、唐太宗长子李承乾墓遗址和20世纪30年代彭水上八乡民众为贺龙树立的德政碑等文物古迹。

郁山古镇的遗址遗存值得一提的还有很多。1955年，在三连乡黄泥

---

① 濯水古镇保护规划采访，采访对象：重庆市黔江区濯水镇人民政府，采访人：龚义龙，2019年3月25日。

坝修建郁山中学时，民工挖出海瓣（即贝币）1撮箕（估计不少于400枚），由四川省博物馆收藏。1964年，勘测川汉铁路时，曾对郁江3具岩棺中的1具进行清理，随葬品有丝绸残片、铁锅残片、彩碟等，由重庆博物馆收藏。1975年，彭水县文化馆会同重庆博物馆，对郁山水泥厂东侧山麓的两座汉墓进行清理，随葬品有陶灶、陶釜、陶罐、陶甑、陶屋、陶望楼、陶仓、陶田（内有鱼、龟等）、陶猪、陶狗、陶子母鸡、陶俑（伎乐、庖厨、骑士、仕女）、陶兽、摇钱树等，还有五铢钱，由重庆博物馆收藏。

郁山镇人严汉隐家藏有在渡头坝（魏家沱后面）挖出的汉砖1块，上有阴刻文字"永元十二年"（东汉和帝年号，公元100年），此砖后来流入徐中驰手中。"文化大革命"中，徐被批斗，有人揭发他家藏有此砖，即"遵令"交派出所。原籍丹徒的郁山镇居民高时瑞藏有汉印"部水功曹"1枚（铜质，长约10厘米、宽2厘米，汉隶阳刻）、"新野邓禹"1枚（铜质，6厘米正方，汉隶阳刻）、"护车都尉"1枚（铜质，长约10厘米、宽2厘米，汉隶阳刻）以及其他多枚古印。晚年，高时瑞吸食鸦片，中华民国三十三年（1944），将"新野邓禹"以1500斤桐油卖给渝帮（或涪帮）商人宋理门。其余流入其婿严国让之手，据严说被大水冲走。郁山镇开元寺原藏有由唐代刺史、黔州经略招讨观察处置盐铁选补等使薛舒铸造的铜钟一口。清乾隆元年（1736），设在郁山的黔彭军民厅废置后，将此钟运往黔江。今存黔江文物管理所。

盐业是郁山古镇的立镇之本，其制盐历史可以追溯到巴国，直到1984年因盐产品含氟量超过国家规定标准而停业关闭。郁山中清河北岸石壁上有飞水井，盐泉涌出，飞瀑河中，高约10米，为天然盐泉。据四川大学教授任乃强考证，郁山的天然盐泉为上古时期西南地区两处天然盐泉之一。大王洞铜矿遗址，位于太原乡七曜山，有堆积如山的铜矿渣及纵横交错长达万米的铜矿洞。经考证，起始开采年代不晚于汉代。[1]

由于郁山古镇位于郁江流域，镇境溪河纵横、森林覆盖率高，加上

---

[1] 彭水县志编纂委员会编纂：《彭水县志》，四川人民出版社1998年版，第120—121、682—695页。

悠久的历史及其留下的众多遗址遗存，特别是悠久的盐业史，使之成为具有较好的开发利用前景的一个古镇。悠久的历史和古代盐业产地使得该镇具有独特的文化旅游开发价值。在重庆地区古镇中，具有久远的盐业制造历史的古镇还有巫溪县宁厂古镇、綦江区东溪古镇。

由于古镇特色是一定地域文化的集中体现，所以保护古镇的自然环境、风土人情、民风民俗、民族传统、建筑特色，就是保护一定地域的建筑文化、社会文化和发展历史。在古镇规划保护中，应该深入挖掘古镇历史文化底蕴，张扬古镇所在区域的文化个性，要从整体上保护古镇的历史文化遗产、历史环境要素；保护古镇的环境风貌特征，保持古镇良好的生态环境；整合古镇所在区域的非物质文化遗产、民风民俗，保护古镇的活态文化，维护居民的正常生活。只有整体保护古镇自然环境要素、人工环境要素、人文环境要素，不损伤古镇任何要素，才能真正实现古镇特色保护的目标。

第二节　分片区分层次保护

古镇保护经历了一个由单体文物保护到保护单体文物周围环境，从历史地段、传统街区保护到古城、古镇、古村落整体保护的过程，在保护形式上由单纯的保护到保护与更新相结合的过程。古镇规划保护就是要根据其文化资源类型和分布规律，制定功能分区，进行单个文物保护单位的保护、重点保护区保护，打造传统风貌协调区，完善古镇的整体风貌。

一　古镇元素的类型和层次

淳朴的民风民俗、众多的建筑遗存、丰富的人文遗址、优美的自然景观，以及独特的民族文化，使得古镇具有深厚的文化底蕴和独特的人文精神。对旅游资源类型和层次进行归纳分析，是对古镇分片区分层次保护的基础。

每个古镇旅游资源的类型和层次存在着很大的不同。例如，重庆市合川区涞滩古镇保留着坚固的石头城墙、城堡、石街小巷、清代木质结构小青瓦建筑群、古庙建筑群等。巴南区丰盛古镇位于山间槽地,两侧山巅保留着天平寨、共山寨、老鸦寨、铁瓦寨、关山寨、升平寨等昔日寨堡遗址;古镇保存较完整的石板街有福寿街、十字街、半边街,以及斑斓的石板老街;古镇街区周围分布着一批碉楼、民宅大院、古墓葬;古镇还保存着丰富多彩的非物质文化遗产。

龚滩古镇旅游资源包括物质性的地文景观(包括峡江景色)、古迹与建筑、民族文化和非物质性的文化遗产等类型。

地文景观。包括"河下八景""对岸十景""标志性十景"。四周美景有四角山、凉水井、炸子门、凤凰嘴、夹夹岩、大岩门、三家阡、浴盆坑、月亮洞、望夫山、白水余、义渡、惊涛拍岸。周边奇景有马鞍城观云海日出,河岸500米纤道,清泉百年无钉木拱桥,天下第一石磨,罾潭镇间隙喷泉,石拱大桥,小银五景,秀水、鲤鱼池土家、苗族村寨,百里乌江画廊的土坨子峡、斧劈峡、白芨峡、龚滩峡、荔枝峡等"奇美五峡"。①

古迹与建筑。古镇青石板街景点包括夏家院子、董家院子、冉家院子吊脚楼、织女楼、盘龙楼、鸳鸯楼、逍遥楼、杨家行、转角店、李氏牌坊、鲤鱼跳龙门、千年虎皮黄角树、签门口、火烧坝子永定成规、四方井、第一关、观音洞、红庙子,三抚庙、王爷庙、文昌阁遗址、川主庙、三教寺、武庙、董家祠堂、古桥。

民族村寨。酉阳县是民族聚居的地方,土家族、苗族依山傍水,民风民俗多姿多彩,民族文化源远流长,民族歌舞独具魅力,民间婚丧嫁娶特色鲜明。土家族的摆手舞、木叶情歌、阳戏灯、马马灯淳朴地道,深受游客欢迎。民族服饰、头饰保持完好,民族风味饮食别具一格。民族旅游商品开发也正逐步走向多样化,民间故事、民间传说脍炙人口。②

上一节,我们以重庆市荣昌区万灵古镇、黔江区濯水古镇为例分析了古镇要素实际上可以分为物质性的街道、古建筑及其附属设施,和非物质性的民族文化、民风民俗、人文精神、特色产品、特色饮食。在本

---

① 《龚滩区志》编写组:《龚滩区志(1949.11—2001.9)》,2001年7月,第71—72页。
② 《龚滩区志》编写组:《龚滩区志(1949.11—2001.9)》,2001年7月,第69页。

节，我们进一步以酉阳县龚滩古镇为例分析古镇所处地带的自然景观、古建筑、遗址遗存、民族村寨。这就表明，古镇文化要素（或旅游资源）是可以分成不同类型的，其分布也呈现出一定的规律，或沿着核心景区呈波纹状扩散分布，或沿着河流道路走向呈条形带状分布。古镇保护时序的确定应坚持先易后难、先贵后贱、先好后次、先紧后缓的原则，按类别、分片区、分层次规划保护。

全国其他地方古镇要素保护，一般也是按照其分布规律制定保护规划，分类、分片、分层次进行。苏州市东山古镇按照景观资源、古镇区、历史文化街区、古村落、单个文物点、非物质文化遗产制定保护规划，每一个类别又进一步细化，景观资源划分10个景群，古镇区划分7个片区，历史文化街区划分3个小片区，划定历史文化街区保护范围及建设控制地带，在历史文化街区外设置环境协调区，即整个东山古镇区、古村落划分重点保护区和传统风貌协调区，单个文物保护划分文物保护单位、控制性保护建筑，以及历史建筑三类，非物质文化遗产分别按民俗文化、饮食文化、传统工艺展示。苏州市金庭镇，即西山镇，按照自然山水、古村落、文物保护单位、控制保护建筑、历史建筑、古树名木、非物质文化遗产分类别分片区分层次制定保护规划。[1] 贵州省盘州市将盘州古城开发的总体思路拟定为"整体保护恢复，分区建设开发"。[2] 这都是强调古镇保护要分类、分片、分层次。

二 古镇元素的单体保护

整体性保护强调将古镇古村落作为一个整体，将其各种功能进行划分，找到各自的特点和价值，整体考虑，统筹安排，提出保护措施；强调保护社区功能和社会结构，鼓励居民参与。通过整体保护使古镇古村

---

[1] 苏州市规划局等编：《苏州古镇保护规划》，中国建筑工业出版社2016年版，第31—41、59—61页。

[2] 祝天华：《加强盘县古城的保护与开发，推动古城经济发展》，载贵州省文物局等编《贵州古镇保护与旅游开发青岩论坛文集》，2011年2月，第160页。

落的社会价值、生态价值、文化价值和经济价值得以综合体现。① 整体是由局部、个体组成的，强调古镇街区整体保护的基础是街巷要素单体保护，这是古镇要素单体保护的第一层含义。每一个古镇都是由无数单个文物保护单位和一些未纳入文物保护单位的单体文化要素组成的，本书其他地方已经有很多这样的实例，此外不赘述。

本节以东溪古镇、丰盛古镇为例，强调在进行古城、古镇、古村整体保护的过程中，绝对要在对单个文物保护单位或非文物保护单位等文化要素的保护上下足功夫。东溪古镇的复兴桥路、三街、七巷、六院、九市实际上包含着大量单体的文化要素。复兴桥建于清康熙五十二年（1713），是古代川黔驿道上一座单孔石拱桥。万天宫、南华宫、麻乡约民信局、工商会所是古朴美观、具有明清建筑风格的小天井四合院。

明善书院位于书院街，举人文明善为办义学修建于清道光二十七年（1847）。四合院布局，建筑面积 1000 余平方米，一楼一底，有上下厅、左右厢房、天井等。贾家院位于新建路，私人豪宅，举人贾泽安修建于清道光三十年（1850），四合院布局，建筑面积 900 余平方米，一楼一底，有上下厅、左右厢房、天井等。侯家院位于草鞋市，巨商侯安邦于清乾隆十二年（1747）修建，四合院布局，建筑面积 1100 平方米，一楼一底，有上下厅、左右厢房、天井等。侯安邦在此开设"仁丰和"酱园铺，所售的酱油、豆瓣、豆腐乳等畅销云、贵、川。涂家院位于东溪上场，私人豪宅，当地官员涂贤普于清嘉庆六年（1801）修建，四合院布局，建筑面积 900 余平方米，一楼一底，有上下厅、左右厢房、天井等。伍家院位于新建路 45 号，私人豪宅，巨商伍义然于清乾隆八年（1743）修建，一楼一底，四合院布局，建筑面积 1300 多平方米，有上下厅、左右厢房、天井等，伍义然在此开设钱庄。夏家院位于东溪下场，当地官员兼巨商夏伙飞于清道光元年（1821）修建，四合院布局，建筑面积 1200 余平方米，一楼一底，有上下厅、左右厢房、天井等。

除了街巷要素的单体保护之外，在每个古镇的核心保护区周边还零

---

① 汪永臻：《街亭古镇——历史文化名镇的保护与传承》，甘肃文化出版社 2017 年版，第 35—36 页。

星分布着大量点状文化要素，它们有的已经公布为文物保护单位，还有一些没有公布为文物保护单位。对这些散点分布的古镇文化要素实施保护是古镇要素单体保护的第二层含义。

在綦江区东溪古镇太平桥景区，东丁河、福林河与綦河在太平古渡口汇合，从渡口至金银洞飞瀑，一年四季水声潺潺，丰水季节，金银洞瀑布蔚为壮观，恰似"飞流直下三千尺，疑是银河落九天"的壮美画卷。5000余棵黄葛树镶嵌在山水之间，郁郁葱葱，四季常青，被誉为天然的"黄葛树博物馆"。虽然在过去这里曾是一片街区，但现在已经变成了天然的景区，我们主张应该维持现有状态而对太平古渡口、太平桥进行整修，凸显金银洞瀑布的壮观，保护黄葛树与东丁河、福林河、綦河、古渡口、飞瀑、古桥、古道、吊脚楼之间自然天成的协调关系。

春秋战国之际，僰人在僰溪河、福林河居住，以捕鱼、打猎为生。僰人习惯于在岩壁上凿穴居住。死后将棺木悬于岩壁上，形成悬棺。如今，僰溪河和福林河两岸的岩壁和大石上还遗留着他们留下来的穴居和崖墓，被当地人称为"蛮子洞"。福林河七孔子崖壁上，有两组共20个汉代僰人崖墓，葬式为横穴棺、立穴棺。汉唐之际，僚人迁徙到夜郎流域（即今綦河流域），后来被称为"南平僚"，俗称"蛮子"，七孔子崖汉墓群是僚人曾经在这里生息的证据。距太平桥50米处有4块南平僚碑，高2.4米、宽1.2米，是僚人在东溪生活的历史见证。

东溪古镇境内在古代有两条古驿道经过，即川黔古驿道和綦江通往贵州习水县的古驿道。川黔古驿道由重庆通往贵阳，全长991里。该驿道从巴县天桥入綦江境，经号房、古南镇、桥河、马口垭、鱼梁河、分水岭、镇紫街、东溪、赶水、太公铺、九盘子、大水井、观音桥、羊角脑，在红稗土至贵州境内。在綦江县境内里程数为219里。綦习古道，由綦江县城至贵州习水县之温水场，全长180里。县境内自县城起，沿川黔古道至东溪，经福林、土台、铺子坳、打通垭、木坡台、石壕、李汉坝至梨园坝接贵州境。在綦江县境内里程数为150里。

东溪古镇的核心保护区周边保存的遗址遗存还有："金溪玉泉"题刻，刻于大金银洞在侧的圆形大石上。四个大字；石达开驻东溪丁家湾旧址；尚书村；国民党中央军事参议院旧址双桂园。① 在此不一一列举。

　　崖墓、古道、题刻、旧址、旧居散布于古镇核心保护区周围。如果处于城镇风貌协调区、功能拓展区范围内，而且具备一定的规模和价值，就应当想办法在单体文化要素保护基础上，以恰当的方式将其串联起来，作为古镇观光旅游的景点；如果距离核心保护区较远，则应该考虑将其纳入特色农业采摘观光游、自然景观游览的一部分。

　　如表6—1所示，巴南区丰盛古镇外围分布着大量古民居、寺庙、碉楼等单体文化要素，做好其保护和开发利用对于彰显古镇整体保护的效果作用不可低估。

表6—1　　　　　　　　丰盛古镇周边文化遗产

类型	文化遗产名称	备注
建筑类文化遗产	杉南大房子（刘家老屋）	在丰盛南3千米，东临义和寨
	桂花湾古民居	位于桥上村桂花湾，丰盛至南川主干道公路西侧，靠近响水湖景区
	桥上村刘家楼房	南距丰盛古镇约1.5千米，周边树木生长茂盛
	李武举宅邸	一年四季流水潺潺，两岸竹林、树木葱茏，风景秀美
寺庙宫观	紫云寺	位于街村以东的东山西坡，距场镇约3千米，在院坝可望见丰盛场及西山
	云香寺	位于街村以东的东山西坡
	九龙寺	距场镇约3千米
	法主寺	地处凤凰山上
碉楼	桂花湾碉楼	北据丰盛场约1千米，南距响水湖约1.2千米，处于响水湖河谷右岸的缓坡地带
	大房子碉楼	位于丰盛镇桥上村四社10号，镇政府南3千米，在大房子古民居群后并与之紧邻

---

① 政协重庆市綦江区委员会编：《古镇东溪》，湖南地图出版社2013年版，第8、19—23、25、35、59页。

续表

类型	文化遗产名称	备注
古墓	西汉墓群	坐落在丰盛镇西北互助2社的彭家湾
	李武举墓	位于丰盛古镇梨坪村1社
	高坎子古墓	位于街村打铁洞附近的树林中
	万人坟	位于紫云寺北约300米
	烈女柯凤墓	
古寨	铁瓦寨	位于丰盛镇街村3社，处于铁瓦山岗顶部。海拔819米，是观日出、晚霞和云海最理想之处
	一碗水寨	位于镇北互助村东山册脊，海拔838.5米，是镇内最高山峰
	义和寨	位于镇政府东南侧桥上村与涪陵区增福乡交界的东山山巅，海拔814米
	山羊寨	位于镇北端互助社西山山顶，海拔684米
	关（冠）山寨	位于丰盛镇石家村2社，距镇政府10千米左右，海拔668.6米，为四周最高山寨
	寒坡岭寨	位于翻身村境，地处响水湖西侧山脊，海拔660.4米
古井	冯家水井	
	坎水井	
	杨老桥水井	
非物质文化遗产	丰盛老荫茶制作技艺	
	丰盛亮杆制作技艺	
	丰盛盆景栽植制作技艺	

资料来源：《古镇丰盛》编辑委员会编：《古镇丰盛》，《巴南文史丛书》第22辑，重庆出版社2014年版。

在丰盛古镇老街区外围，几乎村村都有寺庙、宫观等各类宗教建筑。寺庙大部分已遭到损毁，有些至今保留部分建筑结构。遗址类文化遗产主要包括古墓、古寨和古井等，这些文化遗产大多遭到严重的破坏，地面建筑基本上都已不存，只留有遗址。丰盛古镇遗址类文化遗产主要分布在老街区周边山岭上，但有的古井的位置在老街区附近。位于丰盛古镇的碉楼主要有二十二步坎碉楼、上垭口碉楼、下垭口碉楼、清远楼碉楼、书院碉楼。[1] 在古镇保护规划中，诸如此类单体文物一般都应避免破坏，并采取恰当的办法予以保护。

三 古镇风貌核心区保护

一般而言，历史地段、历史街区是文物集中连片之区，即是重点保护区。从保护单体文物到保护历史文化街区是文物保护的一个重大变化，这是 20 世纪 60 年代以来国际上兴起的新潮流。从文物建筑周围的环境、文物建筑所在地段的保护向历史街区逐步扩展，它强调的不是个体建筑，而是强调街区的整体效果。地段内单体建筑并不是每个都具有文物价值，但它们所构成的整体环境和秩序却反映了某一历史时期的风貌特色，因而使价值得到了升华。从地段的构成上看，也不仅限于宫殿、庙宇等重要的纪念性建筑物，而是包括了民居、商店、村落等更广泛的内容，逐渐发展到保护历史街区。[2]

历史街区保护不仅要保护历史建筑、街区空间形式和自然环境特色，保护历史的真实性、风貌的完整性、维护生活的延续性，还要注重保护它们深厚的文化内涵。

在重点保护区范围内，除依法保护控保单位外，对其他现有建筑物实行重点保护、普遍改善、大力整治、合理利用的方式。普遍保护古村风貌，严格控制沿街的建设活动，尽量保持原有建筑形式风貌，对不符合要求的风貌进行整治。保护与整治历史环境要素，包括铺地、石墙基、排水沟等。逐步改善居住环境，改善传统民居室内设施，在基本满足风貌要求的前提下，使居民室内生活设施现代化，重点改善居民的卫生环境设施。重点整治空间环境，建筑高度维持现高并且控制 2 层高度，檐口高度不超过 6.2 米。对不符合控高要求的非传统建筑予以拆除，重新设计，使其符合重点地段的功能和风貌要求。[3]

---

[1] 《古镇丰盛》编辑委员会编：《古镇丰盛》，《巴南文史丛书》第 22 辑，重庆出版社 2014 年版，第 16—20 页。

[2] 阮仪三、王景慧、王林编著：《历史文化名城保护理论与规划》，同济大学出版社 1999 年版，第 3 页。

[3] 苏州市规划局等编：《苏州古镇保护规划》，中国建筑工业出版社 2016 年版，第 34 页。

东溪古镇的书院街、朝阳街、背街空间格局保存基本完整，主体建筑群的建筑高度、体量色彩、形式风格都协调一致。街面由青石板铺就，总长693米。整个街道保存完好，街两旁均是穿斗夹壁民居，仍保存有5个古朴美观、具有明清建筑风格的小天井四合院，重要的历史建筑有万天宫、南华宫、麻乡约民信局、工商会所等。

书院街位于东溪古镇二社区，距镇政府300米。街面由青石板铺就，长370米，街面两侧是夹壁房和青砖房。整个街道保存完好，街两旁是穿斗夹壁民居，仍保存有5个古朴美观、具有明清建筑风格的小天井四合院。明善书院与西南最早的古邮局、东溪商会连为一体，形成书院街。明善书院在清道光二十七年（1847）由举人文明善为办义学修建，四合院布局，建筑面积1000余平方米，一楼一底，有上下厅、左右厢房、天井等。

朝阳街建于清康熙、乾隆时期，位于东溪镇二社区，街面由青石板铺就而成，宽2—3米，长185米。街面两侧为穿斗结构的夹壁民居，主体结构保存较好。留存的古迹有南华宫、万天宫。按照保护规划的要求，于2005年对街两侧立面墙体进行装饰，青砖、青瓦、凸显古镇特色。

背街始建于清康熙、乾隆时期，位于朝阳街背后，长138米，街面宽2—3米，街面由青石板铺成，街两侧大多是木板墙或夹壁墙民居，街的整体结构保存较好。

虽然太平桥街区、正街、新建路、半边街、六角亭、复兴桥是该镇最早的街区所在地，但由于近代以来的改扩建，原有的街区风貌已基本消失，注入了现代文化元素，最好规划为古镇风貌协调区。

太平桥街区是东溪场镇的发源地，是綦江上游最繁华的水码头，是綦江解放前最繁华的街区。新中国成立初期更名为工农路，1954年又复名太平桥，后因川黔公路、铁路的修建，火车、汽车运输取代水上运输，街市逐渐上移，太平桥街区由此衰落。正街位于下场万寿桥至上场岩口湾，始建于康熙、乾隆时期，长1238米，中间街道是210国道，两侧是各式各样的商业门面，房屋结构有砖木、砖混、卯榫结构，错落有致，是东溪赶集购买家电、家具、中高档衣物及小百货的主要街市。新建路（原名麻纱市）位于万寿宫和大雄殿之间，长约500米，清朝至中华民国期间，这里是麻纱的重要交易市场，1951年扩建街道时更名。半边街坐落于綦河承平滩（原名蛇皮滩），长1500米。六角亭（原名顺庆街）建于清嘉庆元年（1796），意味清嘉庆皇帝统治顺利，人民安居乐业。因此处建有一座六角凉亭，于1951年4月更名为六角亭。街道两侧是居民区，街道北端建有一所小学，初为劳动小学，1976年改为六角亭小学。复兴桥原名复兴路，建于清康熙五十二年（1713），是东溪镇到贵州的川黔古驿路。街中有一小溪流过，溪上建有一座单孔石拱桥，于1952年更名为复兴桥。

该镇书院街、朝阳街、背街规划为历史风貌核心区；由于太平桥街区、正街、新建路、半边街、六角亭、复兴桥的风貌遭注入了现代文化元素，体现着传统文化向现代文化的过渡，顺理成章地应当规划为风貌协调区。

总体而言，东溪古镇是一个具有良好的保护和开发利用的基础的场镇，是一个活态的场镇，是镇政府驻地，常住人口众多，茶馆林立，餐馆服务业发达，居民崇尚安逸的生活，有"小成都"之称。该镇的建筑依山就势而建，排水系统很有特色，场镇的所有污水、废水都从两处集中排出，即古镇上场和中场段从三合楼下水道排出，中下场及下场从水口寺下水道排出，规划布局合理，能保证排水系统畅通。因此，该镇仍旧担负着供居民出行和日常生活的传统功能。

四 建立传统风貌协调区

古镇保护与旅游开发要处理好保护与发展、保护与开发利用、传统与现代之间的关系，正确看待古镇传统空间形式与现代基本生活需求之间日益尖锐的矛盾。

古镇既是历史文化的载体，又是独特的文化景观和文化现象，是一种稀缺的历史文化资源。基于巨大的价值评价，古镇需要得到较为积极与严格的保护。另外，古镇的传统街区基础设施陈旧落后、建筑破旧不堪且年久失修、居住生活环境恶劣，居民要求维修、改造甚至拆除的呼声非常强烈。而且大多数古镇地处偏僻，交通可达性较差，产业单一落后，居民就业率低，社会经济水平普遍落后于该地区的其他类型城镇，城镇发展的愿望与要求甚为迫切。对于古镇居民来说，他们迫切要求适应现代社会生活的基本需求改善住房居住条件，提高经济收入。

对于游客而言，古镇旅游最大的亮点就是可以寻找千百年传统的历史文化，体验传统农耕时代人们的生活样态，达到休闲、观光、开阔视野的目的。古镇如果没有古寺古建筑可看，对游客就没有了吸引力。古镇的价值就在于它保留了上百年的传统建筑风格，反映的是一个时代的建筑特色。它没有随岁月流逝，被城市水泥森林所侵蚀，游客在忍受了城市的喧嚣之后，去古镇体验历史的宁静，去感受古代建筑的非凡魅力。[①] 因此，古镇旅游文化开发就要保留老街巷浓厚的古旧味儿，让游人走进历史，让游人进入街区就有一种浓郁的历史怀旧感，厚重的人文底蕴和古香古色的街巷，来吸引无数外地游客到此访古寻幽、烧香许愿，借以体会明清古味。[②]

这些道理，人们耳熟能详，但在保护文物建筑的具体操作过程中，却产生两种截然不同的态度：一种是保护与开发并举，保护第一；另一种是只讲开发，不讲保护，很多有价值的文物建筑遭到了建设性的破坏，大片古建筑在"开发"的热浪中被夷为平地，令人痛心。[③] 古镇是活着的文物，是发展着的。随着社会的发展、科技的进步，人们迫切要求提高生活质量，必然要对其进行新建、扩建、改建。[④]

目前，国内外古镇大都采取开辟新区的办法。实施"保护古镇，发展新区"的空间策略，在镇域范围内协调与古镇保护相关的用地、人口和基础设施等。

意大利的罗马、陕西的韩城，在旧城以外另建新城，既有分隔又有联系，保护与发展互不干扰。云南的丽江、山西的平遥，后来江苏的苏

[①] 肖进源、张贵东：《构建和谐青岩——文物保护与旅游发展浅析》，载贵州省文物局等编《贵州古镇保护与旅游开发青岩论坛文集》，2011年2月，第36—37页。

[②] 李多扶：《构建和谐青岩——文物保护与旅游发展浅析》，载贵州省文物局等编《贵州古镇保护与旅游开发青岩论坛文集》，2011年2月，第33页。

[③] 蔡道馨：《张谷英村古建筑群及其保护》，载中国民族建筑研究会《华南地区古村古镇保护与发展（广州）研讨会文集》，中国广州，2008年6月20—22日，第79页。

[④] 祝天华：《加强盘县古城的保护与开发，推动古城经济发展》，载贵州省文物局等编《贵州古镇保护与旅游开发青岩论坛文集》，2011年2月，第161页。

州成功为先例,组建新的政治、经济、交通、文化、教育、科技、商贸中心(可东、西、南、北多个中心)。江南水乡古镇保护规划的主要做法是完整地保护古镇传统的格局和风貌,开辟新区,使新兴的工业区与古镇核心区有所隔离,特别是注意它的环境保护,不使其污染水乡的环境。① 保护水乡历史风貌,改善人居环境,控制古镇容量。新镇区要在空间和风貌上与历史镇区协调,与周边自然环境融合,体现江南水乡城镇新特色。例如,周庄古镇在几年中迁走了其核心区60%的商店,以期整治该镇过度的商业化,而还古镇居民传统的生产生活节奏。如丽江,与古城风貌不协调的经营场所被迁出古城,现代化砖混结构建筑被拆迁,仍恢复纳西民居格式的木楼,对重点保护的民居建筑,政府每年拨付20万元作为维修专项费用,以保证原汁原味的古镇特色。这样可以避免千店一面的景象,可避免使原来的生活街区过度演变成商贸集市区,避免过度商业开发而使文化逐渐消解。②

对西安古城进行全面保护,为城市发展创造一个合理的地域空间结构,为保护古都风貌提供有利的生存环境。这也是保护古都西安最主要最根本的办法。③ 西安古城风貌就是周、秦、汉、唐等13个王朝在西安建都历时3100多年遗存至今的实物和悠久历史。秦始皇兵马俑、秦阿房宫、周丰镐、汉长安城、隋唐长安城、大小雁塔及现存在地上地下大量古建筑和历史遗存,是古都风貌最重要和最显著的特征。在唐皇城基础上建立的明西安古城,规模宏大,是当今世界上保存最为完整的古城堡。城墙、城楼和钟鼓楼和城中棋盘式的街道格局是西安古城传统风貌最杰出的标志。全国政协原主席李瑞环说:"西安老城圈里只有10平方千米,没有多少文章可做,拆迁盖楼,成本很高,盖大了盖高了,古城的模样也没有了。应该在城外做文章。不应当把城里的大街作为贯通南北的通道,应该在城外的外线上做文章,城里应该是古城的一种局面。"④

---

① 阮仪三:《护城踪录:阮仪三作品集》,同济大学出版社2001年版,第4页。
② 李多扶:《构建和谐青岩——文物保护与旅游发展浅析》,载贵州省文物局等编《贵州古镇保护与旅游开发青岩论坛文集》,2011年2月,第32页。
③ 贺福怀:《古城保护与长安古镇》,2007年,第40页。
④ 贺福怀:《古城保护与长安古镇》,2007年,第34—35页。

参照国内外一些古镇的保护经验，即加快发展新区是保护古镇的先决条件，形成老镇和新区并存发展的城市格局，以使古镇得以完整保护。

传统风貌协调区内各类建设应严格控制，需要新、改、扩建的建筑必须在建筑高度、体量、饰面材料，以及建筑色彩、尺度、比例上与传统建筑风貌协调，以取得与保护区之间合理的空间过渡。建筑形式宜为坡屋顶，色彩以传统建筑的黑、白、灰为主色调，体量宜小不宜大，严格控制建筑高度和建筑密度。凡不符合此要求的任何现状建筑，必须加以整治，尤其是加强与保护区邻近以及建筑控制区周边地区的控制，以达到与整体环境的和谐统一。[1]

第三节　不改变文物原状

经过长期研究和实践，不改变文物原状，做到修旧如旧，已经成为文物保护工作者耳熟能详的基本原则。但是，由于受到外力的干扰和压力，这些原则在实际工作中受到很大的限制。

在过去一段时间里，有相当部分人特别是政府领导和开发商把文物保护和城市建设对立起来，错误地认为只有大规模的建筑群、大体量的建筑物、宽阔的马路才是现代城市的标志，而传统的建筑、文物则成了阻碍城市发展的障碍。这种思想是导致文物"建设性"破坏的根源。[2] 据笔者所见所感，处于某都市核心区的一些景观被大肆拆迁之后，在周围建立起几十层的高楼大厦，传统建筑被作为"钉子户"孤零零地失落在闹市中央。有一处古庙，它应该是这座城市地标性的建筑，但是在外力干扰之下，古庙附属设施被拆毁了，原有的古树不见了，附近的风貌协调建筑被替换成高大的楼宇，古刹钟声消失了。在有些地方，文物古迹完全可以按照修旧如旧的原则，对损毁破坏的部分进行修复，但是文物披上了全新的"外衣"，人们的眼睛亮了，但是作为一处文物却失去

---

[1]　苏州市规划局等编：《苏州古镇保护规划》，中国建筑工业出版社2016年版，第34页。
[2]　吴爱珊：《浅谈如何在城市现代化建设过程中加强对历史文化名城的保护》，载广东省文物博物馆学会编《文物保护与利用》（第二辑），岭南美术出版社2002年版，第33页。

了其固有的沧桑感。这样的事情,不是发生一件,也不是某一个地区仅有的问题。它实际上折射出文化遗产保护在巨大的现代化、城镇化浪潮的弱势,在巨大的经济诱惑下文物保护工作的无能为力,这是一种短见的只顾眼前利益的行为。它以获得蝇头小利而置换为此付出巨大的代价。

因此,古镇保护工作与开发利用,我们首先强调保护,再强调开发利用,反复再三强调对文物修复应当修旧如故。这些呼吁对于古镇保护和可持续发展的意义是重大的,我们这一代人不能把子孙的饭先抢着吃了。

按照《文物保护法》的规定,在修复文物时,不得改变文物原貌,也就是要保护历史原真性或建筑文物始建时的状况。在文物保护过程中,一些地方维修祠堂、庙宇,以为黄色琉璃瓦最为华丽、高贵、与众不同,把原先的碌筒瓦面或绿色琉璃瓦面改成黄色琉璃瓦面。有些地方见壁画略有残损,就全幅重画,多改变了原来的画风,其实宁可模糊一点,也比重画好。一些地方修古庙、祠堂,见到墙壁、地板残破了,嫌弃使用传统材料不时髦、不高档,干脆用灰色条砖贴墙,用耐磨抛光地砖或抛光石板漫地,用意是把文物修得好一些,其实却修坏了。[1] 有人指出,"修旧如故"就是既恢复原有建筑的形式,还要恢复原有建筑的功能,原来做什么用的还应恢复其用途,即建筑形式与其使用功能应一致,性质是同一的,这才是修旧如旧或如故。[2]

在古镇保护开发进程中,应更多地以保护性开发为主,保留当地原有的特色,不改变文物原状,避免千篇一律。从古镇保护的角度,就是要求保护文物的周边环境,规划设立风貌协调区。周边环境也承担着对文物单位本体的保护,例如周边环境的温度、空气质量、生物性危害等,不仅仅是一个陪衬的环境;同时,周边环境以自身的风貌直接影响了文物单位的环境风貌,因而与文物单位构成了烘托与被烘

---

[1] 邓炳权:《文物建筑的保护与利用》,载广东省文物博物馆学会编《文物保护与利用》(第二辑),岭南美术出版社2002年版,第5—6页。

[2] 李多扶:《构建和谐青岩——文物保护与旅游发展浅析》,载贵州省文物局等编《贵州古镇保护与旅游开发青岩论坛文集》,2011年2月,第22页。

托的关系。① 保护范围内有影响文物原有风貌的建筑物、构筑物必须坚决拆除；严格控制区内新、改、扩建项目；建筑性质、形式、高度、体量、饰面材料，以及建筑色彩、尺度、比例上必须与文物保护单位历史风貌协调。贵州青岩古镇保护规划强调历史建筑文物古迹及其与环境相结合形成的空间，既是观赏的对象，也反映了当时社会生产力和建筑技术发展水平。因此，历史建筑抢救维修原则是"修旧如旧保持原貌"，保护与利用相结合，是古镇保护的主要途径，保护最终目的是利用，只有合理利用才能充分发挥其固有价值。历史悠久、人文荟萃、传统文化特色是古镇吸引游人的宝贵财富，通过开拓旅游环境，使它与现代生活更好地结合，从而达到保护目的，保持青岩古镇可持续发展。古镇保护和文物保护不同，不应把它当成博物馆。②

对于具体的建筑物而言，其保护与整治必须根据建筑物的价值和保存状况确定其方式，其整治方式包括修缮、维修、改善三种。修缮是对文物古迹的保护方式，包括日常保养、防护加固、现状修正、重点修复等；维修是指对历史建筑和历史环境要素在不改变其外观特征条件下采取的整治措施。改善是对历史建筑内部采取的整治方式，包括结构、空间布局、内部设施、使用功能的变动，以提高居民的生活质量。③

本章小结

古镇保护与旅游开发要正确看待古镇传统空间形式与现代基本生活需求之间日益尖锐的矛盾。古镇规划保护要根据其文化资源类型和分布规律，制定功能分区，进行单个文物保护单位的保护、重点保护区保护，

---

① 罗星：《文物单位周边环境的分类及分析》，载广东省文物博物馆学会编《文物保护与利用》（第二辑），岭南美术出版社 2002 年版，第 27 页。

② 李多扶：《构建和谐青岩——文物保护与旅游发展浅析》，载贵州省文物局等编《贵州古镇保护与旅游开发青岩论坛文集》，2011 年 2 月，第 21 页。

③ 陆琦：《传统民居改造更新与持续性发展——从化松柏堂古村落改造设想》，载中国民族建筑研究会《华南地区古村古镇保护与发展（广州）研讨会文集》，中国广州，2008 年 6 月 20—20 日。

打造传统风貌协调区，完善古镇的整体风貌。古镇既是历史文化的载体，也是独特的文化景观和文化现象，是一种稀缺的历史文化资源。基于巨大的价值评价，古镇需要得到较为积极与严格的保护。一般而言，历史地段、历史街区是文物集中连片之区，即是重点保护区。它强调的不是个体建筑，而是强调街区的整体效果。另外，由于古镇的传统街区基础设施陈旧落后、建筑破旧不堪且年久失修、居住生活环境恶劣，居民要求维修、改造甚至拆除的呼声非常强烈。而且大多数古镇地处偏僻，交通可达性较差，产业单一落后，居民就业率低，社会经济水平普遍落后于该地区的其他类型城镇，城镇发展的愿望与要求甚为迫切。目前，国内外古镇大多采取开辟新区的办法，实施"保护古镇，发展新区"的空间策略，在镇域范围内协调与古镇保护相关的用地、人口和基础设施等。在古镇保护开发进程中，应更多地以保护性开发为主，保留当地原有的特色，避免千篇一律。

建筑物的保护与整治必须遵循修旧如故、分类保护的原则。根据建筑物的价值和保存状况确定其方式，对区内的文物建筑、历史建筑，其整治方式包括修缮、维修、改善三种。根据古镇区域的功能定位，划分区域进行保护。

第七章

古镇要素的保护

古镇要素集中体现于传统风貌街区的建筑、给排水设施、广场空间，街区周边的山川河流、古树名木、遗址遗存，作为非物质性的民族文化、民风民俗、非物质文化遗产、道德风尚，还可以将其特色饮食、土特产品归于古镇要素范围。

第一节 自然环境要素保护

自然环境是人类栖息之地，也是人类生活的物质之源，又是人们的游乐欣赏对象。古往今来的旅游者，都将观光赏景作为一种休养生息、调节生活、消除疲劳的乐事。保护好优美的自然环境和旅游资源，是开发旅游业的先决条件。保护好绿色森林资源，就是维护优美环境的关键。[1] 有古朴的民族村寨和纯朴的民风民俗，古镇厚重的历史才得以彰显。有茂密的森林，才能衬托出古镇的幽美；更有清澈的河水、入画的农耕、袅袅炊烟，才会使人油然升起拥抱自然、返璞归真的思绪，进而流连忘返。因此，保护生态环境，就是保护古镇；破坏生态环境，就是破坏古镇，就会缩短古镇的寿命。[2]

古镇风光离不开美丽乡村的衬托，因为古镇是在山清水秀、世外桃

---

[1] 龙建峰、胡爱博：《旅游开发与环境保护并重》，载贵州省文物局等编《贵州古镇保护与旅游开发青岩论坛文集》，2011年2月，第264—265页。

[2] 邹荣福：《发展生态旅游，提升古镇优势》，载贵州省文物局等编《贵州古镇保护与旅游开发青岩论坛文集》，2011年2月，第74页。

源的田园环境中孕育成长的。但是，一些古镇周边的自然环境仍然受到一些现代工厂和建筑的"冲击"，城市化和工业化的浪潮将古镇团团包围，使其成为现代社会中间的"孤岛"。周围森林环境的破坏、河湖环境的破坏也影响着古镇的文化旅游魅力，使古镇旅游缺少了一些灵气、缺少了一些祥和。古镇保护与旅游文化开发应秉持可持续发展理念，以人为本，兼顾人类与环境的和谐，追求自然的和谐回归。坚持"保护风貌，文化为魂，适度配套，和谐发展"的十六字方针，要保护古镇周边的大片农田不被开发，使其保留着"堂前和燕飞，鸭戏顺水游"的田园自然风貌，同时重视恢复古镇道路周边的植被，以保证古镇居民原生态的生活不遭到破坏和干扰。[①]

重庆地区23个历史文化名镇大多清溪潺潺，依山筑城，面水而居；有些古镇处于江河之畔，山崖耸峙，雄伟壮丽。

重庆市荣昌区万灵古镇自然景观钟灵毓秀，螺罐山、古佛山气势磅礴，濑溪河、清流河蜿蜒流过，还有数十个人工湖如璞玉缀锦。螺罐山景区占地1000余亩，森林覆盖率高，风景秀丽。风景区内云峰寺是盛名远扬的佛教文化圣地。岚峰森林公园占地2万余平方米，属典型的亚热带常绿阔叶林区，有国家重点保护的珍稀动植物灰鹤、黑桫椤、金毛狗等。景区内古木参天，浓荫覆盖，峰回路转，风景如画，观景楼上可登高览胜。三奇湖生态旅游区总面积23.1平方千米，分布9冲18沟72湾，复杂的地质构造形成观赏价值极高的自然景观。清江镇河中岛距县城20千米，占地面积858亩。回龙洞深邃幽静，回龙寺古貌犹存。岛上种植有桂圆、枇杷、桃、黄葛等林木8万余株，多种禽鸟栖息，形成一幅人与自然和谐相处的美丽图画。清升三层岩南靠古佛山，西伴濑溪河，附近有二流水、摩天岭等景点，周围森林植被茂密，绿色竹海，郁郁葱葱，一步一景，置身其间使人心旷神怡。

綦江区东溪古镇位于綦江河、东丁河和福林河交汇之处，川黔青石板古道穿过场镇。山不高，但山形很美，且连绵起伏，逶迤不断。古镇

[①] 肖进源、张贵东：《构建和谐青岩——文物保护与旅游发展浅析》，载贵州省文物局等编《贵州古镇保护与旅游开发青岩论坛文集》，2011年2月，第42—43页。

聚散以自然山水为基础，依山就势，结构合理，疏密有序，错落有致，将人工环境与自然山水环境有机结合，达到了古镇、人与自然的"三位一体"，构成了东溪古镇山水园林的特色，古镇素有"小苏州"之美誉。太平古寨在綦河对岸，临河峦头上有寨堡，纵横数十里，门垣矗立，俯瞰綦河。琵琶古寨是东溪西南侧的一座高陵，其脉出自大娄山，至习水县境关口分支，迤逦60余华里，至此突出，形如一具倾斜搁置而弦柱略高的"琵琶"，因此得名。它的余脉处就是东溪镇所在地，山南、北各有一条通往习水方向的古大道。上有居民数百家，鸡犬相闻，田园比接，四周巉崖崭露，雄峙一方，与东溪相为犄角，自古是川黔道上的军事要地，也是东溪倚为屏障的天然形胜，所以叫琵琶古寨。东溪的黄葛古树，镇政府请专家鉴定并进行了统一编号，上千年树龄的有王爷庙正门左右侧各1棵，承平滩接观音庙处1棵，总计12棵；上500年树龄的有120棵，上300年树龄的250棵，上100年树龄的300棵。

　　黔江区濯水古镇降雨丰沛，具有丰富的水资源，境内有"一江一河六泉"，阿蓬江、蒲花河，水碧波清，柔柳拂岸，婀娜多姿。地下间歇泉"三潮水"每天三涨三落，据说只有有缘人才能见此自然奇观；4A级景区蒲花暗河属于地下河，河上有天生三桥，"天眼"巧夺天工，为罕见的喀斯特地质奇观；桥下河谷清幽，暗流涌动，全长2千米，游人穿越黑暗河谷，能体验"三天两夜"的奇妙观感；沿暗河而上有大洞名"赤穴"，洞内石钟乳形态万千，沧海桑田变化奇妙。阿蓬江是全区的湿地公园，沿江两岸生态优美，适宜发展花卉、苗木和乡村旅游产业。生态植被良好，耕地保护有力，具有天蓝地绿水清的绿色屏障。"两山"山峦绿树成林，植被茂盛，青黛连天，原生态风景保存完好，是全镇的"绿肺"，土壤气候条件适宜发展烤烟、水果、中药材产业。境内气候多样，生态环境较为复杂，亚热带、暖温带、温带植被均有分布。全镇森林面积8.5万亩，其中经济林6500亩、蚕桑4888亩，森林覆盖率为50%。树木种类繁多，呈垂直性和地域性分布。自然森林以松树分布最广，占70%以上；人工森林以杨树、柳树为主，有桂花、乌杨、白果等名木古树25株，其中国家二级保护植物7株，古树最长树龄达

500 年以上。[①]

山脉河流、古树名木、森林植被是古镇赖以存在自然地理环境，是人们游览古镇、享受宁静、放飞自我、回归大自然的重要载体。古镇保护规划应该将其自然元素放在突出的位置，与核心保护区、风貌协调区、功能拓展区进行整体考虑，而不能把这些元素彼此割裂。要从整体上考虑古镇元素之间的关系，保持古镇风貌的完整性，这是凸显古镇个性不可忽视的理念。

第二节　人工环境要素保护

文物古迹作为历史文化遗产和遗迹，具有极高的历史价值和科学价值，文物古迹类别众多，包括古建筑、古园林、历史遗迹、遗址遗迹、古代或近代杰出人物的纪念地，还包括古木、古桥等历史构筑物。

江南地区典型的文化表征和文化符号有小桥、流水、人家、园林、府邸、餐饮美食、民俗文化等。古镇小河绕街，长长的廊棚，给水乡住家和来往的行人以莫大的方便和舒适。木柱沿河而立，架起简单的木屋架，铺有瓦顶，遮阳避雨，沿河沿街绵延千米，把小镇主要的沿河街都盖住了。每逢节日，屋檐之下挂起大红灯笼，夕阳西下，红灯点点，水中倒影连成一串，增添了欢乐的气氛。廊棚，作为沿街建筑的延伸，作为悠悠河流的傍依，充满了浓浓的人情和乡情，廊棚是古镇特有的建筑风光。古石桥、古巷弄、古树是古镇文化源远流长的写照。[②] 水乡古镇的灵魂在于水、在于桥，在于田园风光的秀美、恬静与娴雅，犹如小家碧玉，淡妆素抹，轻纱掩身，魅力慑人。[③]

古村落、古民居是闽南漳州的地域文化特征，当地大约有 430 个具

[①] 濯水古镇保护规划采访，采访对象：重庆市黔江区濯水镇人民政府，采访人：龚义龙，2019 年 3 月 25 日。
[②] 阮仪三等：《江南古镇：西塘》，浙江摄影出版社 2015 年版，第 8 页。
[③] 中国城市规划学会历史文化名城学术委员会、昆山市人民政府：《2008 年古镇保护与发展周庄论坛》，中国江苏周庄古镇，2008 年 4 月，第 43 页。

有百年以上、整体格局保存良好的古村落。世外桃源山重村、闽南周庄塔下村、土楼王国田螺坑村、闽南红砖建筑典范埭尾村、清乾隆武榜眼古民居钟腾村、海商文化典型潘厝古民居群、神秘的太极村、秀才村，古朴的气息与镌刻的繁华记忆交相辉映。走近古村落，河水环抱中红砖黛瓦的古民居、青翠的菜园、绿油油的秧田，四周青山绿水和在朝阳里辛勤劳作的村民，展现出古村落的田园风光。走进古村落，在一条条幽巷、一级级青石板中，在一处处古祠堂、古民居、古桥、古亭、古塔和古树中，从明代的流畅简洁到清代的富藻繁丽，以至近代的返璞归真，人们可以读到岁月的变迁和文化的升华。① 民宅、祠堂、家庙、府第、池塘、广场、土楼是构成闽南漳州地区典型的地域文化特色的元素符号。

　　黄河、黄土、湫水河、山地、街巷、古建筑、暗红色的砂石、青灰色的砖瓦、货栈、商号、钱庄、当铺等元素符号，构成位于黄土高原的碛口镇古朴苍劲的人工环境特征。② 轩辕谷、三国古战场、子美阁、文昌阁、文庙、崇福寺、纪信祠、山陕会馆、民居、古碑、古树古井等文化元素，构成街亭古镇独特的建筑风貌、丰富的历史文化遗迹、深厚的人文内涵，以及特有的古朴环境氛围。③

　　由于几千年来受到巴蜀文化的浸润，重庆地区古镇的人工环境要素丰富多彩。几乎每一个古镇都保留着长短不等的老街，老街路面一般为青石板铺就，老街两侧为普通民居、大宅院、宗庙祠堂、会馆、商铺，这构成了每一个古镇最基本的保护内容。如果我们不能从中发现每一个古镇的特别之处，很容易陷入千篇一律、烦琐雷同的古镇保护与开发利用"陷阱"。如果我们对每一个古镇的历史文化底蕴、自然地理环境和区位特征进行分析，我们其实可以发现古镇与古镇之间有不一样的地方。例如，云阳县云安古镇、巫溪县宁厂古镇、彭水县郁山古镇因制盐而兴，

---

　　① 《漳州古镇石村整治与保护》编委会：《漳州市古镇古村保护与整治》，2014年，《前言》第1页。

　　② 霍耀中、张其俊、师振亚：《碛口古镇保护》，山西人民出版社2006年版，第3页。

　　③ 汪永臻：《街亭古镇——历史文化名镇的保护与传承》，甘肃文化出版社2017年版，《序》第2页。

这些古镇保存了盐泉、盐池、盐灶等大量盐业遗址，也正是制盐业历史之悠久，使得这些古镇的历史较其他古镇更为深厚。江津区白沙古镇作为抗战时期华西"四坝"之一，这里的抗战遗址遗存是其他古镇难以比肩的。潼南区双江古镇、酉阳县龙潭古镇、江津区吴滩古镇是老一辈无产阶级革命家的诞生之地，具有打造红色文化教育基地的优越条件。黔江区濯水古镇处于武陵山脉核心地带，土家族、苗族等民族文化特色显著，这又是其他古镇所难以具备的特色资源。处于川黔古道上的綦江区东溪古镇，重点打造古代民族僚人、僰人文化，也是该镇的一大特色。通过分析表7-1，对比古镇之间的人工环境元素，各个古镇的特色还是挺鲜明的。

表7-1　　　　　　　　　　重庆古镇人工环境要素

古镇名称	内容	资料来源
荣昌区万灵古镇	大荣桥位于该镇大荣寨社区，横跨濑溪河，东西向，始建于明正德初年，清乾隆年间重建。位于该镇赵家老房子的赵家龙桥、以及女仙桥、妃子桥、济公桥、大荣寨遗址、明清老街；恒升门、太平门、狮子门、日月门、四大寨门、十八梯、烟雨巷；吊脚楼、赵家花房大院、抗日烈士柳乃夫故居、周献廷的团总议事厅遗址、小姐绣楼、尔雅书院；湖广会馆遗址；赵氏宗祠；万灵古寺、灵阁庙千佛石窟；沱湾码头、白银滩；东汉岩墓群、喻茂坚夫妇合葬墓。万灵影视文化基地由"大荣水寨"、"大荣古寨"和"大荣上寨"三大片区组成，其中以"大荣古寨"为核心，该区域被打造成集中展于移民文化和历史文化的体验区	①

---

① 重庆市荣昌区万灵镇志编纂委员会：《万灵（路孔）镇志》（1949—2017），2019年4月，第305—309、339—341页。重庆市文物局编纂：《重庆市志·文物志（1949—2012）》，西南师范大学出版社2019年版，第314页。

续表

古镇名称	内容	资料来源
綦江区东溪镇	万寿场、民俗风情街（书院街、朝阳街、背街）、金街、水口寺巷、庙坝子巷、麻纱市巷、三合楼巷、正街、新建路、六角亭；龙云旧居、贾家院、侯家院、涂家院、伍家院、夏家院；明善书院、国民党军事委员会参议院办公旧址（双桂园）、后乐园、麻乡约民信局古邮局、三合楼；金家祠堂；万寿桥、水口寺桥、上平桥、太平桥、福林桥、复兴桥；太平古寨、琵琶古寨、威安古寨；南平僚碑、"抚我子遗"碑、杨键堂德政碑、"气死莫告状"碑、一石三碑、"旌表节孝"牌坊、石雕神牛；庙山万天宫、南华宫、万寿宫、禹王庙；关帝庙、龙华寺、观音阁、观音庙、观音寺、王爷庙、大雄殿庙、佛灵寺、牛王庙、帝母庙、地母庙、水口寺、骑龙庙、白云寺、下庙、上庙、庙灵岗、黄沙寺、杨柳桥庙、土风庙、文昌庙、活佛寺、四缘庙、金鱼寺、回龙庙、庙溪河庙、飞龙山庙、石庙、庙基坪、凉水寺、魁阁；七孔子崖汉墓群（福林村6社）、七孔子崖汉墓群（上榜村3社）；刘伯承剿匪作战遗址、贺龙过东溪活动遗址、东溪米案遗址、东溪文化剧团抗战宣传活动遗址、綦江地下党组织重要活动遗址、新知识书店遗址；张文魁之墓、吴家古墓、黎家古墓；农场新区、九市（百货市、麻纱市、水口市、竹子市、草鞋市、柜子市、鸡市、米市、猪市）	①

---

① 中共綦江县东溪镇委员会、綦江县东溪镇人民政府：《东溪志》，2011年，第446—469、469—510页。重庆市文物局编纂：《重庆市志·文物志（1949—2012）》，西南师范大学出版社2019年版，第335—337页。

续表

古镇名称	内容	资料来源
永川区板桥古镇	高洞子墓群位于高洞子村高洞子社，共 3 座南宋晚期仿木结构石室崖墓，古墓破坏严重，仅存痕迹。南华庙、川主庙、江西庙、禹王庙、张爷庙、双府院、大悲寺、古佛庙、凌官庙、大神庙、圆通寺、塔水庙、通明寺、文昌宫、高洞子庙等大、中型庙 30 座，无存。板桥老街、老屋、劝学所、张王庙、禹王庙、石碉楼、本尊禅寺、舍利塔。境内有黄莺桥、观音桥、断桥、新桥、古佛桥、土地桥、仁家桥、韩家桥、双河桥、龙门滩桥、踏水桥、新拱桥、仁寿桥、断桥、本尊寺桥、解放桥、乌龟桥、欧家坝拱桥、鲁家桥等 19 座石平桥或石拱桥。新拱桥建于清代乾隆年间，保存完好	①
江津区白沙古镇	聚奎书院位于该镇黑石山村聚奎中学内，始建于清同治九年（1870）。文峰街、东华街、民生街、甘棠坡街、七贤街、凤鸣街、桂花院街、翠屏院街、月亮井街、石坝街、高家坳街、板板街等老街老巷 38 条。民国鹤年堂、乐善堂、白屋书院、清代聚奎书院、石柱洋楼、七七纪念堂、夏仲实公馆（德庐）、王政平民居、卞小吾故居、后勤总司令部驻川粮积处第二十六仓库白沙堆积所、国民政府审计部旧址、国民党党史编纂委员会旧址、国立中央图书馆旧址（邓家祠堂）、第二陆军医院旧址、国立女子师范学院、教育部特设大学先修班、老糖厂、新运纺织厂、高洞电站等市级抗战遗址 23 处。朝天嘴码头。千担岩汉墓群；唐代大圣寺遗址、明代川主庙、张爷庙。黑石山抗战题刻位于该镇黑石山聚奎中学校内，由陈独秀题刻、于右任题刻、郭沫若题刻和九曲池题刻群组成。宝珠村东海沱为中国传统村落	②

---

① 《板桥镇志》编纂委员会编纂：《永川市志·板桥镇志》，2011 年，第 364、380—381、422—434 页。重庆市文物局编纂：《重庆市志·文物志（1949—2012）》，西南师范大学出版社 2019 年版，第 189 页。

② 重庆市文物局编纂：《重庆市志·文物志（1949—2012）》，西南师范大学出版社 2019 年版，第 274—275、420、436—437、445—446、461、483、506、527、553、561 页。白沙古镇历史文化保护传承采访，采访对象：重庆市江津区文管所，采访人：龚义龙，2018 年 9 月 21 日。

续表

古镇名称	内容	资料来源
黔江区濯水古镇	官陵（土司）墓群，位于该镇泉门村筒车坝官陵山，现存墓葬10座、石马1尊，是明清时期酉阳宣抚使家族墓地；东面台地多为冉土司后裔的民居建筑。该镇现存约1千米的青石板街，代表性建筑有：土家吊脚楼；风雨廊桥，长约303米；龚家抱厅、余家大院（八贤堂）、汪本善旧居、樊家大院（濯河坝讲堂）；汪家作坊、烟房钱庄、光顺商号；此外还有立于濯河坝讲堂外的禹王宫、后河戏楼、万天宫。	①
永川区松溉古镇	尚存青石板路6千米；5千米明清老街，主要有临江街、半边街、大阳沟、正街、解放街、松子山、坳上、塘湾头、磨子街、水井湾、邵家坝子、横街子；明清四合院建筑20多处，青瓦木壁、串架夹壁，代表性建筑有陈家大院、邵家大院、刁家大院、五福朝门、白果树院、诸家巷子16号、秦家大院；代表性的有寺庙、宫观、祠宇、东岳庙、老官庙、寿尊寺、关圣庙、八景宫、清源宫、清洁寺、石佛寺、水神庙、城隍庙、观音庙、观音阁、灶王庙、王爷庙、土地庙、杜康庙、玉皇观、妙元寺、老官庙（古县衙）、禹王庙、万寿宫、南华宫、川主庙，文昌宫（孔家祠堂）、张家祠堂（曾办"至善中学"）、陈家祠堂、游家祠堂、罗家祠堂、樊家祠堂；古遗址主要有夫子坟、摩崖石刻、摩崖造像、古石碑、古牌坊、碉楼。老邮局、货栈、青紫山寨、古井、古码头（包括上码头、中码头、下码头）、栅子、古树（以黄桷树为主，有4棵200年以上的老黄桷树，有少量香樟树、银杏树）	②

---

① 重庆市文物局编纂：《重庆市志·文物志（1949—2012）》，西南师范大学出版社2019年版，第154页。濯水古镇保护规划采访，采访对象：重庆市黔江区濯水镇人民政府，采访人：龚义龙，2019年3月25日。

② 松溉历史文化名镇保护采访，采访对象：重庆市永川区文管所，采访人：龚义龙，2018年5月27日。

第七章　古镇要素的保护　193

续表

古镇名称	内容	资料来源
酉阳县龚滩古镇	古镇现存青石板街长约 2 千米；贵州省沿河县黑獭堡街、重庆酉阳县清泉乡集市隔乌江相望。古镇青石板一条街代表性建筑有：织女楼、盘龙楼、鸳鸯楼、逍遥楼、杨家行、转角店、签门口夏家院子、冉家院子吊脚楼、董家院子；代表性寺庙、宫观、祠宇有三教寺、武庙、川主庙、董家祠堂、红庙子、三抚庙、文昌阁遗址；龚家老屋基现存苗坟两座，大岩门岩棺群；蛮王洞、观音洞；桥重桥、一沟一十八桥（过桥不见桥）、通灵桥、阿弥陀佛桥、石拱桥、清泉乡无钉廊桥；石磨（直径 3 米）；四方井；火烧坝子东侧石壁上镌刻"永定成规"碑；李氏牌坊	①
彭水县郁山古镇	郁山盐业群遗址分布于郁江支流中井河、后灶河两岸，整个遗址群由盐井、制盐场所、输卤笕道组成，主要包括郁山飞水盐井、老郁山盐井、郁山盐厂、丹泉井、飞水盐泉等。大王洞铜矿遗址、开元寺遗址（在郁山镇凤凰山下）；太平桥；汉墓群（位于郁江东岸台地上）、李承乾墓遗址、黄庭坚衣冠冢；贺龙德政碑及怀龙亭、郁山镇烈士墓；洗墨池（相传为黄庭坚洗墨之所，在郁山镇万卷堂侧）、万卷堂（相传为黄庭坚藏书之所，在郁山镇小学内，不存）	②

---

①　重庆市文物局编纂：《重庆市志·文物志（1949—2012）》，西南师范大学出版社 2019 年版，第 344—350 页。《龚滩区志》编写组：《龚滩区志（1949.11—2001.9）》，2001 年 7 月，第 68—72 页。

②　柯仲生：《彭水概况》，巴蜀书社 2013 年版，第 243—246 页。彭水县志编纂委员会编纂：《彭水县志》，四川人民出版社 1998 年版，第 685—693 页。重庆市文物局编纂：《重庆市志·文物志（1949—2012）》，西南师范大学出版社 2019 年版，第 130 页。

续表

古镇名称	内容	资料来源
秀山县洪安古镇	洪安古镇对岸是茶洞古镇，沈从文笔下的"边城"；三不管岛风雨桥、洪茶拉拉渡；二野进军大西南纪念碑、语录塔；二野前委旧址；封火桶子屋建筑群、吊脚楼、一脚踏三省观景亭、渝东南第一门；猫岩悬棺群、洪安汛遗址	①
巴南区丰盛古镇	老街区占地0.8平方千米，尚存江西街、长宁街、公正街、书院街、十字街、半边街、福寿街；主要民居有一品殿、曾仪堂、十全堂、福寿街茶铺、依仁西医馆（杨家老屋）、仁寿茶馆、恒兴号商铺、丰盛粮仓、唐炳成老屋，杉南大房子（刘家老屋）、桂花湾古民居、桥上村刘家楼房、李武举宅邸；祠庙有禹王宫、文庙、江西庙、万寿宫、接龙寺、紫云寺、铁瓦寺、云香寺、九龙寺、法主寺、官房寺、兴福寺、杨家祠堂、李家祠堂；碉楼尚存二十二步坎碉楼、清远楼碉楼、书院碉楼、十字口碉楼、上垭口碉楼、下垭口碉楼、桂花湾碉楼、大房子碉楼等十余座；古寨遗址有一碗水寨、冠（关）山寨、义和寨、山羊寨、老鸦寨、铁瓦寨、太平寨、寒坡岭寨等；西汉墓群、李武举墓、高坎子古墓、万人坑、烈女柯凤墓；古井有冯家水井、坎水井、杨老桥水井。此外，还有一些散落的古井、河埠、桥梁、古河道等构筑物	②
江津区石蟆古镇	现存庙宇、老街、古场市。石蟆清源宫位于该镇石蟆社区7组，始建于明正德五年（1510），续建于清嘉庆十八年（1813），培修于道光元年（1821），为四川会馆	③

---

① 秀山土家族苗族自治县县志编纂委员会编：《秀山县志（1986—2005）》，方志出版社2011年版，第52页。

② 丰盛古镇保护规划采访，采访对象：重庆市巴南区文管所，采访人：龚义龙，2018年6月5日。

③ 重庆市文物局编纂：《重庆市志·文物志（1949—2012）》，西南师范大学出版社2019年版，第258页。

续表

古镇名称	内容	资料来源
酉阳县龙潭古镇	现存石板街两条，代表性建筑有：土家吊脚楼、封火墙、四合院、禹王宫、王家大院。万寿宫位于该镇龙泉社区永胜下街98号，始建于清乾隆三年（1738），清嘉庆二十一年（1816）重修，清道光六年（1826）竣工。赵世炎故居位于该镇赵庄社区219号，建于清光绪二十八年（1902）。刘仁故居位于该镇五育村1组团山堡。抗战建国阵亡将士纪念碑位于该镇龙潭社区5组中山公园内	①
潼南区双江古镇	杨氏民居，俗称"田坝大院"，位于该北街85号，为该镇首富杨守鲁的家宅，始建于清光绪四年（1878），光绪十六年（1890）落成。兴隆街大院，位于该镇银龙路71号，始建于清光绪二十一年（1895），为杨氏家族在双江镇的七处代表性院落之一。源泰和大院，位于该镇正街50号，建于清代。杨闇公故居，位于该镇正街48号。杨尚昆故居位于该镇金龙社区月亮山下，旧名"四知堂"，俗称"长滩子大院"。禹王庙位于该镇正街43号；关庙，始建于清初，清光绪二十年（1894）重建；张飞庙；帝主宫位于该镇老街，建于清光绪九年（1883），原为湖北黄州人会馆；东岳庙位于该镇粮站，始建于清乾隆四十三年（1778）。永绥祠位于该镇北街外的猴溪河畔	②
江津区塘河古镇	现存明清古建筑群，老街长600米。石龙门庄园位于该镇石龙村2社石龙门，其附属建筑有三楠祠、回龙坝庄园。以石龙门庄园为中心至周边有向东行至白沙码头、向西北行至稿子场、向西南行至茶马古道白鹿场等三条古道。龙门庄园古村落现存古井7口。肖家学堂建于清代。廷重祠，又名孙家祠堂，位于该镇石同寨村五燕社，始建于清光绪十八年（1892）	③

① 重庆市文物局编纂：《重庆市志·文物志（1949—2012）》，西南师范大学出版社2019年版，第259、486、488、522、1007页。

② 重庆市文物局编纂：《重庆市志·文物志（1949—2012）》，西南师范大学出版社2019年版，第284—287、318—319、489、573页。

③ 重庆市文物局编纂：《重庆市志·文物志（1949—2012）》，西南师范大学出版社2019年版，第271、290—291页。

续表

古镇名称	内容	资料来源
云阳县云安古镇	云安盐厂遗址位于长江支流汤溪河两岸台地上，主要有盐井、盐灶、卤水池、输卤管道、建筑基址等。文昌宫位于该镇云安中学，始建于明代，清代重修。陕西箭楼位于该镇箭楼居委，始建于清嘉庆年间，为陕西同乡会馆。维新学堂原由数个厅堂和四合院组成，解放后，部分厅堂被云安盐厂使用，现仅存厅堂1座	①
巫溪县宁厂古镇	青石板街沿后溪河蜿蜒延伸，长约3.5千米，吊脚楼过街楼为主要建筑特色。宁厂盐业遗址位于大宁河上游支流后溪河畔，主要包括龙君庙、盐卤储水池以及三个生产车间	②
开州区温泉古镇	古代因盐而兴，现存盐井遗址，清坪村七里潭廊桥；该镇古街有燕子街和中心街，是开州规模最大，保存最完整的古街	③
北碚区偏岩古镇	老街区保存完整，代表性建筑有古戏台、禹王庙、古客栈、古石桥、玉屏书院。玉屏书院位于该镇偏岩场伏牛山，始建于清道光六年（1826）	④
涪陵区青羊古镇	有4条正街、26条巷道，人工环境要素有一宫、二祠、五阁、八庙、九寺、青岩书院、状元府、水星楼、名人故居、石牌坊等等。陈万宝庄园群落由14处庄园组成，总建筑面积达10万平方米，均为清同治、光绪年间建成	⑤

① 重庆市文物局编纂：《重庆市志·文物志（1949—2012）》，西南师范大学出版社2019年版，第129、318—319页。

② 重庆市文物局编纂：《重庆市志·文物志（1949—2012）》，西南师范大学出版社2019年版，第131页。

③ 重庆市文物局编纂：《重庆市志·文物志（1949—2012）》，西南师范大学出版社2019年版，第143页。

④ 重庆市文物局编纂：《重庆市志·文物志（1949—2012）》，西南师范大学出版社2019年版，第274页。

⑤ 重庆市文物局编纂：《重庆市志·文物志（1949—2012）》，西南师范大学出版社2019年版，第287页。

第七章　古镇要素的保护　　197

续表

古镇名称	内容	资料来源
万州区罗田古镇	现存老街 3 条，代表性建筑有关庙、三祭店、大小店铺、典当行、布庄。周边有普济桥、字库塔、金黄甲大院、罗汉水井、古墓群。金黄甲大院位于该镇长堰村 2 组，为当地士绅向荣恩之子辈合建。普济桥位于场镇旁，单孔石拱桥，建于清道光十七年（1837）	①
石柱县西沱古镇	云梯街与忠县石宝寨隔江相望，该民居建筑群被公布为重庆市文物保护单位，代表性建筑有下盐店、禹王宫、永成商号、南龙眼桥、北龙眼桥、关庙正殿、二圣宫。除关庙正殿因海拔较高位于原址外，其余 6 处文物建筑均因三峡工程就近向海拔高处进行了搬迁	②
铜梁区安居古镇	安居古建筑群位于琼江、涪江交汇处南岸，市级文物保护单位，代表性建筑有禹王宫、万寿宫、元天宫、东岳庙、下紫云宫、会龙桥、波仑寺、妈祖庙、帝主宫。波仑寺位于镇东古石龟山顶，始建于唐朝天成四年（929），历唐、宋、元、明、清，至今 1095 年	③
渝北区龙兴古镇	核心保护范围 8.35 公顷，该镇文化遗产有八大序列，遗址 70 余处，典型建筑有古庙、祠堂、老街民居，包括龙兴老街、龙兴寺（禹王庙）、龙藏寺、刘家大院、华夏祠堂、第一楼、民俗博物馆	④

---

　　① 重庆市文物局编纂：《重庆市志·文物志（1949—2012）》，西南师范大学出版社 2019 年版，第 315、574 页。
　　② 重庆市文物局编纂：《重庆市志·文物志（1949—2012）》，西南师范大学出版社 2019 年版，第 328—331 页。
　　③ 重庆市文物局编纂：《重庆市志·文物志（1949—2012）》，西南师范大学出版社 2019 年版，第 331—335 页。
　　④ 重庆市文物局编纂：《重庆市志·文物志（1949—2012）》，西南师范大学出版社 2019 年版，第 337—339、1007 页。

续表

古镇名称	内容	资料来源
九龙坡区走马古镇	核心保护区3.79公顷。尚保存古驿道、古街区、铁匠铺、老茶馆、古戏楼、孙家大院、慈云寺遗址。走马古驿道是成渝古驿道的一段，里程约10千米，残存于老街约800米，慈云村6社三道碑段300多米	①
合川区涞滩古镇	明清古建筑群、街巷格局保存完整。重要遗存遗址有二佛寺上、下殿、清代文昌宫、明代石牌坊、明代僧人墓群和清代舍利塔等。涞滩二佛寺摩崖造像位于该镇渠江边，以宋代摩崖造像为主体	②
江津区吴滩古镇	该镇位于璧南河、箭梁河汇合处。明代建场。老街现存东街、西街和河坝街，街道为青石板铺成，两侧为民居、商铺。典型建筑有万寿宫、中兴桥、走马角楼、吴滩场西门。聂荣臻故居（原名石院子）位于该镇郎家村，始建于清康熙年间（1662—1722）。此外还有钟云舫墓，酿酒作坊	③
江津区中山古镇	老街沿笋溪河而建，现存1132米，铺面307间，街道以青石铺设，街面宽3至5米，两侧为穿逗式木结构建筑，中为骑廊式过街亭建筑，古镇保存古庄园十余处，古寺庙20余处，"吴蜀均沾"石刻，"打假"碑。重点恢复了万寿宫、郑家祠堂、江家码头、清溪县城等遗址。打造了"爱情天梯"及四面山北部景区、石天井及大园洞东部景区。南宋题刻共82字、历史建筑28处、汉代古墓葬、枇杷岩墓群	④

---

① 重庆市文物局编纂：《重庆市志·文物志（1949—2012）》，西南师范大学出版社2019年版，第339—341页。

② 重庆市文物局编纂：《重庆市志·文物志（1949—2012）》，西南师范大学出版社2019年版，第369—374页。

③ 重庆市文物局编纂：《重庆市志·文物志（1949—2012）》，西南师范大学出版社2019年版，第488页。

④ 重庆市文物局编纂：《重庆市志·文物志（1949—2012）》，西南师范大学出版社2019年版，第1007页。

第三节　深入挖掘古镇文化

风貌和文脉是一个古镇的灵魂，是古镇旅游的核心。没有文化的旅游是苍白的旅游。

千百年来，古镇在历史发展中积淀了丰富的文化元素，保存深厚的历史文化、红色文化、家族文化、宗教文化、科举文化、名人文化、商业文化、码头文化、建筑文化等古镇文化遗迹和遗产，从而焕发出传奇的文化魅力。古镇文化要很好地挖掘、保护和展示，保护不仅仅是一个"形"，"文脉"的保护才是"神"，尽量做到"神""形"兼备。而古镇神韵的体现，需要有人的活动，只有保持古老居民原生态的活动才是古镇保护的最高境界。为了让居民安心地生活在这祖祖辈辈居住的地方，提高他们的生活质量，就需要用开发来促进保护。因此，古镇的开发必须围绕保持和发扬其特有的风貌和文脉而设计。[①]

有研究者把贵州省安龙古城的历史文化亮点归纳为以南明永历政权建都安龙为主要内容的南明文化，以兴义府试院为代表的科举文化，以红军在安龙为主要内容的红色历史文化，以招堤、绿海子为代表的自然景观文化，以北门坡、西关街为代表的古街古建筑文化。[②] 重庆市荣昌区深挖名人文化，整理和研究了明代尚书喻茂坚、编撰《重庆府志》的清代荣昌教谕寇宗、民间知名的芦雁画家吴拙生、国画大师陈子庄、诗书画家屈义林、著名导演邓在军、作曲家刘青等大批文化艺人的文学艺术作品及生平事迹；发掘民间流传的动人传说；保护宝城寺、白塔、天主堂、真源堂、九宫十八庙、荣昌八景遗址。深植于厚重的地方文化底蕴，打造国家和市县级文物宋代瓷器，将传统工艺品折扇、陶器、夏布不断推陈出新，让何氏提琴享誉全国，使美食小吃黄凉粉、卤白鹅、羊肉汤、猪油泡粑、铺盖面香飘四海。

---

　　① 祝天华：《加强盘县古城的保护与开发，推动古城经济发展》，载贵州省文物局等编《贵州古镇保护与旅游开发青岩论坛文集》，2011年2月，第160页。

　　② 张扬：《对安龙古城保护与开发的思考》，载贵州省文物局等编《贵州古镇保护与旅游开发青岩论坛文集》，2011年2月，第131—134页。

事实上，打生态牌、文化牌不仅仅是某一个古镇的行为，它甚至是省（区、市）和大区域，乃至国家层面的战略。贵州、江苏、浙江、重庆等省（市）都将生态建设、文化建设放在旅游文化事业突出的战略位置。

早在2002年，中共贵州省委、省政府《关于加快旅游业发展的意见》明确提出"加快把贵州省建设成为自然风光与民族文化相结合的旅游大省，加快把旅游业培育成贵州省支柱产业"的总体目标。2002年8月13日，《贵州省旅游业发展战略研究》提出贵州省旅游业发展的总体构想：打好"生态"和"文化"两张牌，突出"三个重点"（喀斯特王国旅游、多民族风情旅游和"长征"文化旅游），强化"一点四线"（贵阳中心旅游区和西线、东线、南线、北线四条跨地市旅游线），实行精品战略，搞好综合开发，提升旅游形象。①

江南水乡古镇不仅数量众多，而且在古镇街巷格局、建筑风貌和功能上都有很大的相似之处。我们提到江南古镇，常常想到的是前街后河、濒水而居，或者前店后居，街道上的廊棚、粉墙黛瓦。但是，在古镇保护开发过程中，通过充分挖掘每一个古镇的历史文化内涵，使得周庄、同里、甪直、南浔、乌镇、西塘、龙门、木渎、朱家角、新场、前童、安昌等古镇走出了自己的特色之路。

从一般意义而言，23个重庆历史文化名镇的人文环境要素，我们对其最大的印象也是长短不等的青石板老街，街道两侧是卯榫结构的建筑物，粉墙黛瓦；从建筑功能上区分为一般民居、豪宅大院、商铺，每一个古镇还保存着数量不等的寺庙宫观，或其他公共场所；重庆地区古镇受到巴蜀文化、巴渝文化的浸染，使其保存着浓厚的巴蜀、巴渝文化特色。

在古镇保护开发过程中，如何避免千篇一律、盲目雷同、照搬照抄？恐怕要从两个方面着手，一是深入挖掘古镇历史文化内涵，二是从整体上考虑古镇的个性特质。例如，东溪镇在发掘自身的个性特质时考虑到宗教文化、抗战文化、红色文化、版画文化、社区文化、农耕民俗文化、码头文化、盐茶文化，看似热闹，实则杂乱，而且容易使古镇特色陷入

---

① 刘正绪：《花溪区（青岩）旅游发展方向初探》，载贵州省文物局等编《贵州古镇保护与旅游开发青岩论坛文集》，2011年2月，第89—90页。

重复雷同的境地。因为宗教文化、抗战文化、红色文化、社区文化、农耕文化、码头文化在许多古镇都存在，而且特色还很鲜明。打造抗战文化品牌，东溪镇不如白沙镇、偏岩镇；打造红色文化品牌，东溪镇不如双江镇、龙潭镇、吴滩镇；打宗教文化品牌，东溪镇不如涞滩镇；至于码头文化，西沱镇、安居镇、松溉镇、磁器口镇的优势更是明显。那么，东溪镇的优势在哪里？

我们认为，东溪古镇的第一个优势是历史悠久及其深厚的历史文化底蕴。据文献记载，在唐高祖武德二年（619）这里就设置了县制，自此至今东溪古镇皆为富庶繁华之区，一度还是县府所在之地。至今尚存的南平僚遗址、南平僚碑，表明这里曾是古代民族僚人生活的地方，这里也是古代僰人活动的地方。东溪古称僰溪，汉代叫僰溪河。汉唐之际，僚人迁徙綦江流域之东溪定居，后来称为"南平僚"。《重庆府志》载：汉代，僚人迁徙万寿场。唐代，对僚人实行羁縻政策，封僚人王才进为宣慰使，以僚治僚，僚人过着仆役和奴婢生活，困于刑酷。北宋时，王进才死后，僚人分裂，数出盗边，朝廷命熊本讨之。《綦江县志》载：渝州南平僚人反叛，诏熊本安抚之，进兵万寿场水码头。根据刊立于宋神宗熙宁七年（1074）宋代进士的母亲《陈氏墓志铭》的记载，也证实确有南平僚人在东溪居住过。位于太平渡口20米处的南平僚碑，四块石碑均距1米左右，每块碑高2.4米，宽1.2米。碑身上方为"山"字帽，下有碑座。据考，《南平僚碑》是云南傣族发源于东溪的见证。1961年，右起第二块碑上仍保存有石刻文字，即"汉高帝元年"字样，现碑文已全部风化，成为四块"无字碑"。

东汉七孔子崖汉墓群，位于福林河右岸50米，高于河面20米处的沙质崖壁上，共20座，这也是傣族的祖先曾经居住于此的历史见证。

东溪古镇的另一个独特之处是因处于川黔古道、盐茶古道而兴。綦江是著名川盐运黔四大口岸——永岸、仁岸、綦岸、涪岸之一，自贡等地运抵的食盐经綦江转至东丁河、福林河上岸，经茶马古道运到贵州境内发售，这样的地理位置使得东溪古镇至少在西汉初年已经是川黔古道上的一个重要驿站。东溪古镇的盐茶古道起源于汉代的盐、茶、马互市，兴起于唐宋，盛于明清。盐、茶、马交易制度自汉代始，到清代止，历经岁月沧桑 2000 多年。在盐、茶、马市场交易的漫长岁月中，商人们以马帮为主要交通工具，用自己的双脚踏出了一条崎岖绵延的盐、茶古道。在 2000 多年前古人开创的盐、茶古道上，成群结队的马帮身影不见了，清脆悠扬的驼铃声远去了，远古飘来的茶草香气也消散了。然而，留印在东溪茶马古道上的先人足迹和马蹄烙印，以及对远古千丝万缕的记忆，却幻化成华夏子孙一种崇高的民族创业精神。这种生生不息的拼搏精神将在中华民族的发展历史上雕铸成座座永恒的丰碑，千秋万代闪烁着中华民族的荣耀与光辉。

东溪古镇保存较为完好的盐茶古道，是盐茶文化的历史见证，盐茶古道行路之艰辛，有民谣曰："正二三，雪封山；四五六，淋得哭；七八九，稍好走；十冬腊，学狗爬。"现在，当你走在由九万九千九百九十九块石板铺就的东溪盐茶古道上，依稀可以体验到昔日盐茶古道的风物。山间云雾飘荡，溪水清澈流淌，雄鹰在空中翱翔，笑声在古道间回响。

在历史上，东溪古镇是一个水运十分方便的地方，是一个典型的内陆码头城镇。东溪太平桥自建场起，就是一个繁华的水码头。由于交通便利，东溪古镇是贵州、广西、湖南等省（自治区）进入四川、重庆等省（直辖市）的必经之道，也是川东地区最大的驿站。东溪地理位置优越，商业贸易繁荣，山货物美价廉，驿站通达四方，一片欣欣向荣的景象。清康熙、乾隆年间，常住人口达 3 万多人，每天流动人口近 5000 人。中华人民共和国成立之前，东溪古镇一直是綦江县境内的第一大镇，是川盐济楚、川米外销的重要通道。

东溪古镇的古老历史恐怕只有宁厂古镇、郁山古镇等少数古镇能与其比肩，这是该镇最大的个性之一。前述，云阳云安盐场遗址、巫溪县宁厂盐场等一批与制盐有关的文化遗存发掘表明，制盐业在当地的兴起至少可以追溯到先秦巴国统治时期。而郁山古镇早在汉武帝统治时，就在此处设置涪陵县。1955 年，在三连乡黄泥坝修建郁山中学时，民工挖出海瓣（即贝币）1 撮箕（估计不少于 400 枚），证明当地早在商周时期已经大量使用贝币，应该与商品交换的大规模发生有关。

第四节　保护非物质文化遗产

相对于遗址遗存、文物古迹而言，非物质文化遗产是鲜活的文化，是最能体现一个地方民族民俗特色的东西。非物质文化遗产不仅局限于古街，古镇周边的村寨属于非物质文化遗产保护与开发的项目也不少。例如，江苏省昆山市周庄古镇现存五大类43项非物质文化遗产。深入开展非物质文化遗产普查工作；健全已有的非物质文化遗产代表名录体系；保护、培养非物质文化遗产的传承人，鼓励和保障传承人开展传习活动，培训当地居民继承传统手工技艺；举办非物质文化遗产节庆和竞赛活动，如挑花篮、马灯、舞狮、摇快船、划灯等比赛，增强非物质文化遗产的影响力，提高旅游吸引力。①

綦江版画在东溪古镇就有较好的体现。东溪古镇农民版画自1983年创办，40多年来可算是硕果累累。东溪原文化站长何星国创作的《送公粮》获文化部中国美协二等奖，版画《小苗秧》在美国展出获金奖。农民作者帅丽群创作的《田间》被中国民间美术博物馆收藏，在市县参展的作品20多件获奖。木雕艺术是东溪古镇传承传统文化的重要艺术手段，南华宫、万天宫保存较为完好的镂空雕刻木构件，木雕花板不仅充满着浓郁的历史文化底蕴，还处处散发着历史人物的灵气。

民俗的社会性、稳定性、传播性、变异性对游客很有吸引力，因为东溪的秧歌扇舞、唢呐吹奏、背媳妇等民俗对游客有一种新奇感，与生活贴近，十分有趣，最易使游客产生认同，便于他们参与，一同生活，一同庆祝，亲身体验古镇地域的文化特征，感到新奇而又高兴。综合性东溪民俗是最活跃的旅游资源，民俗涉及旅游的行、游、住、食、购、娱的方方面面，应该综合开发，发挥它的综合作用，使之成为山水、文物古迹并驾齐驱的重要旅游产品的角色。

巴南区丰盛古镇的非物质文化遗产有民间文学类、传统音乐类、传统舞蹈类、传统戏剧类、曲艺类、传统体育游艺竞技类、传统手工技艺

---

① 苏州市规划局等编：《苏州古镇保护规划》，中国建筑工业出版社2016年版，第182页。

类、传统医药类、民俗类（见表7—2）。东溪古镇有不同特色的民俗，如深夜打更、龙舟会、舞狮会、观音会、山歌对唱会、背媳妇、秧歌、腰鼓、川剧表演、民乐演奏、农民版画等。当置身于东溪，人们便可从中感受到古镇闲适恬淡的生活场景、简单淳朴的生存状态，这对于追求返璞归真的现代都市人来说，确是放松身心、休闲度假的理想场所。

表7—2　　　　　　　　丰盛古镇的非物质文化遗产

类型	非物质文化遗产名称
民间文学类	丰盛镇九龟寻母传说
	半边街的故事
	雷二老爷的故事
	寿字街"人不过寸"的由来
	丰盛名字由来
	金鸭子的传说
	三潮水传说
	张献忠传说
	犀牛毛传说
	清远楼的传说
	杉南大房子的传说
	二郎神赶石头传说
传统音乐类	丰盛川剧锣鼓
	丰盛高腔
	丰盛石工号子
	丰盛唢呐吹奏
	丰盛山歌
传统舞蹈类	丰盛秧歌
传统戏剧类	川戏
曲艺类	丰盛下河连箫
传统体育游艺竞技类	丰盛玩龙

续表

类型	非物质文化遗产名称
传统手工技艺类	烟熏豆干制作技艺
	丁鸭子制作技艺
	米粑制作技艺
	干咸菜制作技艺
	丰盛土酒烤制技艺
	丰盛纸扎技艺
	丰盛龙狮扎制技艺
	丰盛王氏秤杆制作工艺
	丰盛河水豆花制作
	丰盛九大碗技艺
	丰盛镇黄糕制作技艺
	丰盛斑竹花制作技艺
	和堂编扎技艺
	丰盛熊氏打铁技艺
传统医药类	丰盛拔火罐
民俗类	丰盛传统婚俗
	丰盛丧葬仪式
	丰盛生日习俗
	丰盛清明庙会
	丰盛观音会
	丰盛鬼市
	止哭咒止小儿夜哭习俗

资料来源：重庆市巴南区文化广播新闻出版局等：《重庆市巴南区丰盛古镇文化遗产保护与开发对策与建议》，2011 年 7 月，第 21—46 页。

本章小结

古镇整体保护的第一层含义是格局保护，包括保护古镇独特的个性和魅力；保护古镇的街巷空间，包括街、巷、弄，以及作为街道空间延伸和扩大的广场空间，街巷空间尺度、立面、铺地、小桥、河埠等；保护村镇的总体布局，以及街巷、水系等物质要素的格局肌理和风格；处理好城市与自然的关系，以建设"山水园林城市"作为城市规划和建设的最高理想。

古镇保护的第二层含义是古镇要素保护，包括古镇的自然环境要素、人工环境要素、人文环境要素、古镇所在地的非物质文化遗产。自然环境是古镇保护的基础。古往今来的旅游者，都将观光赏景作为一种休养生息、调节生活、消除疲劳的乐事。保护好优美的自然环境和旅游资源，是开发旅游业的先决条件。古镇是多种传统文化风貌和自然风貌的共同载体，是包括建筑、环境、空间格局以及人类活动等在内的统一整体，在保护规划中不能把这些元素彼此割裂，要从整体上考虑它们之间的关系，保持古镇风貌的完整性。人工环境要素保护。文物古迹作为历史文化遗产和遗迹，具有极高的历史价值和科学价值，文物古迹类别众多，包括古建筑、古园林、历史遗迹、遗址遗迹、古代或近代杰出人物的纪念地，还包括古木、古桥等历史构筑物。

古镇保护就要深入挖掘古镇文化。风貌和文脉是一个古镇的灵魂，是古镇旅游的核心。没有文化的旅游是苍白的旅游。千百年来，古镇在历史发展中积淀了丰富的文化元素，保存深厚的历史文化、红色文化、家族文化、宗教文化、科举文化、名人文化、商业文化、码头文化、建筑文化等古镇文化遗迹和遗产，从而焕发出神奇的文化魅力。古镇文化要很好地挖掘、保护和展示。保护不仅仅是一个"形"，"文脉"的保护才是"神"，尽量做到"神""形"兼备。而古镇神韵的体现，需要有人的活动，只有保持古老居民原生态的活动才是古镇保护的最高境界。为了让居民安心地生活在这祖祖辈辈居住的地方，提高他们的生活质量，就需要用开发来促进保护。保护要在发展中保护，发展要在保护中发展。要树立保护的发展观，保护的整体观，保护的基础是发展。

第八章

古镇的开发利用

古镇开发要找准适合自身特点的战略定位，突出个性特色；整合区域旅游资源，实现与周边旅游资源实现共赢。要谨慎论证古镇开发的可行性，谨慎选择古镇旅游开发经营战略，谨慎选择古镇产业转型升级战略。基础设施建设是古镇旅游开发的基础，将基础设施建设作为一项基础性的工作。

第一节 旅游市场分析

随着社会的进步、生活水平的提高，人们开始追求丰富多彩的精神生活。在紧张的工作之余，为了放松身心，开阔视野，旅游成为人们重要的选择，而国家规定的五一、国庆、春节假期，更成为人们旅游和购物的"黄金周"。人们舍得花时间和金钱去旅游，其目的或是行万里路、读万卷书，以开阔眼界和增进知识；或是观光消闲，去除寂寞和消除紧张压抑的心情。

什么样的古镇是人们最需要的旅游对象？视角不同，说法也存在差异。

有人认为，旅游对象（或叫旅游资源）主要有三方面构成：一是自然资源，主要是祖国的美好河山和自然风光，如长江三峡、黄河壶口、泰山、黄山、华山、九寨沟、张家界等，可以满足人们消闲与陶冶身心的需要。值得注意的是，凡是名山大川，往往都与古建筑和古遗址结合在一起。二是人文资源，主要是遗址、遗迹、古建筑、古墓葬、名人故居，以及革命圣地和宗教圣地，如龙门石窟、云冈石窟、敦煌石窟、长城、故宫、秦始皇兵马俑、法门寺、布达拉宫、井冈山、韶山、延安、遵义，历代的皇陵各地各类类型的博物馆也是重要的人文旅游资源。三是民族和民俗文化资源，如云南西双版纳傣族民俗文化、大理白族民俗文化、丽江纳西族民俗文化、福建闽西客家土楼、深圳龙岗客家围屋等。值得注意的是著名的民族和民俗风情地区，也同样与文物古迹有密切联系，如云南大理的宋代三塔，福建的客家土楼和深圳的客家围堡，不少是明清时期的古建筑。①《从市场角度谈古镇旅游的开发与保护》指出，市场需要记忆的古镇、怀旧的古镇、淳朴的古镇、宁静的古镇、休闲的古镇、体验的古镇。②

《江苏古镇保护与旅游发展研究》通过调查发现，最受游客欢迎的国内外旅游导向型的古镇一般具有以下四个特征。

一是具有鲜明独特的核心旅游资源。核心旅游资源是游客前往目的地游览的关键驱动力。通俗意义上讲，它必须是值得看的，具有美学和视觉的吸引力，构成了游客照相的核心背景、旅游体验的最佳情景、游客回忆的核心图景。

二是基础设施具有地方特色。建筑设计和建设质量必须立足古镇的特色环境。能够和谐融入当地景观特色的旅游接待设施，往往最能吸引游客，比如传统的豪宅庭院、枕河客栈等，而不是游客惯常居住环境中的高楼大厦、现代饭店等。室内空间结构不仅要舒适，而且要处处体现地方特色的装饰格调和氛围。

三是具有开放包容的好客接待氛围。旅游目的地当地居民的开放精神、好客文化对于发展旅游目的地同样至关重要。但同样需要指出的是，一个古镇的居民即使不友好，至少要有足够的容忍度，并不妨碍游客光顾此地。虽然在市场经济的驱动下，游客的受欢迎程度同其消费成正比，但至少游客应表现出一定的"自觉"意识，而非所谓的"纯旅游"或者

---

① 黄崇岳：《合理利用才是积极保护》，载广东省文物博物馆学会编《文物保护与利用》（第二辑），岭南美术出版社2002年版。第15—16页。

② 汤少忠：《从市场角度谈古镇旅游的开发与保护》，载贵州省文物局等编《贵州古镇保护与旅游开发青岩论坛文集》，2011年2月，第295—297页。

"纯玩线路"。

四是具有较高的旅行效用（或花费）比值。游客的体验受到时间和预算的制约，如何在限定性的时间和预算范围之内，提高游客最佳的体验，古镇的运营和管理必须有效地考虑旅行费用比值。影响旅行费效比值的一个重要参考变量就是游客满意度，而游客满意度则与游客接待量呈加速递减的反比关系。

而商业导向型的历史城镇复兴，则在于寻求新的、联系城市和乡村的"枢纽型功能"，积极响应其区位、经济、环境等方面的变化。商业导向型的历史城镇复兴，有两个基本的理念假设：一是经济活力而非历史建筑在塑造历史城镇的性质；二是既然历史风貌已不构成当前整体格局的主体，遗产价值又不是相对突出，那么这种历史城镇就应该进行积极的重建和经济发展。

以居住和住宅建设为导向的国内外历史城镇的复兴，由于它们无论在历史上还是现在均位于城市的中心地带，其发展经验显然更为适用国内城市中心的传统历史街区，而不适用于那些目前多位于城市行政管辖的边缘地带、相对落后的历史城镇。因此，居住导向型的历史城镇复兴必须进行新的变形和认知。在当前我国的部分古镇开发中，以居住和住宅建设的典型案例同样较为多见：一是房地产开发对古镇传统聚居风貌的认可，并在开发选址上开始进驻古镇；二是有效结合传统的风貌特色和现代化的生活需求，要么对传统的历史街巷进行升级改造，要么营建新的人居社区。[①]

《江苏古镇保护与旅游发展研究》一书分析古镇旅游市场的人口学统计特征：

①年龄结构上，到周庄、同里古镇旅游的游客皆以15—34岁的青年组人数最多，均占总数的80%以上，青年游客特别是大学生期望在古镇旅游中暂时放松心情，释放压力。

②文化程度上，以大专、本科为主，反映出古镇作为文化型、遗产

[①] 《江苏古镇保护与旅游发展研究》课题组编著：《江苏古镇保护与旅游发展研究》，东南大学出版社2014年版，第68—70页。

型的旅游目的地的主要特质。

③职业结构上，以企事业公司职员、学生为主。企事业公司职员有着优越的经济基础和社会地位，福利水平高，而学生出游意愿倾向则比较强。

④收入结构上，月收入在5000元以下的游客占游客总数的80%左右，基本符合当前大众旅游市场的主要特征。[①]

第二节　古镇开发的战略定位

一　没有特色就没有出路

古镇旅游开发中普遍存在同一区域内的古镇之间共性明显、个性特征不太突出、低水平重复建设的问题。

针对这一问题，古镇古村落的开发利用应当彰显其独特的个性与魅力。旅游资源的特色一方面要自然天成，另一方面也需要创新开发。特色是旅游开发的灵魂，创新是旅游发展的动力。特色与创新相结合，旅游资源的开发才能摆脱低层次的重复建设。因而在开发过程中，要选择有特色、最具民族性和不可替代性的旅游资源进行开发，在开发过程中注意保持旅游资源的原始状态，不能简单地模仿其他景区的开发模式，而要不断地探索形成自己的风格和保持自己独特的个性。[②]

从宏观看，古镇开发是培育特色经济、提高古镇竞争力的核心力量。在古镇发展格局普遍趋同的背景下，古镇竞争的焦点已经由一般性的发展要素向稀缺性、独特性的生产要素进行转移。那么，作为拥有悠久历史、区域特色明显的古镇，如何在众多的古镇旅游开发热潮中脱颖而出？

有些地方受"山水城市"理论启发，致力于"山水城市"建设。重庆市率先接受"山水城市"的最新观念，从重庆有山有水、拥有世界独一无二的三峡库区的先决条件出发，快速将城市建设定位于"山水园林

[①] 《江苏古镇保护与旅游发展研究》课题组编著：《江苏古镇保护与旅游发展研究》，东南大学出版社2014年版，第66—67页。

[②] 汪永臻：《街亭古镇——历史文化名镇的保护与传承》，甘肃文化出版社2017年版，第44页。

城市"。合川、自贡、武汉、章丘、苏州、昆明、长春、台北、常熟、宣州、肇庆、烟台、婺源、溧阳、益阳、阜新等城市都将建设"山水城市"作为理想。①

有些地方将古镇作为一个整体来开发，根据主题公园的理念来开发经营。这类古镇为了提高对于游客的吸引力，迎合大众消费心理，结合古镇的历史文脉与特色等，将城区内的居民、建筑、氛围都作为景观的组成部分，提炼出一个主题，采用现代科学技术和多层次活动设置方式，集诸多服务接待设施、休闲要素、娱乐活动于一体，给予游客在古镇中的最好体验。例如乌镇二期就像是一个古镇形态的主题公园，北京古北水镇、山东台儿庄古城从经营到管理都类似于主题公园。

有些地方是对古镇原样修缮或复建，对文物古迹、文保单位加以保护，并使之成为封闭式或半封闭式的景区。例如江苏周庄古镇、荡口古镇、山西平遥古城、云南丽江大研古镇即是这种类型。

二 整合区域旅游资源

拟合思路将散点分布的古镇联系起来②，实现与周边景区共赢。有人提出，对历史文化村镇资源进行旅游开发要注意旅游开发的综合性和系统性。因此旅游开发要把历史文化村镇旅游资源的开发与相关地区的旅游资源的整体开发相结合，和区域旅游产业的发展合作相结合，实现总体开发，系统调节。③ 广东省雷州市将其历史文化资源辟为雷祖祠游览景区、雷州石狗园林、三元塔公园游览区、西湖游览区、夏江天后公园游览区、雷州古窑址游览区等六大游览景区线路。以六大游览区为主体，连结各名胜古迹，构建点、线、面三结合的空间结构旅游网络，全面体现雷州市历史文化的底蕴，形成旅游产业中的雷州金牌，是雷州市旅游

---

① 鲍世行、顾孟潮主编：《杰出科学家钱学森论山水城市与建筑科学》，中国建筑工业出版社1999年版，第616页。

② 赵春兰、杜抒、黄运昇编著：《蜀韵古镇——多维视野下的古镇文化遗产保护与利用》，四川大学出版社2019年版，第156页。

③ 汪永臻：《街亭古镇——历史文化名镇的保护与传承》，甘肃文化出版社2017年版，第44页。

兴市、发展与繁荣经济的文化产业资源。①

　　山西碛口古镇的旅游开发利用，带动了周边的西湾、高家坪、寨子山、寨子坪、李家山等古村落的旅游开发，它们以黄土地貌、土林、神奇的黄河水雕等自然景观作为背景和基础，打造成为以碛口古镇为核心，链接周边古村落的具有黄土高原景观特色的文化旅游网络。丰富的旅游资源吸引了大量旅游者前来旅游观光，从而带动碛口古镇及周边地区的经济发展。②

　　贵州盘州古镇文化旅游开发也带动了其周边地区的文化旅游开发。盘州古镇周边有很多已经开发得比较成熟的旅游景点：黄葛树、红枫湖、龙宫都是以自然风光独领风骚；安顺则是把屯堡文化、地戏作为王牌；遵义走的是红色路线；凯里瞄准民族风情；昆明以完善的服务、健全的市场取胜；石林以独有的喀斯特地貌吸引游客；九乡、陆良分别用洞穴、沙林占领市场。有人建议盘州古镇打造复合型的旅游目的地，包含古建筑群落、名人故居、自然风光的结合体，江南文化与地方民族文化交融的活化石，盘州古镇乡村旅游的集结地，贵、云、桂黄金三角旅游线上的中转站。③ 夜郎古城建设着力打造考古遗址公园、夜郎古镇、夜郎民俗园区和文化产业园区。将夜郎古城建设成为赫章夜郎城的动力心脏、贵州的夜郎古都，中国最具魅力的古城，世界的文化遗产。④ 黔西县城最大的特色之一就是个性鲜明的历史文化，它的历史文化造就了城市独特的形态和意象。这些文化遗产、自然遗产和非物质文化遗产极大地丰富了黔西古城城市文化内涵。⑤ 西江古镇着力打造中国最大的苗寨品牌。⑥

---

　　① 陈志坚：《雷州市国家级历史文化名城的保护与利用》，载广东省文物博物馆学会编《文物保护与利用》（第二辑），岭南美术出版社 2002 年版，第 82 页。
　　② 霍耀中、张其俊、师振正：《碛口古镇保护》，山西人民出版社 2006 年版，第 35 页。
　　③ 祝天华：《加强盘县古城的保护与开发，推动古城经济发展》，载贵州省文物局等编《贵州古镇保护与旅游开发青岩论坛文集》，2011 年 2 月，第 174 页。
　　④ 李木奎：《打造赫章夜郎古城，再展夜郎雄姿》，载贵州省文物局等编《贵州古镇保护与旅游开发青岩论坛文集》，2011 年 2 月，第 189—190 页。
　　⑤ 陈文蓉：《黔西古城保护》，载贵州省文物局等编《贵州古镇保护与旅游开发青岩论坛文集》，2011 年 2 月，第 201—203 页。
　　⑥ 李丹：《论西江古镇保护与开发矛盾的统一》，载贵州省文物局编《贵州古镇保护与旅游开发青岩论坛文集》，2011 年 5 月，第 207—208 页。

像云南丽江、江苏周庄、湖南凤凰等这些高品位的古镇在旅游开发与市场营销等过程中都不是单个进行的,都是与周边景区在开发、线路整合、市场营销、形象塑造等方面有不同程度的联合,从而实现了共赢。这正符合旅游学中的旅游时间比理论,只有旅游地能够提供一定量的旅游活动时间与活动内容才能够吸引大量游客的到来,因此,旅游开发的项目选择、市场分析,以及产品开发与营销过程中都要注意区域的联合。

重庆位于长江与嘉陵江交汇处,其周围方圆 100 千米之内分布着磁器口、走马、白沙等多个古镇。其中磁器口古镇位于紧邻重庆主城的嘉陵江畔,历史上以盛产瓷器而得名,并长期通过重庆主城向外转运瓷器,抗日战争时期曾依托陪都重庆而成为沙磁文化的发源地;金刚碑古镇因采煤而兴起,其产出的煤炭常年运往重庆主城,抗日战争时期还成为陪都机关的迁置地,成为战时文化中心之一;偏岩古镇、龙兴古镇和走马古镇都是外地出入重庆所必经驿道的最近驿站,是客货进出重庆的陆上交通枢纽;松溉古镇、白沙古镇和蔺市古镇则是濒临长江的古镇,它们通过长江客货运输把农村和重庆联系起来,成为重庆外围重要的水上交通枢纽。[①]

三 万灵古镇开发的定位

万灵古镇以重庆市荣昌区及其周边丰富的自然资源和人文资源为基础,选择旅游开发战略。

万灵古镇青山环抱,碧水潆洄,翠竹白杨,石桥马帮默默地记载着岁月的足迹,唤起人们对古镇历史的记忆。重庆市荣昌区整合万灵古镇及其周边的文化旅游资源,全力打造"成都—安富陶都—荣昌县城—万灵古镇—大足—重庆"的荣昌一日游精品线路,逐步培育形成以旅游商品文化、风味美食文化、休闲度假文化、陶都历史文化、宗教文化、移民文化为主要内容的重庆西部地区旅游新格局。螺罐山风景区、天主教堂和宝城寺等旅游景点,成为这一条精品线路的重要组成部分。

2001 年,万灵镇党委、政府以打造旅游为经济可持续发展的重大举

---

① 戴彦:《巴蜀古镇历史文化遗产适应性保护研究》,东南大学出版社 2010 年版,第 80 页。

措,对境内旅游资源进行清理、挖掘、保护性建设,形成以大荣寨堡、明清古街、沁芳阁、赵家花房子、万灵寺、大荣桥、妃子桥、东汉崖墓群、千佛洞、赵家龙桥、白银滩等旅游景点。

2002年,荣昌县把万灵古镇开发纳入全县旅游开发的"两山、两镇、三湖"总体规划,随后万灵镇党委、政府着手制定万灵镇保护性规划。目标以打造"梦里水乡、休闲古镇"为主,积极融入荣昌一日游旅游线路。

2004年,万灵古镇保护性规划获得荣昌县人民政府批准,规划确定城镇未来发展方向是向东与向西北发展,在布局结构上,以老街为依托,以原东西干道为轴线,向东、向西北形成"一轴四片"的紧凑式布局结构形态。

2009年,万灵镇开展了重庆市濑溪河国家湿地公园总体规划编制,提出将万灵镇打造成渝西生态旅游重镇和荣昌后花园、国家湿地公园,并制定了2010—2030年土地利用规划。2015年又详细制定了1.95平方千米的核心景区建设具体规划。

2013年,重庆市荣昌区提出将万灵镇建设成为"国家级休闲旅游度假区"、国家5A级旅游景区、荣昌主城休闲功能区。

2016年,重庆市荣昌区委、区政府提出,紧紧围绕打造成渝城市群休闲旅游特色小镇目标,将万灵建设成"移民水乡、康乐古镇"。万灵古镇以农业、旅游结合发展的理念,将农家乐、采摘园等观光农业园与古镇旅游资源进行整合,初步形成以清迈园、生态园为代表的特色农家乐和采摘园,做成有特色、大众化的集科普性、体验性和参与性为一体的多元化特色旅游项目,旅游产业给地区经济快速发展带来了新的活力。

四 古镇开发的可行性

古镇开发与保护不同,既然是开发,则有获利的预期内含其中,所有的古镇都适于保护,但并非所有的古镇都适于开发。例如,贵州省盘州古镇开发价值体现在三个方面。

一是独有的历史文化价值,为古城提供了可开发的价值基础,而经济转换价值的潜在预期则为古城开发注入了动力。古城镇自身可开发资源的优劣是其开发能否成功的先决条件。而通过对盘州古镇可开发资源的分析，发现古镇资源所特有的历史文化价值，恰恰是其得以开发的最大优势。盘州古镇的历史文化价值反映出古镇资源的两大特性：独有性和垄断性。盘州古镇自洪武年间在此设立普定卫开始，已有600多年的历史，历史衍生出来的物质文化遗产、非物质文化遗存，以及名人文化丰富，自然地理环境独特，西冲河、沙沟河和狮子河这三条河流汇合于此，历史文化、人文环境、自然环境整合成为古城独特的个性品质。此种独有性和垄断性，是古镇以开发发展的基石和根脉，也是古镇能以独特的个性和魅力服务于整个盘州镇大区域范围的前提，是盘州古镇可以区别于其他古城镇，以自身优势增强其魅力和吸引力的基础。而古镇资源所具有的经济转换价值，则为古镇注入了开发的动力。

二是紧邻春城昆明的区位优势为古城开发提供了巨大的市场空间，同时也为盘州古镇打开了一条通向国内外市场的大通道。盘州古镇地处筑巩—昆明中点，经由上海—瑞丽高速公路到昆明、贵阳均不过4小时车程。上海—昆明高速铁路建成后，车程更将缩短为1小时。水盘高速公路修通后，到六盘水市仅需40分钟。畅通高速的道路交通，将盘州古镇的区位优势、交通优势凸显出来，而这种优势表现在古城开发上，即可以转变为市场优势。纵观盘州古镇周边市场，云南昆明是最大的文化消费力来源，每年游人达到3000万人次，旅游文化消费市场规模和潜力都巨大，这为盘州古镇的开发提供了广阔的市场消费空间。同时，云南昆明又是国内外市场网络中心之一，通过昆明可以高效率、低成本地与国内外市场实现对接，而这又为古城的开发提供了潜在的可利用的市场基础，为古城打开了一条通向国内外市场的大通道。

三是作为600年古城和多年的县级行政中心，建立的生态旅游休闲度假基地、农业观光旅游基地等旅游度假中心，相对发达的旅店宾馆和餐饮服务业，为文化资源的发掘利用奠定了良好的基础，使古城开发具备了良好的条件。特别是县城搬迁后，遗留了大量国有资产和土地，这给古城提供了难得的置换资源，也给古城提供了充足的资金保障。[①]

---

① 祝天华：《加强盘县古城的保护与开发，推动古城经济发展》，载贵州省文物局等编《贵州古镇保护与旅游开发青岩论坛文集》，2011年2月，第156—158页。

如果要探寻历史与现代之间最适宜的结合方式，就要改造现状，融合历史。通过保护与开发利用，一方面尽可能地恢复建筑风貌、空间特征和环境意蕴，创造有活力、充满历史文化氛围、个性显著的历史文化村镇；另一方面通过适当合理的保护和开发，获得环境效益、经济效益、文化效益和社会效益共赢的效果，促进历史文化村镇的可持续发展。[①]

第三节　抢救性保护与合理利用

一　克服急功近利

对于古镇来讲，如果只是一味地强调保护，而没有一定的商业旅游开发，同样也会因为缺钱维护而走向衰败。现实的古镇中，历史氛围日渐稀释，商业气息浓厚，古镇"农家乐"化的现象非常严重。基于急切的发展愿望，作为历史文化资源的古镇，其对内改善民生，往往并不如对外旅游开发那样具有吸引力。在古镇传统街区的保护更新中，沿街建筑无论以前的功能性质如何，无一例外地被更新为商业店铺或旅社；在古镇的新区建设的设计方案中，下店上宅式的建筑成为主要的建筑类型，商业空间毫无节制地在新区里蔓延，商业面积一般都达到了总建筑面积的50%—70%。[②] 一些古镇投入巨大数量的资金进行改造和开发，放眼望去，古镇气势宏大，颇具特色。

另外，大量供人居住的普通民居，其居住状况仍旧没有得到根本改善，社会服务设施的建设也极为滞后，老化的基础设施改造也因投入巨大而举步维艰。针对历史建筑普遍残破的现实以及存在的固有缺陷，现有的保护技术通常倾向于仅做一些表面的形象维护工作，而未结合现代生活需求，基于历史保护和生活舒适的双重目标，对技术保护进行实际的探索。由于过度增大旅游功能的比重，使得保护更新后的古镇出现外部人口大量内迁与本镇原住人口大量外迁的非正常人口流动现象，加重

[①] 汪永臻：《街亭古镇——历史文化名镇的保护与传承》，甘肃文化出版社2017年版，第42页。

[②] 戴彦：《巴蜀古镇历史文化遗产适应性保护研究》，东南大学出版社2010年版，第41页。

了古镇人口构成的异质化程度,也造成了原住人口所携带的非物质文化基因的大量流失。同时,喧闹嘈杂的商业气息破坏了原先宁静恬适的传统聚居氛围,使得古镇长期以来形成的人文韵味不复存在,古镇历史文化的灵气与精髓也随之丧失殆尽——古镇不再是一种适宜居住的聚居地,而沦为一个披着传统外衣的现代商业活动空间载体。①

在开发和保护之间寻求一种什么样的平衡,这是所有古镇面临的问题。

首先需要指出,历史城镇的旅游并不是要禁止商业化,而是要控制过度商业化,寻求古镇传统与旅游商品的最佳契合点。近年来,江南水乡周庄、甪直、同里、南浔、乌镇、西塘六古镇声名鹊起,游客云集,人们惊喜地发现,这里拥有清冽的河水、淳朴的田野、幽静的街巷、古旧的民居,徜徉在乡间的石板路上,追寻古人留下的历史踪迹,驻足在驼背的石桥上,欣赏旖旎的水乡风光。举目所见,是原汁原味的历史沉淀,小憩品尝,是地地道道的家乡醇味。没有常住城市中的喧闹浮躁,没有某些旅游地的假造矫作,能觉出一份野趣,能得到一份清纯,能享受一片宁静。②

克服急功近利,还要继续深化改革,消除计划经济的变相垄断,这已经是保护古村落、古建筑的当务之急。

例如,驰名海内外的皖南古村之一的西递古村落,将其旅游名胜开发经营权包租给北京某公司,由该公司垄断性经营,连门票收入也全归公司。村民未能直接从门票或租金中分利,只能在家门口摆个小煤炉卖小煎饼,较好的人家在大门或堂屋摆摊卖小小的土特产,或低档次的小古玩,个别的开小饭馆,多数村民不能从旅游业受益,而他们自己拥有产权的家园却成了他人谋利的商品。

湘西凤凰的旅游业经营权,也包租给某公司。然而与黄山、漓江不同的是,山与水属于全民所有,而凤凰最具魅力的商品却是古城、古街

---

① 戴彦:《巴蜀古镇历史文化遗产适应性保护研究》,东南大学出版社 2010 年版,第 41 页。

② 阮仪三:《江南六镇》,河北教育出版社 2002 年版,第 1 页。

巷、古老的商铺、宅院,以及郊区的乡村、民居,所有这些古老建筑,除却古寺观之类少数例外,一般都属原住户、业主的私人财产,而他们都非出租方主体,甚至不能从中分享门票、租金。云南丽江、杭州西湖都免费开放游览,西湖有许多名胜景点,如苏堤春晓、曲苑风荷、花港观鱼、三潭印月、南屏晚钟、平湖秋月、双峰插云、断桥残雪、柳浪闻莺、雷峰夕照等十景,本属公有财产,并不设卡收票,城市反而很繁荣。丽江古城令人流连忘返,行走各处可以免费出入,而不像有些旅游景区,随处均需购买门票。丽江古城的旅游文化产业反而做得很大很强。可以住几天甚至更久,天天徜徉其中,不必到处买门票,何其可亲。[①]

二 保留活态的古镇

留住古镇的原住居民及其传统生活样态,也使众多江南古镇分享了古镇保护与旅游开发利用所带来的红利。

在13世纪到19世纪,江南的古镇盛极一时,为数众多,有数百处。20世纪80年代以来中国社会和经济迅速发展,大多数古镇有了工业建设,陆路交通的开辟、近代建筑和设施的兴建,废弃了原有的水网河流和传统民居,原有的水乡古镇风貌很快地逐步消失。苏州附近的周庄、同里、甪直,湖州的南浔和嘉兴,乌镇和西塘等古镇在80年代中期,及时地进行了合理的保护规划和实施,到90年代初又有上海的朱家角、新场,浙江的安昌、龙门、前童,苏州的木渎等古镇也都得到了规划和指导,得以完整地保存了原本的水乡古镇风貌,并适当地发展了旅游事业。[②]甘肃街亭古镇保留着淳朴的乡村文化、邻里关系、村镇特征、本地居民、行为景观、传统手工艺,这就是古镇鲜活的传统生活。[③]

[①] 郑光复、马光蓓:《在市场经济中保护与发展——桑江梦》,载中国民族建筑研究会《华南地区古村古镇保护与发展(广州)研讨会文集》,中国广州,2008年6月20—22日,第60页。

[②] 阮仪三:《阮仪三与江南水乡古镇》,董建成摄,上海人民美术出版社2010年版,第7页。

[③] 汪永臻:《街亭古镇——历史文化名镇的保护与传承》,甘肃文化出版社2017年版,第28—30页。

根据本书的分析，东溪古镇保护与开发利用具有可行性、必要性和紧迫性。

就可行性而言，东溪古镇依然保存着活态的历史文化和社会经济生活。但是，目前东溪古镇建筑衰败现象严重，街区风貌受到破坏，自然环境遭到破坏，基础设施严重滞后。这又使得东溪古镇保护与旅游开发利用不仅是必要的，也是十分紧迫的一件事。

一是东溪古镇建筑衰败现象严重。承平滩、太平桥、朝阳街等街区大量的建筑主要以1—2层的砖木结构为主，65％的民居为中华人民共和国成立前后修建的房屋，大多已属危旧房，已出现严重的居住功能衰退。朝阳街、书院街区建筑鳞次栉比，街巷宽度普遍在3.5米左右，最窄处仅为1.2米，既无法通行消防车，也不能满足最小防火安全距离，一旦发生火灾，后果将非常严重。由于年久失修，传统建筑结构和设施已超过其使用年限，结构破损、腐朽、设施陈旧、简陋，面临倒塌的危险，约50％的建筑是危房。建筑内部功能布局零乱，户型不能成套，私密性差。传统民居没有专门的卫生间，有些居民在屋外搭建了砖混或其他结构的简易厨房，屋内光线较差，通风状况亦不佳，不能满足现代生活要求，居民感到诸多不便。

二是街区风貌受到破坏。历史街区完整程度已不是很高，改建现象较为严重，部分居民自发进行了小规模改建，单个建筑改建外部往往是将夹壁墙改为砖墙，将原有门窗改为现代门窗样式，内部也根据居民自身生活需要分隔，其层数、形式、体量、色彩等与古建筑均有差异。同时，街区内充斥了一些20世纪六七十年代搭建的简易民房，这些民房也破烂不堪，与传统建筑很不协调。

三是自然环境遭到破坏。由于场镇建设的发展、镇区基础设施建设和环境治理的滞后，古镇周边山体植被已大面积减少。太平桥一带的山体因道路交通设施而被大填大挖。綦江河、东丁河受到一定程度的污染，且水量有所减少。

四是基础设施严重滞后。古镇原有的供排水系统早已严重老化，多数集雨沟已经堵塞，自来水管裸露于街、锈迹斑斑，电力、通信、电视等管线设置零乱，极不美观，同时存在较大的安全隐患。整个古镇的生活污水长期直接排入綦河，影响了綦河的水质。古镇环卫设施落后，生活垃圾乱堆乱放普遍，90%没有经过无害处理直接倾倒在河边，污染严重，影响了居民的正常生活。

因此，东溪古镇旅游开发利用一定要想办法把保护古老建筑、保存完整的街区风貌、营造优美的自然环境、加强基础设施建设放在优先地位。在可能的情况下，整修一段保存较为完好的盐茶古道，整治太平古寨、琵琶古寨、威安古寨遗址，使其成为观景平台，并以石砌阶梯将古寨遗址与古镇连接起来。在不损害原貌的前提下，在太平桥水码头附近增添垂钓平台。本书的其他地方，还会提到农业产业提档升级、打造旅游观光农业的问题。

三　东溪古镇保护利用思路

古镇旅游资源的开发利用要以合理保护为前提，合理保护是开发建设的重要内容，以开发促进保护，以保护提高开发的综合效益，从而形成保护—开发—保护的良性循环，创造出和谐的可持续发展效益。

首先要对东溪古镇的文物保护单位划定保护范围，设立保护公告牌；对已明确的核心保护区重点保护，禁止任何形式的开发。其次要制定一个高起点、大跨度、科学合理、特色鲜明的文化古镇发展规划，从而合理有效地布局生产力，实现古镇开发的可持续发展。最后要严格执行"策划—总规—详规—可研—招商"的前期工作程序，抢时间、增进度、讲效益。当前要以精品战略为目标，在古镇范围内做好项目筛选，选择部分资源价值高、市场潜力大、带动面宽，有利于招商引资，容易启动的龙头项目，优先扶持，重点突破。要让全社会充分认识开发古镇旅游资源对推动旅游经济发展的必要性和紧迫性，在思想上形成高度统一，达到观念转变、认识深化的目的。要坚持不懈地开展宣传工作，普及古镇保护知识，要搞好对外宣传，提高文化古镇的知名度和美誉度。政府组织有深厚文化功底的专业队伍与古镇本地的资深人士一起，实地查看现存景点、景区及重点文物，探寻历史文化，深挖民风民俗，编撰名人轶事、传奇故事，做好古镇录像资源，历史、人文、自然景观图片，旅游导游图、解说词的收集整理工作，丰富宣传内容。除充分利用互联网、电视专题片、广播、报刊广告等形式提高影响力、覆盖面和科技含量外，也可依托古镇固有历史文化积淀，由政府牵头，市场运作，策划组织几次大型的宣传活动，还可将古镇的景点组合到旅行社推出的旅游线路中去。

第四节　编制规划与有效实施

一　经营战略选择

古镇旅游开发和经营究竟是招商还是政府操盘？不能一概而论。公司承包开发经营，政府主导开发经营，各有优长，如何选择经营战略，没有一定的陈规。

如前所述，驰名海内外的皖南西递古村落，是将旅游名胜的经营权承包租给北京某公司，由公司垄断性经营，连门票收入也全部归于公司。湘西凤凰古镇的旅游业经营权也是包租给某公司，而云南丽江、杭州西湖都是免费开放游览，西湖有许多名胜景点，如断桥残雪、柳浪闻莺、雷峰夕照等十景，本属公有财产，并不设卡收票，城市反而很繁荣。丽江古城许多景点也是免票出入，勿须购买门票，这使得游客心情愉悦，身心得到放松，往往愿意消费，从而保持该城文化旅游产业的繁荣。

东溪古镇开发力图走出一条政府主导、社会参与、多方投资的路子。荣昌区万灵古镇（原称路孔古镇）也是选择了一条政府主导、社会参与古镇保护和旅游开发的路径。

早在2001年11月，万灵古镇就设立了旅游接待处，配备导游开展古镇景点解说。2005年6月20日，成立万灵古镇旅游管理办公室。旅游管理办公室隶属镇政府内设三级机构，归城镇建设办公室管理，主要负责古镇旅游保护、开发、宣传及其他旅游相关管理工作。2009年4月29日，中共荣昌县委、荣昌县人民政府同意设立荣昌县路孔古镇旅游开发管理委员会，具体负责路孔镇旅游开发建设事务。2013年7月26日，成立荣昌县万灵山旅游开发有限责任公司，为国有独资公司性质，是与路孔古镇旅游开发管理委员会、万灵山景区建设领导小组、万灵镇党委、政府四块牌子一套班子的旅游开发领导机构，全面负责景区旅游开发建设工作事务。2015年7月6日，设立重庆市荣昌区万灵山旅游度假区管理委员会，为区政府派出机构。原荣昌县路孔镇旅游开发管理委员会因升区自然撤销。此后，万灵的旅游开发就由荣昌区万灵山旅游度假区管理委员会、万灵山旅游开发有限责任公司、万灵镇党委和政府共同负责。2015年9月24日，荣昌县万灵山旅游开发有限责任公司变更为重庆市万灵山旅游开发集团开发有限公司。2016年10月31日，重庆市荣昌区万灵山旅游度假区管理委员会更名为重庆市荣昌区旅游景区管理委员会。

应该说，该镇既保护了古镇人工环境要素、人文环境要素、自然环境要素，又促进了古镇经济社会发展，是一个古镇保护开发利用比较成功的案例。

二　万灵古镇旅游开发规划

1. 荣昌县旅游开发总体规划。荣昌县（2015年2月5日撤县设区）旅游开发选择的是"政府引导、企业唱戏、市场运作"路径。随着县域经济的发展、人们生活水平的提高，对旅游业的需求不断增长，荣昌县制定了适合本地实际情况的旅游开发规划。

2001年，荣昌县按照"抓重点、抓特色、讲实效、求发展"的工作思路和旅游资源开发建设整体构想，由县旅游局负责编制《荣昌县旅游资源概要》，制定旅游业发展"十五"规划，全县的旅游工作有了明确的方向和奋斗目标。2002年，县旅游局组织编制《荣昌县旅游发展规划（2003—2020年）》，对荣昌县旅游业的宏观背景及发展基础、旅游产业定位和发展战略、总体布局、产品规划、市场开发、行业发展、基础设施、旅游环境保护、旅游支撑体系、旅游资金投入与效益等进行了科学的分析和规划。

2. 确定旅游开发战略。荣昌选择重点旅游资源，打造精品旅游线路，培植以旅游商品文化、风味美食文化、休闲度假文化、陶都历史文化、宗教文化、移民文化为主要内容的旅游新格局。

1999年，荣昌县初步确定安富陶文化旅游景区、荣隆观光商贸旅游区、双河山林旅游景区的发展规划。2000年，邀请专业人员对安陶博物馆、荣隆麻雀岩水库、路孔古镇（2013年9月24日路孔镇更名为万灵镇）的建设方案进行全面论证，清江镇河中岛的规划设计也基本完成。2001年，荣昌县旅游事业发展"十五"规划确定近期旅游开发建设的重点为安富陶文化旅游景区、植物园休闲旅游区、荣隆麻雀岩商贸旅游区、路孔古镇民风旅游区。2002年，安富陶文化旅游开发纳入议事日程，以陶文化旅游开发为发展荣昌旅游的突破口，全县"两山、两湖、两园、两镇"的旅游资源重点开发思路形成。

2004年，县委、县政府决定打造"魅力荣昌一日游"精品线路，按照"抓特色、突重点、上档次"的工作思路，以"一城一都"为突破口，将分散在全县各地的、可移动的文化、旅游、历史、民俗资源集中到昌元镇宝城寺、路孔古镇、安富陶都，2005年4月出台的《重庆市十大旅游精品系列工程规划纲要》，将路孔古镇和安富陶都纳入重庆市"十大旅游精品工程"规划建设的子项目中。安富地热水资源也被纳入重庆市温泉旅游发展规划。

3. 制定万灵镇保护规划。万灵古镇的保护与文化旅游开发规划是荣昌县（区）旅游开发总体规划的重要环节和组成部分。在古镇保护上，立足现状，因地制宜，采取了"整体控制，重点保护，统一协调"的原则。突出保护重点，合理确定控制区域，在立足传统街区的发展与更新，采取保护和利用相结合的原则下，明确制定了相应的具体保护方式。

2003—2004年，路孔镇制定了古镇保护规划。规划在用地布局上，确定城镇未来发展方向是向东与向西北发展。在布局结构上，古镇的发展形成以老街为依托，以原东西干道为轴线，向东、向西北形成"一轴四片"的紧凑式布局结构形态。"一轴"即是以路孔镇至荣昌县城道路为城镇发展轴；"四片"分别为古镇传统街区、行政中心与城镇绿心片区、城镇发展西北片区和城镇发展东片区。

在功能分区方面，古镇传统街区主要以原商业、文化为主体；行政办公区结合背后公园绿地形成城镇绿心；城镇发展西北片区形成一个居住小区，沿濑溪河规划商业、休闲娱乐综合用地；城镇发展东片区也形成一个居住小区，配置较为完善的各种服务设施。

4. 濑溪河国家湿地公园总体规划。濑溪河是万灵古镇的自然地理背景，对万灵古镇的形成和发展起到了关键作用。濑溪河国家湿地公园的总体规划与万灵古镇保护规划互为依托，互相补充。其整体定位是以濑溪河为主线，塑造湿地公园"碧水绿廊（生态环境）、流水画廊（湿地景观）、临水文廊（古镇文化）"的整体形象，突出湿地生态保护与恢复、湿地科普教育和湿地生态旅游三大功能，将现代农业有机地融入其中，为游客提供一处了解湿地和体验湿地的理想场所，并将其建设成为重庆乃至西南地区最大的国家级湿地公园。

在总体布局上，规划理念以充分体现湿地生态系统整体保护、生态旅游资源合理利用、协调发展为特色，遵循整体保护、合理利用、协调布局、因地制宜的空间布局原则，突出"流域"概念，以湿地生态保护为核心，以科普宣教和湿地旅游为亮点，规划后的湿地公园呈现"一线一核多辐射"的流域型空间结构。

5. 万灵镇土地利用长期规划（2010—2030）。在城镇性质上，路孔镇定位为荣昌后花园，以发展旅游服务相关产业、农副产品生产、休闲娱乐为支柱产业的全国特色旅游景观名镇和中国历史文化名镇。

在空间结构上与功能布局上，规划城镇用地形态和结构为"一江一城一生长带"。"一江"（生命之江）：合理利用濑溪河沿岸建设富有趣味的景观岸线，梳理地块内水体，合理引入水域。"一城"（大荣寨）：合理保护大荣寨，坚持修旧如旧原则，复原古寨内部空间结构及建筑风貌，展现大荣古寨的魅力。"一生长带"（发展之带）：利用濑溪河两岸可建设用地，合理布局旅游、商业、娱乐居住各项设施，形成万灵古镇新的发展生机，促进古镇跟上新时代的发展步伐。

在土地利用布局规划方面，从建设生态宜居城镇、旅游休闲重镇出发，打造园林化、人文化、建设疏密有致、结构脉络清晰的空间结构布局。在用地功能上充分遵从自然环境，合理布局居住生活、商业服务、文化休闲职能，结合古镇风貌特色，打造现代化宜居小区、森林生态公园等功能区，塑造沿河旅游商业街区、餐饮美食街、特色文化广场、滨水休闲娱乐街等城镇品牌。

2015年，在《重庆市荣昌县路孔镇总体规划（2010—2030年）》基础上，对大荣寨社区、沙堡行政村以及尚书村六社、古镇路的西侧区域总面积达9.52平方千米的城市建设用地作了具体规划，特别是对1.95平方千米的核心景区建设作了土地使用控制规划、公共服务设施规划、道路交通规划、市政工程规划、城市设计指引、环境保护规划、防灾减灾规划。

三　东溪古镇编制规划

东溪镇党委、政府狠抓东溪古镇保护与旅游开发工作，成立了以镇长为组长的"东溪古镇保护与旅游开发管理委员会"。先后邀请重庆大学城市规划设计院进一步规划完善《东溪古镇规划和场镇总规》，聘请上海复旦大学、同济大学资深专家完成了《东溪旅游规划》《东溪太平桥建设详规》，聘请北京大地风景旅游景观规划院编制《东溪古镇旅游规划》，制定《关于古镇保护规划的管理办法》。先后编制了《重庆市綦江县东溪古镇保护规划》《重庆市綦江县东溪古镇旅游总体规划（2009—2025）》《重庆綦江县东溪古镇旅游策划及修建性详细规划》《抗战文化街、高速路口规划》《东丁河大桥和镇安大桥规划》。这些规划将东溪古镇旅游开发战略定位为：

1. 东溪镇的形象定位："花溪古巷·城南旧事""多彩千年古镇·浪漫菩提溪谷"。

2. 东溪镇的宣传口号："中国最靓丽的西南休闲艺术小镇""千年古镇千年韵·千色东溪万古情""千古风流·尽在东溪""花街古巷""彩溪古镇""城南旧事·度假天堂"。

3. 产品提升：提升古镇形象为"彩色的、浪漫的、怀旧的、艺术的"休闲度假小镇；提升产品品位，打破以往纯粹观光旅游、纯粹商业开发模式，重点挖掘"80后""90后"旅游需求品；提升东溪古镇有别于其他古镇的文化产品，尤其突出民国文化产品。

4. 文化开发：千年古镇的原生文化，仍属东溪古镇的文化积淀，将东溪的历史文化深度挖掘，将其以景观、建设等形式展现于游客面前。民国文化已经成为浪漫、奢靡、"小资生活"的代名词，提炼东溪文化，开展特色度假生活。东溪是农民版画的发源地、美术写生基地、影视拍摄基地，将艺术创作文化深度开发，扩大在艺术领域的知名度。

5. 产业联动：重点开展古镇旅游、民国文化体验等旅游项目联动发展的产业。联动历史文化、山水文化、民国文化、创意文化协调发展。将家庭聚会、学生聚会、商业聚会、情侣聚会作为产业予以重点开发。运用花树绿植来打造特色形象，花树栽培产业必定成为农民创收的重要产业；创造旅游度假地产、重庆市民第二居所的概念，带动东溪房地产产业发展。东溪古镇老街、古镇溪谷都集中在东溪中部，今后东溪的旅游业主要以东溪中部为核心发挥扩散效应。西部作为农业生态园发展与规划的彩色东溪中的花树栽培产业相对接，由此实现西部振兴。将丁山湖、万亩银杏等景区联动发展，形成规模效应。

6.品牌塑造：千年历史是东溪古镇的文化灵魂，历史是东溪古镇品牌营销的重点。民国文化是东溪古镇区别于其他古镇的明显品牌，文化是品牌营销的亮点。溪谷古镇、彩色东溪是东溪古镇打造的品牌形象，生态是品牌营销的卖点。

2003年后，东溪镇根据古镇历史资源、自然资源和区位优势的特点，逐渐起步开发旅游事业，把发展旅游业作为全镇经济建设的支柱产业。专门设置东溪古镇保护与旅游开发办公室，设置古镇旅游接待处，选聘3名大学生村官作为古镇旅游解说员，为前来古镇旅游观光、考察者提供导游、吃、住、购、玩等服务，从而使东溪古镇旅游服务初具规模。大力招商引资，用于新区开发、村级服务中心、镇宣传文化中心建设项目。2007年2月，东溪镇从市佛教协会引进住持，龙华寺已经成为对外开放的合法宗教场所。

第五节　基础设施建设

一　基础设施建设是古镇旅游开发的基础

由于重庆古镇大多处于地理位置僻远之处，要提升文化旅游产业水平，道路交通建设是首先要做的工作。传统古镇街区是农耕时代的产物，一般的街道都较为狭窄、基础设施不齐全，古镇街区开发空间较小、不利于一定规模游客活动的展开，修建游客接待中心、厕所就成为必不可少的工作。因此，很多古镇都将基础设施建设作为一项基础性的工作。

例如，为了做好龚滩古镇旅游业发展，酉阳县加强了与古镇开发有关的基础设施建设。一是改造酉阳—龚滩公路。酉阳—龚滩公路是连接县城至龚滩码头的交通要道，是酉阳县与邻近各县经济交流和联合进行旅游开发的经济路，是连接重庆—龚滩—酉阳—张家界旅游环线的关键线路。公路原长85千米，改造后的酉（阳）龚（滩）路必将成为酉阳县的一条旅游经济带，对带动龚滩的经济发展、开发辖区内的旅游资源将产生的巨大的影响。二是将古镇、主街至河岸之间的道路浇筑成水泥路，将原来设施简陋的货运码头升级改造成旅游专用码头。这就大大地方便了游客往返于古镇主街和河岸，同时也方便了货物装卸和运载。三是修建清泉旅游专用码头；修补破损石板街，整修纵向9条大沟；动工修建35千伏变电站。四是为了适应龚滩旅游业的开发和发展，保证"中国重庆（酉阳）乌江国际攀岩赛"的接待，酉阳粮食局（渝兴粮油公司）投资500万元在乌江岸边修建6楼1底的高级宾馆1幢，以及全部配套工程。此工程基础打28根砖瓦柱到河坎石板，最深33.3米，平均27米，每根柱子用钢筋一吨多，是历史上罕见的基础难工程，单是基础投资就花费100多万元。五是引资承包沿岩乡马槽坝荒山1万亩，修建"避暑山庄"。①

二 东溪古镇基础设施建设

东溪古镇受地方财力的限制，能直接投入古镇保护的资金非常有限，但在古镇文物修复与保护、基础设施建设方面做了大量的工作。

1. 改善道路基础设施。加强古镇对外交通联系，避免过境交通设施对古镇历史风貌的破坏。建设新东丁路，形成了东溪古镇与丁山湖之间方便快捷的旅游环线。建设长850米、宽24米的东溪镇绕城公路。修建化工厂到太平桥、太平桥至渔沱的旅游步道8千米。改造新街道路为沙油路。改造场镇道路，硬化农行门口、化工厂门口、水口寺到镇政府道路。为确保太平桥旅游线路畅通、安全，镇政府投资修复金银洞电厂背后下沉塌裂的100米水泥路。为打造古镇步行街，积极筹办210国道改道，征用土地20亩，拆迁房屋，搬迁征用土地上的坟墓。硬化双桥坝政

---

① 《龚滩区志》编写组：《龚滩区志（1949.11—2001.9）》，2001年7月，第71、82页。

通桥路口和龙华寺路口，方便车辆和行人出行。为保证道路交通和行人安全，排除太平山庄50处的危岩。

2. 完善市政基础设施。扩建东溪自来水厂，迁移原取水点，修建东溪场镇居民饮水高位调节池，解决了东溪长期以来饮水水压和水质问题。完成电网升级改造，搬迁高压线，重新铺设场镇路灯线和更换路灯，安装古镇路灯130盏及景观灯饰等，包括在新街区安装80多盏红色庭院灯，维修新街40盏红色庭院灯和正街的30多盏水沟银灯和单臂灯。引进安装天然气。搬迁移动光缆线。新建公厕、垃圾站及清运系统，在王爷庙、南华宫所在的古镇核心保护区内修建3座公厕，改建冲水式厕所3座，修建5处垃圾转运站；购置垃圾转运车；在承平滩处修建东溪污水处理厂。购置了消防水管、灭火器材等，县政府为东溪镇配备了1辆消防车，这更有利于核心保护区的消防安全。新修太平桥旅游接待处停车场。在庙坝子修建万寿广场，在以万寿广场为中心延伸的横店子、万寿场、草鞋市三个入口，修建了古镇标志性新牌楼饮食文化一条街；修建地下管网设施，让街巷变得更加整治美观；对房屋外立面进行了维护整修。建设可供接待上百人的东溪宾馆、悦来客栈。

3. 恢复古镇原貌的基础建设。完成民俗风情街一期工程，政府投资收购化工厂、万天宫、王爷庙等古建筑、文物保护单位，对南华宫、万天宫、龙华寺、王爷庙、观音阁等进行了部分原貌修复；对南华宫、万天宫所在的朝阳寺、背街和书院街进行改造，对外立面墙进行了改造装饰。加强消防设施建设，实施对消防、电路、闭路的改造，在核心保护区新设消防栓50个，配置灭火器50个，等等。恢复从三合楼至王爷庙的1万米青石板铺设的盐茶古道，从而再现了东溪昔日的繁华和历史的沧桑。修建东溪峡谷葛洞瀑布及峡谷的黄葛楼及风雨廊桥。修建万寿桥至水口寺的滨河景观。原貌恢复书院街、朝阳街、背街等历史街区。古镇风韵逐步凸显。

4. 对文物保护单位挂牌保护。东溪镇组织人员和资金，雕刻长方形大理石标牌，对旌表节孝牌坊、龙华寺、万天宫等26个文物保护单位进行挂牌保护，提高人们的保护意识。

5. 注重古镇风貌特点，保护自然环境。东溪太平桥黄葛树生态群面积300余亩，群山环抱、三壑直插成沟状，东丁河、福林河与綦河汇集于此，5000余棵高大繁茂而古老的黄葛树，密布其间，被誉为西南之最（其中500年以上树龄的就有100多棵），黄葛树常年翠绿、郁郁葱葱，镶嵌在山水之间，犹如一副美丽而典雅的山水画。镇政府根据黄葛树的特点，为古黄葛树编号、造册、登记，并实行挂牌保护。镇政府投入资金补植3000多棵黄葛树为行道树，培植柳树、三角梅苗2000多株，以移植太平桥和东丁河两岸。

三　万灵古镇基础设施建设

万灵古镇的核心景区是大荣寨，清嘉庆五年（1800）为防御川东白莲教大起义，当地绅士商人居民依山就势建成，面积约0.2平方千米。寨内有明清一条街，长500余米，宽约4米，有湖广会馆、明月寺、三圣宫、小姐绣楼等古老建筑。街道居民100余户、400余人。中华人民共和国成立后，人民政府对场镇的一些大地主房屋或公产进行没收，一些人通过购买或分配搬入居住。有些住户对一些年久失修的房子部分进行改建或维修，但基本上保持着穿斗木质结构或砖木结构原貌，没有拆掉一栋楼房，整个场镇面积没有大的变化。

为了保护和开发利用万灵古镇及其周边的旅游文化资源，重庆市荣昌区和万灵镇政府对万灵古镇的基础设施进行了改造和提档升级，其主要措施：

1. 完善公共服务机构办公场地建设。1986年5月20日，路孔古镇遭受强烈风灾，许多房屋成了危旧房，遂改建两楼一底的办公用房，拉开了场镇建设序幕。1987年，路孔粮店建设两楼一底的门市部和职工宿舍。1990年，开始建设路孔中心小学。1992年，农商行路孔分理处（原路孔信用社）在原址建设三楼一底的办公用房。1996年，为了规划场镇建设，镇党委、政府制定集镇建设综合改造方案，经荣昌县政府同意，开始对旧城分期分批改造，并在河边开发一片新区（现衙门广场处）。从车坝（现万灵邮政所）至牛市坝处打通和新建一条宽14米、长约600米的街道（现学府路），随后沿这条街两旁按照规划要求陆续建设新的政府办公楼、卫生院、居民房屋等。

2. 完善旅游服务设施。对安富陶文化旅游景区、荣隆观光商贸旅游区、峰高东湖旅游景区、双河山林旅游景区进行道路、绿化等基础性建设。2011年建成"十里绿色生态景观长廊"，在新建的古镇路两侧各100米范围内共计4200亩栽植香樟、黄桷树、海棠、小叶榕等绿色植物，新增濑溪河两岸水系森林绿化工程建设200亩，完成古镇路、古路路边两边可视范围内坡瘠地和"馒头山"绿化，共计1090亩。在沙堡村试点，加强森林绿化、道路硬化、新农村环境美化建设。

3. 开设县城至岚峰森林公园、安富寨子山的2条旅游专线。建成渝西植物园休闲娱乐会所、螺罐山宗教文化及落差式赏花养鱼工程、清江河中岛休闲度假区等景点。渝西植物园建设投入资金千万元，初步形成集观光、娱乐、特色美食为一体的服务体系。双河岚峰森林公园生态保护和主干道建设进展顺利。荣隆麻雀岩商贸旅游区开发的游乐、餐饮、娱乐经营项目，经济效益和社会效益明显。

4. 建设路孔影视基地，主要建有县衙、商铺、广式家园、徽式家园和宁徙家园建筑，引进电影电视剧组拍摄，扩大知名度。建成占地20亩、建筑面积3600平方米、预计总投资700万元的安陶博物馆。投资500万元在尚书村修复"喻茂坚主题廉政文化景区"，打造全市乃至全国廉政文化景区和教育基地。在妃子桥上方利用河道启动"梦幻万灵"建设。

5. 实施农村环境连片整治工程，完成农民新村点的环境连片整治工程。新建白银湾民俗文化村、梦里水乡等一批中高档农家乐，迎来首批法国游客到路孔观光。建设安陶博物馆和安富陶文化旅游景区。在荣隆麻雀岩商贸旅游区动工兴建静月湾度假村；在岚峰森林公园建成生态山庄；在东湖景区建成凌家铺子；在路孔古镇建成白银湾民俗文化村。这些项目的建成开放，提升了全县农家休闲旅游的档次和规模。

6. 开展（大荣寨）国家4A级旅游景区创建工作，建设景区大门、游客接待中心、星级公厕、景区大型停车场、四级汽车站，完善古镇旅游标识标牌，装修布置湖广会馆、尔雅书院，实施摩崖石刻、尚书府、万灵福邸项目建设，开发水上旅游线路，完成了游船升级改造，打造赵家龙桥、万鹤朝圣等景点。招商引资，重点推出古镇包装项目、水上游乐项目、钟鼓凼生态谷项目、古镇旅游休闲度假村项目、滨河路开发项目发展旅游。实施万灵寺复建主体工程建设、万灵大佛主体雕刻等工作；启动万灵山旅游度假区规划建设工作。完成万灵福邸、万灵熙街等市级重点旅游项目建设，建成占地1400余亩的移民文化公园，建成占地50余亩场镇市政公园。

7. 古镇风貌恢复。万灵古镇第一期修复工程包括修复衡升、太平2道寨门、濑溪河船闸、木水车、34处街居、沿河石板路等。改建古镇恒升门、太平门及城墙，维修完善古船闸；对5500平方米的古镇新街进行仿古包装，实现与古镇风貌相协调，形成古镇风貌协调区；对仍然保存的50米古城墙按照"整旧如旧"的原则进行翻修。实施"一街五景"建设整治工程。"一街"指明清老街，完成明清老街风貌维修整治工程，按照修旧如旧的原则，整治房屋70余户，面积1000余平方米。"五景"分别是修复赵氏宗祠、恢复尔雅书院、重建湖广会馆、连通古城墙、改造水车。其中赵氏宗祠、尔雅书院、改造水车三处景点于2009年建设完毕。整修翻新古城墙（包括建日月亭）和湖广会馆的工程分别于2010年和2011年建设完毕。截至2017年，万灵古镇场镇辖区面积达到1平方千米。

8. 道路基础设施建设。硬化场镇街道，重新修建荣昌至路孔的二级公路8.5千米，并接口于荣昌高速公路北站出口处。扩大场镇体量及改善场镇交通，新修绕镇公路和绕镇支路，完成古镇450米绕城支路建设，打通绕镇路至影视基地停车场环线公路，提升旅游交通承载能力。修建龙湾码头、砣湾码头、女仙桥渡口，提升码头的停靠能力，发展河道旅游。改造连接安陶博物馆至荣隆高速路口的道路。对新街重新实施特色风貌改造。结合濑溪河堤防整治工程，建设濑溪河生态体育公园与马拉松赛道。完成万灵大桥、景区连接线等项目建设，改善古镇旅游交通路线。修建四级汽车站。

9. 市政基础设施建设。2002年对街道及牛市坝河边进行了硬化，安装了路灯，结束了古镇一黑到底的历史。实施古镇水电气及给排水管网改造，消除了影响古镇形象的空架"蜘蛛网"管线，加强了基础设施建设。在玉鼎村、沙堡村、大荣寨社区农民新村修建污水处理站3座，集中处理生活污水。继续以农村卫生厕所改建为重点，建设三格式无害化厕所。

在万灵古镇带动下，仁义、安富、荣隆、植物园、岚峰森林公园等有资源的镇和单位增加基础设施建设投入，进行旅游资源的良好开发。

第六节　产业转型升级

一　产业转型才能促进古镇可持续发展

转型升级是一个涉及旅游目的地发展的世界性命题。第二次世界大战以后，世界上许多的大众型旅游目的地逐步走向停滞或衰退阶段，面临重组、重建、再造、转型等发展命题。经过30年的发展，"先发崛起"的江苏古镇旅游同样面临着转型升级的发展困境：旅游容量过度饱和，旅游产品均质化，旅游生产率（劳动力、土地、能源等生产要素的利用效率）相对较低，当地社区缺乏有效参与甚至被完全替代，竞争性的国内古镇旅游地先后强势崛起，过度的城市化、商业化和现代化严重侵蚀了传统的古镇地域文化景观。[1] 因此，古镇旅游的转型升级是一个关系着古镇兴衰的问题。

古镇之兴盛，根本上要靠古镇居民留得住、有门路、能致富，要靠古镇能够保持人丁兴旺，保持鲜活的传统生活样态。而做好传统产业转型升级、找准适合古镇发展的产业道路是保持古镇可持续发展的希望所在。当下，缺钱、缺人、缺理念成为多数地处相对落后地区的古镇进行遗产保护的"症结所在"。老建筑要不要拆除？老居民如何处理？产业路径如何选择？资产筹措如何解决？上述诸多问题成为地方政府管理者进行遗产保护不得回避的问题[2]。

古镇旅游产业发展起来之后，古镇人口一般由常住人口和流动人口两部分组成。常住人口是古镇及其附近地区的居民，有固定的住所、主

---

[1] 《江苏古镇保护与旅游发展研究》课题组编著：《江苏古镇保护与旅游发展研究》，东南大学出版社2014年版，第10页。

[2] 《江苏古镇保护与旅游发展研究》课题组编著：《江苏古镇保护与旅游发展研究》，东南大学出版社2014年版，第9页。

业，一年大部分时间居住在当地。流动人口是因各种原因短暂停留于此的人口，短暂停留的原因是多方面的。流动人口暂时驻足于此，数量波动性较大；常住人口是古镇基本的居住人口，具有稳定性、延续性。为此，要将古镇打造旅游目的地，一是要选择适合旅游产业发展需要的产业发展战略；二是要完善基础设施，搞好城镇居民附属设施建设。特别是偏远的古镇旅游开发要注意此点。①

汪光焘指出，镇对农业发展的产业集聚效应已经有新的体现，镇接纳农业富余劳动力已形成基本趋势；镇为提高农民特别是下一代素质将起到重要作用，镇发展的动力机制正在逐步形成。关于镇发展的动力机制，一是加工类的镇；二是商贸类的镇；三是公司加农户的模式；四是名镇名村类型。②古镇首先是一个镇，在本质上同一般意义的镇没有区别。因此，多数古镇普遍面临着重生内涵发展机制和特色产业培育机制，重新发现过去联系城市和乡村的"枢纽型"功能，推动自身的城镇化建设和社会主义新农村建设等任务。③

借助于古镇旅游开发利用的契机，寻求促进古镇发展的新动力、培育可持续发展的新产业是进行古镇保护的一个最重要的兴趣点和兴奋点，是古镇兴盛的希望所在。

古镇保护地区社会经济发展状况，与当地注重发展特色产业密不可分。例如，苏州古里镇注重培育发展特色产业，形成了以服饰、纺织、生物医药、轻工机械四大产业为主体的产业发展体系，张家港市凤凰镇注重开发凤凰水蜜桃、绿茶、高庄五香豆腐干、徐市鸭血糯、朱家弄水芹菜、菜园村冬令蔬菜、清水大米和庄泾酱鸭等特色特产，保证了国民经济持续快速发展。④拥有"中国第一水乡"之称的周庄，十多年来接待

---

① 吴良镛：《人居环境科学导论》，中国建筑工业出版社2001年版，第269页。

② 赵中枢：《周镇名镇创新发展的三点建议》，载中国城市规划学会历史文化名城学术委员会、昆山市人民政府《2008年古镇保护与发展周庄论坛》，中国江苏周庄古镇，2008年4月，第31页。

③ 《江苏古镇保护与旅游发展研究》课题组编著：《江苏古镇保护与旅游发展研究》，东南大学出版社2014年版，第9页。

④ 苏州市规划局等编：《苏州古镇保护规划》，中国建筑工业出版社2016年版，第145页。

国内外旅客逐年上升，平均每年吸引 300 万左右的旅游者前来观光、休闲、度假，旅游收入达 8 亿元，2007 年旅游者超过 350 万人次，创造了较好的经济效益，拉动了当地经济快速增长，富裕了水乡古镇的人们，走出了一条"旅游兴镇，强镇富民"的新路。① 自明代开始，作为蚕桑中心的震泽古镇，四乡遍地栽桑，农民户户养蚕。家家缫丝是震泽古镇农民重要的经济来源。震泽古镇所产的辑里丝，享誉海内外，清代中叶，震泽古镇丝市成为我国著名丝市之一。桑蚕文化和手工丝业工艺极具传承和科学研究价值。②

位于福建漳州市南靖县西南部的书洋古镇，依托当地特色资源，打造文化之乡、侨台之乡、农业之乡、苏区之乡、生态之乡，发展茶叶、蔬菜、毛竹三大支柱产业。全镇拥有茶叶、蔬菜、毛竹等三大产业支柱，形成了"一村一品一基地""一叶一菜一竹"的产业发展格局，全镇茶叶生产面积 6 万多亩，占全县茶叶面积的 60%，年产干毛茶超过 2000 万斤，主要品种有铁观音、丹桂、本山、毛蟹。位于漳浦县佛昙镇东南部的轧内村利用资源优势，因地制宜壮大特色产业，委托省水产研究所编制了"福建（漳浦）海洋经济生物种业创新与产业示范园"规划，将水产养殖作为村级经济的主导产业。③ 位于漳旅店华安县东北部的仙都镇，将茶叶作为当地的特色产业，也是支柱产业。全镇现有铁观音、肉桂、黄旦等优质茶 5 万多亩，茶叶加工户（厂）5500 多家，茶叶加工营销龙头企业 4 家，茶叶产业年创产值 5 亿元。"华安仙都"茗茶色香味形俱佳，品质上乘，已多次获得国内国际茶叶品质鉴评大奖，畅销国内外。④

---

① 曹昌智：《水乡古镇文化旅游与可持续发展》，载中国城市规划学会历史文化名城学术委员会、昆山市人民政府《2008 年古镇保护与发展周庄论坛》，中国江苏周庄古镇，2008 年 4 月，第 44 页。

② 苏州市规划局等编：《苏州古镇保护规划》，中国建筑工业出版社 2016 年版，第 104 页。

③ 《漳州古镇古村整治与保护》编委会：《漳州市古镇古村保护与整治》，2014 年 11 月，第 28、63 页。

④ 《漳州古镇古村整治与保护》编委会：《漳州市古镇古村保护与整治》，2014 年 11 月，第 19 页。

二 培育农家乐

21世纪初，随着荣昌县旅游业的发展，展现田园风光和农家风情的农家乐休闲旅游经营活动悄然兴起。为了鼓励旅游资源开发，规范和促进全县农家旅游活动的开展，县旅游办公室制定了《荣昌县旅游开发优惠政策》《荣昌县农家休闲旅游开发与管理办法》。

2000年10月，通过检查、考核和评比，荣昌县政府命名昌元镇的玉龙山庄、峰高镇的美鱼山庄、东湖鱼庄、安富镇的鎏寨、荣隆镇的刘家大院、座誉岩饭庄、双河镇的竹园农家乐和休闲农家乐、清江镇的陈家院子和梁家院子以及"昌州号"游船等11家经营点为首批旅游定点农家乐。全县各定点农家乐第一年共接待游客18万人次，营业收入达23万元。尤其是节假日和双休日，生意特别红火，最兴隆时一个经营点每天可接待游客200多人次。

2001年8月，县旅游局命名荣隆镇的桃源山庄、翠竹山庄、在水一方、安镇镇的山泉农家乐、铜鼓镇的铜鼓山庄等5户为第二批旅游定点农家乐。全县农家旅游经营点达到13个，其中，荣隆镇麻雀岩水库一带的农家旅游经营渐成规模。2003年9月15日，县旅游局确定岚峰生态山庄、螺罐山庄、濑溪乐苑、河中岛绿林休闲庄、三奇寺休闲度假村5户为第三批旅游定点农家乐，凌家铺子被命名为星级农家乐，全县定点旅游农家乐达到19家。2005年，全县已有20多个农家乐，这些各具特色的农家乐，以其优质的服务吸引着县内外众多的游客，有力地推动着荣昌县假日经济的健康发展。

2004年，路孔镇建起第一个具有田园风光和农家风情的农家乐·梦里水乡度假村。2006年建起了白银滩农家乐。2015年随着古镇旅游的发展，路孔镇进一步引导调整农业发展思路，优化产业结构，积极发展"万灵古镇休闲游+乡村野趣体验游"为特色的现代化复合型旅游，培育特色商贸业。古镇路（路孔—荣昌）、古路路（古昌—路孔）沿线陆续建起了30—40家农家乐。发展较大的有以采摘观光为主的玉鼎生态园和具有泰国风情的清迈园。2015年，万灵镇餐饮达70余家，接待能力超100人的35家，市商委评定的星级农家乐9家，成功创建市级农家乐示范镇。

2017年提出"农旅融合"发展理念,将农家乐、采摘园等观光农业园与古镇旅游资源进行整合,初步形成以清迈园、生态园为代表的特色农家乐和采摘园,做成有特色、大众化的集科普性、体验性和参与性为一体的多元化特色旅游项目,旅游产业给地区经济快速发展带来了新的活力。

三 文化创意产品开发

古镇的旅游开发,就是在深度挖掘古镇不同地脉、文脉的基础上提炼当地特色,并科学地将其与旅游结合在一起,推出有市场竞争力的旅游产品。这样,古镇的发展才有更加美好的前景。本书其他地方所述,旅游精品线路、旅游景点、旅游项目、非物质文化遗产都属于旅游产品范畴,它还包括特色手工工艺品、特色小吃和农家乐等旅游服务。

旅游商品销售是旅游业收入的重要组成部分,它与古镇旅游的开发和保护不存在本质上的冲突,其关键就在于如何在商品销售中融入古镇所特有的文化气息。因此,古镇旅游商品的开发要求进行准确的规划、协调,要根据每个古镇的特点,大力发展有地方韵味、反映各地风土人情旅游商品。这样不仅能够丰富旅游产品内容,提升旅游产品质量,丰富游客体验。还可以促进当地居民参与旅游开发,增加旅游就业,带动当地经济的发展,提高当地居民参加旅游的积极性,从而促进旅游的可持续发展。

万灵镇依托本地资源开发了一批颇具地方历史文化特色的旅游商品,销售商户也逐年增多。

2000年,组织荣昌陶艺制品、工艺折扇、夏布制品等传统工艺品参加西南六省片区旅游景区、景点商品交易会,为旅游产品的开发建设作好前期准备。在陶器、夏布、折扇等传统工艺得到一定开发的同时,又推出"包黑子"副食品系列、倪氏牛角工艺制品等新产品。2001年9月,组织6家企业参加重庆市第二届旅游商品新产品展销活动,参赛产品得到专家评委的好评和青睐。2002年,组织旅游商品生产企业参加第二届旅游商品新产品设计开发大赛,7月5日在重庆宾馆举行的颁奖会上,松竹轩扇庄的夏布折扇、太奇陶厂的素烧花瓶,获得新产品二等奖,荣昌折扇厂的巴渝风光雕刻绘画纪念折扇获新产品三等奖。荣昌的传统产品受到重视，被市旅游局列为旅游商品的重点地区和特色地区，提高了荣昌旅游的地位和知名度。2003年，县旅游局大力开发旅游商品生产，积极帮助企业把传统工艺品与旅游题材有机结合起来，开发新产品。9月，组织旅游企业参加重庆市第三届旅游商品新产品设计开发大奖赛，松竹轩扇庄的"竹匣夏布折扇"获新产品二等奖，荣昌折扇公司的国宴书画礼品系列扇和太奇陶厂的宝顶山养鸡女陶器分别获三等奖，县旅游局获组织一等奖。2004年4月和2005年9月，组织折扇、陶器、牛角工艺品等旅游商品先后参加重庆市旅游局在成都举办的"畅游新重庆"的大型宣传促销活动和三峡旅游节旅游交易会暨旅游商品设计大奖赛，取得良好效果。

经过多年的努力，2017年万灵古镇发展到20余家特色商品经营店，经营的特色产品有荣昌陶艺制品瓶、盘等，纸质、丝绸工艺折扇，夏布制品鞋、袜、衣服、丝巾、挂画；古玩铜钱、纸币、家具、首饰、瓷器等；贵重物品玉石、珍珠；工艺品及小孩玩具等。

为促进旅游服务业的发展，东溪以"太平桥""金银洞""三合楼""古盐道"等地名注册了旅行社、旅行陪伴、假日野营、酒吧、美容院、蒸汽浴、按摩、文身、理疗等相关业务服务项目，使东溪既有古镇的风韵，又有现代都市的生活气息，以满足更多游客不同层次的服务需求，从而推动东溪旅游业的发展。

如果一位游客来到一座古镇古村落，吸引游客的会是什么？风景名胜、当地文化、历史环境，当然还有不容忽视的特色小吃。[①] 万灵古镇对传统特色小吃精心研制，推出荣昌卤鹅、黄凉粉、冰粉和凉糕等旅游产品，又将特色饮食桂鱼（又叫鳜鱼、母猪壳）、翘壳、手撕鸡、刨汤、回锅肉、叶儿粑、灰水粽融入旅游服务产品之中。东溪古镇也积极开发旅游特色小吃。例如，东溪柴坝素有种花生的习惯，地理和气候条件的原因，所产花生香脆、味美，因此东溪镇在相关部门注册了柴坝花生，并投资10万元对其精美包装，成为颇受各地游客欢迎的东溪特色产品。

[①] 赵春兰、杜抒、黄运昇编著：《蜀韵古镇——多维视野下的古镇文化遗产保护与利用》，四川大学出版社2019年版，第158页。

四　发展生态观光旅游

生态观光农业是我国以第一产业促进第三产业发展的重要经济措施之一，也是农民增收的重要来源。随着国民经济的快速发展，人们生活水平不断提高，旅游已成为人们工作学习之余的重要生活内容。除了到人流熙熙攘攘的风景名胜观光休闲外，更多的人开始把注意力转向青山绿水、风光迷人的广大农村，到广阔宁静、风光优美、空气清新的农村去观光、休闲、放松。[①]

乡村旅游的内容相当丰富，生态观光是其重要组成部分。从鲜花、蔬果文化到盆景制作、蔬果耕作技艺都极具观赏性、知识性、趣味性，游客可观花、观果、品尝、参与采摘等。果园、菜地优美的自然景观和生态环境，可提供给游客观光、休闲、度假。例如，贵州省花溪镇南部7个乡镇以悠久的果树、蔬菜种植历史为基础，以市场为导向，以科技进步为动力，围绕民族风情旅游业的发展，开发名特优农产品，发展鲜花、高效生态蔬菜、果树、畜牧业，使原有蔬菜、果树、畜牧业生产从单纯生产型向生态型、经济型、文化型、旅游型发展。进行区域化布局，规模化、标准化生产，建设优质高效生态、无公害的蔬菜产业带、果树产业带、畜牧业基地、茶叶基地，形成产、加、销、游一条龙的产业经营，提高生态经营效益。[②] 这既为广阔的市场提供了绿色食品蔬菜、果品、畜牧产品和优质茶叶，增加该地区农民的经济收入，同时也增加了鲜花、精品蔬菜、果园、茶园、特色养殖等的生态农业观光旅游的丰富内涵。

五　大力发展休闲旅游

古镇开发利用必须转变旅游经济的增长方式，提高古镇旅游经济发展水平，即把"赶场式"旅游转变为生态旅游，把观光旅游转变为休闲旅游，让游客在旅游中增长知识，提高素质，陶冶情操，愉悦身心，在

---

①　罗大林、景诗鼎：《浅谈青岩古镇的保护与开发》，载贵州省文物局等编《贵州古镇保护与旅游开发青岩论坛文集》，2011年2月，第64页。

②　罗大林、景诗鼎：《浅谈青岩古镇的保护与开发》，载贵州省文物局等编《贵州古镇保护与旅游开发青岩论坛文集》，2011年2月，第64页。

旅游中获得健康。要突破传统的观光旅游模式,积极提倡向体验旅游模式转变。解决如何使古镇能留得住人的问题,是促进古镇旅游发展水平得到提升的最根本切入点。很多地方为了发展旅游,把古镇原有居民赶出去,留下一座空城,这不能促进旅游业的发展。

古镇保护与旅游开发利用的经验表明,游客停留时间长、旅游商品业发展好,是增加旅游收入的两个决定性条件。① 古镇一定要能迷人,使来者留恋,少则二三日,多则十天半月,长短假日徜徉沉醉之处。以及退休养老,病后疗养,或附近城镇来此周末消闲。② 因此,在古镇旅游开发中,一定要着力改善原住居民的生活条件,提高居民的经济收入,留住古镇的原住居民,保存原汁原味的生活样态。这样,也才能契合游客不断增长的旅游消费需求。

例如,实施灵活的兼顾保护与开发的新规划和发展理念,苏州成为一个能够吸引游客在此停留多日的旅游目的地。酒店、餐馆和交通枢纽的纷纷建立是苏州能成为一个多日停留的旅游城市的支撑条件。大多数旅游服务设施都建立在远离景区和居民区的区域,为的是尽量不破坏苏州原有的日常生活节奏。③

贵州镇远古镇发展文化旅游,让老百姓生活在原来的地方,引导他们参与到旅游发展中来,让游客来到镇远古镇有一种宾至如归的感觉。保存原住居民的生活方式,这样一座古城就活起来了,游客进来后能享受到活态的生活场景。现在,很多老百姓住第一层,其他楼层拿来招待客人,游客和当地居民一起生活,有了互动,真正地感受到镇远的生活悠闲和轻松。做好了人文的空间,还要做好镇远休闲生活的设施。在市场同质化竞争中,镇远镇逐步从旅游观光型向休闲体验度假型旅游转变,

---

① 刘正绪:《花溪区(青岩)旅游发展方向初探》,载贵州省文物局等编《贵州古镇保护与旅游开发青岩论坛文集》,2011年2月,第88页。

② 郑光复、马光蓓:《在市场经济中保护与发展——桑江梦》,载中国民族建筑研究会《华南地区古村古镇保护与发展(广州)研讨会文集》,中国广州,2008年6月20—22日,第64页。

③ 赵春兰、杜抒、黄运昇编著:《蜀韵古镇——多维视野下的古镇文化遗产保护与利用》,四川大学出版社2019年版,第210页。

打造一个休闲区,满足人们的体验性、休闲性和参与型的需求。[①]

湖南岳阳一些社区的居民也是将住房腾出一部分开办餐馆、旅店,为游客策划游览方案、介绍当地风土人情和历史典故,方便、安全、舒适的社区旅游文化服务,使得居民与游客产生了良好的互动体验,不仅能留住游客长住,还能留住"回头客"。

本章小结

旅游市场需要什么样的古镇?什么样的古镇是人们最需要的旅游对象?视角不同,说法也存在差异。市场需要记忆的古镇、怀旧的古镇、淳朴的古镇、宁静的古镇、休闲的古镇、体验的古镇。市场需要的古镇还有生活着的古镇、原真性的古镇,而不是过度商业化的古镇、造假古董的古镇。古镇旅游开发中普遍存在同一区域内的古镇之间共性明显、个性特征不太突出、低水平重复建设的问题。没有特色就没有出路,古镇开发要选择适合自身特色的具有自身个性的战略定位。同时,整合区域旅游资源,将散点分布的古镇联系起来,实现与周边景区共赢。古镇开发强调开发的可行性,是否具有独特的历史文化价值,市场空间是否足够支持古镇旅游发展,旅游基础设施包括道路交通、生态旅游休闲度假基地、农业观光旅游基地等旅游度假中心、旅店宾馆和餐饮服务业是否足够支撑古镇旅游发展。古镇历史文化保护和商业开发之间存在深层次的矛盾,要合理开发利用古镇旅游文化资源,真正让祖先留下的宝贵遗产造福人民,这就要把保护与开发利用结合起来,克服急功近利,保留活态的古镇。古镇旅游资源的开发利用要以合理保护为前提,合理保护是开发建设的重要内容,以开发促进保护,以保护提高开发的综合效益,从而形成保护—开发—保护的良性循环,创造出和谐的可持续发展效益。一个没有历史文化之根的古镇就如同一个没有灵魂的人,最后也会被中外游客所抛弃。但对于古镇来讲,如果只是一味地强调保护,而

[①] 蒋映生、李吉科:《文化旅游"镇远模式"的人本探索》,载贵州省文物局等编《贵州古镇保护与旅游开发青岩论坛文集》,2011年2月,第129—130页。

没有一定的商业旅游开发，同样也会因为缺钱维护而走向衰败。保留活态的古镇，留住古镇的原住居民及其传统生活样态，也使众多江南古镇分享了古镇保护与旅游开发利用所带来的红利。

　　古镇旅游开发和经营究竟是招商还是政府操盘？不能一概而论。如何选择经营战略，没有一定的陈规。基础设施建设是古镇旅游开发的基础。由于重庆古镇大多处于地理位置僻远之处，要提升旅游产业水平，道路交通建设是首先要做的工作；传统古镇街区是农耕时代的产物，一般的街道都较为狭窄、基础设施不齐全，古镇街区回旋余地较小、不利于一定规模游客活动的展开，修建游客接待中心、厕所就成为必不可少的工作。因此，很多古镇都将基础设施建设作为一项基础性的工作。产业转型才能促进古镇可持续发展。转型升级是一个涉及旅游目的地发展的世界性命题。第二次世界大战以后，世界上许多的大众型旅游目的地逐步走向停滞或衰退阶段，面临重组、重建、再造、转型等发展命题。经过30年的发展，"先发崛起"的江苏古镇旅游同样面临着转型升级的发展困境：旅游容量过度饱和，旅游产品均质化，旅游生产率（劳动力、土地、能源等生产要素的利用效率）相对较低，当地社区缺乏有效参与甚至被完全替代，竞争性的国内古镇旅游地先后强势崛起，过度的城市化、商业化和现代化严重侵蚀了传统的古镇地域文化景观。因此，古镇旅游的转型升级是一个关系着古镇兴衰的问题。

　　古镇之兴盛，根本上要靠古镇居民留得住、有门路、能致富，要靠古镇能够保持人丁兴旺，保持鲜活的传统生活样态。而做好传统产业转型升级、找准适合古镇发展的产业道路是保持古镇可持续发展的希望所在。当下，缺钱、缺人、缺理念成为多数地处相对落后地区的古镇进行遗产保护的"症结所在"。老建筑要不要拆除？老居民如何处理？产业路径如何选择？资产筹措如何解决？上述诸多问题成为地方政府管理者进行遗产保护不得回避的问题。

结　　论

　　重庆地区古镇依托经济全面发展而兴、依托物流通道的区位优势而兴、因资源开发而兴、因军事防御而兴、受区域性影响而兴，因古代交通繁荣而繁荣，因古代场镇之繁荣而繁荣，因农耕文明之变迁而变迁。认识到此点，我们才能理解古镇繁荣的历史条件大多已经不复存在。因为古镇赖以存在的交通条件、场镇交换习俗已经发生了很大的变化。有些场镇已经发展成为乡（镇）机关所在地，其现代化程度与昔日不可同日而语，古镇的政治、经济地位实际上提高了；有些场镇则失去了昔日的繁华，失落在偏远的农村地区，往往表现出交通不便、经济社会发展水平低、现代化程度低，但是保存着古香古色的传统建筑和古朴淳厚的民风民俗；有些场镇半显现代繁华，半是传统风貌。因此，古镇并不是"衰落"了，而是在现代化、城镇化作用下发生了一些变化——古镇赖以存在的基础发生了变化，传统街道建筑年久失修，古镇、古建筑除面临着自然力的破坏之外，还遭受着人为破坏。同时，我国人民生活逐步进入小康水平之后，许多人寻求更高层次的精神满足，旅游业成为全球性的朝阳产业，出现了强劲的发展势头，各地都把发掘旅游资源、发掘旅游事业作为推动经济和文化发展的重要项目，古镇的价值和使用价值受到人们重新认识。但是，几十年的古镇保护与开发利用实践暴露出一系列问题：一是各地兴起仿古古镇建设热潮，伪古镇层出不穷；二是同质化、商业化严重，败坏古镇旅游的品质。

　　针对古镇保护利用中暴露出的种种问题，本书认为，古镇保护与旅游开发要处理好三对矛盾。

首先，要处理好保护与发展的矛盾。保护是对人居环境的历史延续、保存；发展是现代生活方式、价值观念、物质技术条件对历史状态的冲击、融合或更替。既要保护，又要发展，是历史古镇必须面对而又难以很好协调解决的问题，二者的辩证统一在于，保护在发展中保护，发展在保护中发展。古镇保护要树立保护的发展观、保护的整体观、保护的基础是发展。在现实的地域环境中，发展对于重庆地区古镇来说，既是攸关生死的迫切问题，也是推动复兴的现实条件，我们需要在经济发展和文化保护之间寻找一个平衡点，这一点至关重要。

其次，要处理好保护与开发利用的矛盾，树立开发利用的发展保护观。没有开发利用就没有古镇保护，也就不可能真正促进古镇发展。科学规划是古镇保护与开发利用的前提，规划的核心是要解决古镇的可持续发展，关键是要处理好保护与开发、共性与特色、传统与现代、挖掘与创新之间的关系。经过几十年古镇开发利用实践，形成了创新型保护性开发模式、周庄模式、民俗博物馆模式、持续转型的乌镇模式、放大休闲的丽江模式、书写大地景观的婺源模式等古镇保护开发模式。在丰富的古镇旅游开发实践中，每个古镇应结合自身特点从不同角度创造出适合自己的营销策略（譬如旅游导向型、工商业导向型、居住导向型模式），保持古镇的魅力，维持和延续古镇的生命，促进古镇的全面发展。

最后，要处理好传统与现代的关系。古镇保护要置身于现代文化，在面向未来的前提下实现新型城镇化、现代化与保护历史之间的平衡，找到古建形式与新型城镇化、现代化发展之间的平衡点。要深植于传统文化，不同国家现代化及其国际文化大都市建设发展的成功经验表明，任何一个国家现代化的发展，都不能离开世界发展的步伐，外部世界的文化也必将对本民族的文化构成重要的影响。但是，更为重要的是，现代化无法简单地拷贝复制。任何一个国家现代化的发展，根基必须深深地扎根于自己民族的文化土壤之中，努力地按照本民族的特色来发展自己，要保护古镇的活态文化。文化旅游业的终极问题：文化旅游创造的效益是否比社区遭到破坏的代价更重要。旅游景区的重中之重，在于尽可能不让游客打扰到遗产地居民的正常生活。古镇开发要建立一项能够架起沟通文化遗产保护和社区发展桥梁的总揽性政策，尽力保护那些影响了他们世代生活的古典建筑和城市肌理。让游客能短暂停留，乡村旅游必须转变旅游经济的增长方式，即把"赶场式"旅游转变为生态旅游，把观光旅游转变为休闲旅游，让游客在旅游中增长知识，提高素质，陶冶情操，愉悦身心，在旅游中获得健康。

古镇环境主要由古老的建筑、古朴的环境、众多的历史文化遗迹、深厚的人文内涵、居民闲适恬淡的生活状态、淳朴的民俗民风、山清水秀的自然环境构成，可以概括成人工环境要素、人文环境要素、自然环境要素等三个方面。古镇保护应当在人居环境科学的指导下，以整体的观念，寻找人工环境、人文环境、自然环境三者之间的相互联系，寻找古镇保护与旅游开发、古镇保护与社会发展的最佳契合点。

古镇整体保护主要有以下两层含义。

第一层含义是格局保护。包括保护古镇独特的个性和魅力；保护古镇的街巷空间，包括街、巷、弄，以及作为街道空间延伸和扩大的广场空间，街巷空间尺度、立面、铺地、小桥、河埠等；保护村镇的总体布局，以及街巷、水系等物质要素的格局肌理和风格；处理好城市与自然的关系，以建设"山水园林城市"作为城市规划和建设的最高理想。

第二层含义是古镇要素保护。包括古镇的自然环境要素、人工环境要素、人文环境要素、古镇所在地的非物质文化遗产四个方面的问题。

（1）自然环境是古镇保护的基础。古往今来的旅游者，都将观光赏景作为一种休养生息、调节生活、消除疲劳的乐事。保护好优美的自然环境和旅游资源，是开发旅游业的先决条件。古镇是多种传统文化风貌和自然风貌的共同载体，是包括建筑、环境、空间格局以及人类活动等在内的统一整体，在保护规划中不能把这些元素彼此割裂，要从整体上考虑他们之间的关系，保持古镇风貌的完整性。

（2）人工环境要素保护。文物古迹作为历史文化遗产和遗迹，具有极高的历史价值和科学价值，文物古迹类别众多，包括古建筑、古园林、历史遗迹、遗址遗迹、古代或近代杰出人物的纪念地，还包括古木、古桥等历史构筑物。整体保护街区内的文物保护单位和文物控制单位、历史建筑和传统建筑，整体保护街区的空间格局、空间尺度、街巷河道的传统景观特征和传统风貌，整体保护街区内的驳岸、埠头、揽船石、树木、古井、院落及围墙、石阶、街巷铺地等历史环境要素。

（3）古镇保护就要深入挖掘古镇文化。风貌和文脉是一个古镇的灵魂，是古镇旅游的核心。没有文化的旅游是苍白的旅游。千百年来，古镇在历史发展中积淀了丰富的文化元素，保存深厚的历史文化、红色文化、家族文化、宗教文化、科举文化、名人文化、商业文化、码头文化、建筑文化等古镇文化遗迹和遗产，从而焕发出传奇的文化魅力。古镇文化要很好地挖掘、保护和展示。保护不仅仅是一个"形"，"文脉"的保护才是"神"，尽量做到"神""形"兼备。而古镇神韵的体现，需要有人的活动，只有保持古老居民原生态的活动才是古镇保护的最高境界。为了让居民安心地生活在这祖祖辈辈居住的地方，提高他们的生活质量，就需要用开发来促进保护。因此，古镇的开发必须围绕保持和发扬其特有的风貌和文脉而设计。

（4）保护古镇的非物质文化遗产。非物质文化遗产是最能体现一个地方民族民俗特色的东西，它是当地人民世代相承、与群众生活密切相关的各种传统文化形式和文化空间，是具有重要价值的文化资源。

本书认为，古镇保护有三个重中之重的工作。

一是保护古镇个性。我国历史文化悠久，拥有数量庞大的历史文化城镇。古镇作为一种传统聚居形式，广泛分布于全国各地，但由于所处的地理环境不同，以及社会经济功能差异，孕育出了各自不同的地域文化和民俗风情，也形成了各具特色的古镇风貌。从雪域高原到东海之滨，从白山黑水到南部海域，每一个地区都形成了与自然环境、风土人情、民风民俗、民族传统相互映衬的以建筑为代表的特色古镇。它们代表了一定地域的建筑文化、社会文化和发展历史。每一个历史文化村镇都有自己的特性，或者说可归属为某个类型，特性是一个古村镇的个性和魅力所在。在古镇规划保护中，应该深入挖掘古镇历史文化底蕴，张扬古镇所在区域的文化个性，从整体上保护古镇的历史文化遗产、历史环境要素；保护古镇的环境风貌特征，保持古镇良好的生态环境；整合古镇所在区域的非物质文化遗产、民风民俗，保护古镇的活态文化，维护居民的正常生活。只有整体保护古镇自然环境要素、人工环境要素、人文环境要素，不损伤古镇任何要素，才能真正实现古镇特色保护的目标。

保护古镇的街巷空间，包括街、巷、弄，以及作为街道空间延伸和扩大的广场空间，街巷空间尺度、立面、铺地、小桥、河埠等；保护村镇的总体布局，以及街巷、水系等物质要素的格局肌理和风格；处理好城市与自然的关系，从古镇自身的时代观念、文化内涵、民族特征、地域地貌出发，以山水资源为基础，以山水文化为特征，以整体观为思维方式，以山水作为城市构图要素，进行城市的规划和建设。古镇旅游开发中普遍存在着同一区域内的古镇之间共性明显、个性特征不太突出、低水平重复建设的问题。没有特色就没有出路，古镇开发要选择适合自身特色的具有自身个性的战略定位。

二是保护活态的古镇。市场需要的古镇是生活着的古镇、原真性的古镇，而不是过度商业化的古镇、造假古董的古镇。古镇历史文化保护和商业开发之间存在深层次的矛盾，要合理开发利用古镇旅游文化资源，真正让祖先留下的宝贵遗产造福人民，这就要把保护与开发利用结合起来，克服急功近利，保留活态的古镇。古镇旅游资源的开发利用要以合理保护为前提，合理保护是开发建设的重要内容，以开发促进保护，以保护提高开发的综合效益，从而形成保护—开发—保护的良性循环，创造出和谐的可持续发展效益。一个没有历史文化之根的古镇就如同一个没有灵魂的人，最后也会被中外游客所抛弃。但对于古镇来讲，如果只是一味地强调保护，而没有一定的商业旅游开发，同样也会因为缺钱维护而走向衰败。保留活态的古镇，留住古镇的原住居民及其传统生活样态，也使众多江南古镇分享了古镇保护与旅游开发利用所带来的红利。

三是搞好传统产业转型升级。古镇之兴盛，根本上要靠古镇居民留得住、有门路、能致富，要靠古镇能够保持人丁兴旺，保持鲜活的传统生活样态。而做好传统产业转型升级、找准适合古镇发展的产业道路是保持古镇可持续发展的希望所在。产业转型才能促进古镇可持续发展。转型升级是一个涉及旅游目的地发展的世界性命题。第二次世界大战以后，世界上许多的大众型旅游目的地逐步走向停滞或衰退阶段，面临重组、重建、再造、转型等发展命题。经过30年的发展，"先发崛起"的江苏古镇旅游同样面临着转型升级的发展困境：旅游容量过度饱和，旅游产品均质化，旅游生产率（劳动力、土地、能源等生产要素的利用效率）相对较低，当地社区缺乏有效参与甚至被完全替代，竞争性的国内古镇旅游地先后强势崛起，过度的城市化、商业化和现代化严重侵蚀了传统的古镇地域文化景观。因此，古镇旅游的转型升级是一个关系着古镇兴衰的问题。

参考文献

一 古代方志

（明）吴潜等纂修：《夔州府志》，1961年天一阁藏明代地方志选刊本。

（清）蔡毓荣等修，钱受祺等纂：《四川总志》，康熙十二年刻本。

（清）恩成、刘德铨等纂修：《夔州府志》，道光七年刻光绪十七年补刻本。

（清）费兆钺等纂修：《合州志》，光绪二年续修、四年刻本。

（清）冯世瀛、冉崇文等纂修：《酉阳直隶州总志》，酉阳自治县档案局整理，巴蜀书社2009年版。

（清）《〈凤凰厅志〉校注》，湖南省凤凰县地方志办公室刘志淳、张长元校注，中国线装书局。

（清）福珠朗阿、宋煊、黄云衢等纂修：《江北厅志》，道光二十四年刻本；

（清）高维岳等纂修：《大宁县志》，光绪十一年刻本。

（清）韩清桂等修纂：《铜梁县志》，光绪元年刻本。

（清）侯若源、庆征、柳福培等纂修：《忠州直隶州志》，清同治十二年刻本。

（清）黄际飞、周厚光等纂修：《南川县志》，光绪二年刻本。

（清）黄廷桂等修纂：《四川通志》，清雍正十一年刻本。

（清）江锡麟等修纂：《云阳县志》，咸丰四年刻本。

（清）寇用平等修纂：《璧山县志》，同治四年刻本。

（清）连山、李友梁等纂修：《巫山县志》，光绪十九年刻本。

（清）杨迦怿、刘辅廷等纂修：《茂州志》，清道光十一年刻本。

（清）吕绍衣、王应元、傅炳墀等纂修：《重修涪州志》，同治九年刻本。

（清）邵陆编纂：《酉阳州志》，酉阳自治县档案局整理，巴蜀书社 2010 年版。

（清）宋灏、罗星纂修：《綦江县志》，道光六年刻本。

（清）王德嘉等修：《大足县志》，光绪元年刻本。

（清）王尔鉴、王世沿等纂修：《巴县志》，乾隆二十七年刻本。

（清）王槐龄纂修：《补辑石柱厅志》，道光二十三年刻本。

（清）王来遴等纂修：《渠县志》，嘉庆十七年刻本。

（清）王梦庚等修纂：《重庆府志》，道光二十三年刻本。

（清）王培荀等纂修：《荣县志》，道光二十五年刻本，光绪三年增刻本。

（清）王寿松、李稽勋等纂修：《秀山县志》，光绪十七年刻本。

（清）王协梦等重修：《施南府志》，道光十二年刻本。

（清）王玉鲸、张琴、范泰衡等纂修：《增修万县志》，同治五年刻本。

（清）魏崧等修纂：《南川县志》，道光十四年新化魏氏刊本。

（清）文康、廖朝翼等纂修：《荣昌县志》，光绪十年施学煌、敖册贤增刻本。

（清）吴巩、王来遴等纂修：《邛州直隶州志》，嘉庆二十三年刻本。

（清）吴友箎、熊履青等纂修：《忠州直隶州志》，道光六年刻本。

（清）熊家彦、霍为棻等纂修：《巴县志》，同治六年刻本；

（清）许曾荫、马慎修等纂修：《永川县志》，光绪二十年刻本。

（清）阎源清修：《大宁县志》，乾隆十一年刻本（抄本）。

（清）杨端、李梅宾等纂修：《剑州志》，雍正五年修，四川省国营安县印刷厂 1984 年版。

（清）杨芳粲等修纂：《四川通志》，嘉庆二十一年重修本，台湾华文书局印行。

（清）杨汝偕纂辑：《太平县志》，光绪十九年刻本。

（清）袁方城等修纂：《江津县志》，光绪元年刻本。

（清）曾秀翘、杨德坤等纂修：《奉节县志》，光绪十九年刻本。

（清）张凤翥等纂修：《彭山县志》，乾隆二十二年刻本。

（清）周方堃等纂修：《广安州新志》，光绪三十三年修民国十六年重庆中西书局代印本。

（清）张九章、陈藩垣、陶祖谦等纂修：《黔江县志》，光绪二十年刻本。

（清）张澍等修纂：《大足县志》，道光十六年王松增补嘉庆本。

二 民国方志

（民国）程德音等修纂：《江津县志》，民国十二年修、十三年刻本。

（民国）戴纶喆纂修：《四川綦江续志》，民国二十七年刻本。

（民国）郭鸿厚、陈习珊等纂修：《重修大足县志》，民国三十四年排印本。

（民国）黄光辉等修：《重修丰都县志》，民国十六年铅印本。

（民国）蓝炳奎、吴德准等纂修：《达县志》，民国二十二年刻本、民国二十七年排印本。

（民国）李鼎禧等修纂：《长寿县志》，民国十七年石印本。

（民国）朱之洪、向楚等纂修：《巴县志》，民国二十八年刻本。

（民国）唐受潘修，黄镕、谢世瑄等纂，王畏岩补正：《乐山县志》，民国十三年修，民国二十三年铅印本。

（民国）汪承烈、邓方达等纂修：《宣汉县志》，民国二十年石印本。

（民国）王鉴清、施纪云等纂修：《涪陵县续修涪州志》，民国十七年排印本。

（民国）韦麟书等总纂：《南川县志》，民国十五年铅印本。

（民国）谢勷、林志茂、张树勋等纂修：《三台县志》，民国二十年排印本。

（民国）郑贤书、张森楷等纂修：《新修合川县志》，民国十一年刻本。

（民国）朱世镛等纂修：《云阳县志》，民国二十四年铅印本。

（民国）陈法驾、曾鉴等纂修：《华阳县志》，民国二十三年刻本。

（民国）廖世英、赵熙等纂修：《荣县志》，民国十八年刻本。

三 当代方志

《荣昌县志》编修委员会编纂：《荣昌县志》，四川人民出版社2000年版。

湖北省恩施土家族苗族自治州地方志编纂委员会编著：《恩施州志（1983—2003）》，湖北人民出版社 2013 年版。

湖北省建始县地方志编纂委员会编：《建始县志（1983—2003）》，方志出版社 2012 年版。

江口县志编纂委员会编：《江口县志》，贵州人民出版社 1994 年版。

彭水苗族土家族自治县档案局编：《彭水清代方志集成》，巴蜀书社 2013 年版。

彭水县志编辑委员会编纂：《彭水县志》，四川人民出版社 1998 年版。

《黔江年鉴》编辑委员会编纂：《黔江年鉴（2018）》，西南师范大学出版社 2018 年版。

黔江土家族苗族自治县志编纂委员会编：《黔江县志》，中国社会出版社 1994 年版。

荣昌县志编修委员会编纂：《荣昌县志（1986—2005）》，四川科学技术出版社 2018 年版。

石柱县志编纂委员会编：《石柱县志》，四川辞书出版社 1994 年版。

万县志编纂委员会编：《万县志》，四川辞书出版社 1995 年版。

四川省巫山县志编纂委员会编纂：《巫山县志》，四川人民出版社 1991 年版。

湘西土家族苗族自治州地方志编纂委员会编：《湘西州志》（上、下卷），湖南人民出版社 1999 年版。

秀山土家族苗族自治县县志编纂委员会编：《秀山县志（1986—2005）》，方志出版社 2011 年版。

秀山土家族苗族自治县县志编纂委员会编：《秀山县志》，中华书局 2001 年版。

四川省永川县志编修委员会编纂：《永川县志》，四川人民出版社 1997 年版。

酉阳土家族苗族自治县志编纂委员会编：《酉阳土家族苗族自治县志（1986—2005）》，方志出版社 2018 年版。

云阳县志编纂委员会编纂：《云阳县志》，四川人民出版社 1999 年版。

中共綦江县东溪镇委员会、綦江县东溪镇人民政府编：《东溪志》，

2011年。

忠县志编纂委员会编：《忠县志》，四川辞书出版社1994年版。

四 古代文献

（清）丁治棠：《丁治棠纪行四种》，清光绪二十三年刊刻，四川人民出版社1984年版。

五 档案

《国务院批转国家建委等部门关于保护我国历史文化名城的请示的通知》，1982年2月8日。

《嘉庆二十年二月十九日节里十甲凉水井团户口社会构成统计表》，四川省档案馆藏：档案号：清6-03-00092。

四川大学历史系、四川省档案馆主编：《清代乾嘉道巴县档案选编》，四川大学出版社1989年版。

四川省档案馆编：《清代巴县档案汇编》（乾隆卷），档案出版社1991年版。

四川省档案局（馆）编：《清代四川巴县衙门咸丰朝档案选编》，上海古籍出版社2011年版。

六 著作

鲍世行、顾孟潮主编：《杰出科学家钱学森论山水城市与建筑科学》，中国建筑工业出版社1999年版。

陈世松：《大迁徙："湖广填四川"历史解读》，四川人民出版社2005年版。

陈世松主编：《四川客家》，广西师范大学出版社2005年版。

四川黔江地区民族事务委员会编：《川东南少数民族史料辑》，四川民族出版社1996年版。

戴彦：《巴蜀古镇历史文化遗产适应性保护研究》，东南大学出版社2010年版。

杜受祜、张学君主编：《近现代四川场镇经济志》，四川省社会科学院出版社 1986 年版。

段进等:《城市空间解析——太湖流域古镇空间结构与形态》,中国建筑工业出版社 2002 年版。

《巴文化与巴南精神》编写组编著:《巴文化与巴南精神》,重庆出版社 2014 年版。

重庆市文物局编纂《重庆市志·文物志(1949—2012)》,西南师范大学出版社 2019 年版。

傅崇矩:《成都通览》,成都时代出版社 2006 年版。

龚义龙:《清代巴蜀移民社会研究》,民族出版社 2020 年版。

龚义龙等:《人口迁入与社会经济变迁——以近代川东鄂西山区为中心的考察》,湖北人民出版社 2009 年版。

龚义龙等编:《三峡文献举要》,湖北人民出版社 2018 年版。

龚义龙:《社会整合视角下的清代巴蜀移民群体研究》,重庆出版社 2011 年版。

龚义龙:《族群融合与社会整合——清代重庆移民家族研究》,中国文史出版社 2015 年版。

龚义龙、王希辉:《武陵山区历史移民与民族关系研究》,民族出版社 2018 年版。

《古镇丰盛》编辑委员会编:《古镇丰盛》,《巴南文史丛书》第 22 辑,重庆出版社 2014 年版。

广东省文物博物馆学会编:《文物保护与利用》(第二辑),岭南美术出版社 2002 年版。

郭沫若著作编辑出版委员会编:《郭沫若全集》,人民出版社 1982 年版。

郭声波:《四川历史农业地理》,四川人民出版社 1993 年版。

国家文物局主编:《中国文物地图集·重庆分册》,文物出版社 2010 年版。

何炳棣:《中国会馆史论》,台湾学生书局 1966 年版。

黄崇岳、杨耀林:《客家围屋》,华南理工大学出版社 2006 年版。

黄德海:《变迁——一个中国古村落的商业兴衰史》,人民出版社 2006 年版。

霍耀中、张其俊、师振亚：《碛口古镇保护》，山西人民出版社 2006 年版。

贾大泉、陈世松主编：《四川通史》，四川人民出版社 2010 年版。

贾建飞：《清乾嘉道时期新疆的内地移民社会》，社会科学文献出版社 2012 年版。

江金波：《客地风物——粤东北客家文化生态系统研究》，华南理工大学出版社 2004 年版。

《江苏古镇保护与旅游发展研究》课题组编著：《江苏古镇保护与旅游发展研究》，东南大学出版社 2014 年版。

蒋维明：《移民入川与舞台人生》，成都科技大学出版社 1998 年版。

阮仪三口述，居平编撰：《留住乡愁——阮仪三护城之路口述实录》，华东师范大学出版社 2018 年版。

蒙默、刘琳等：《四川古代史稿》，四川人民出版社 1989 年版。

柯仲生：《彭水概况》，巴蜀书社 2013 年版。

蓝勇：《深谷回音——三峡经济开发的历史反思》，西南师范大学出版社 1994 年版。

蓝勇：《四川古代交通路线史》，西南师范大学出版社 1989 年版。

蓝勇编著：《中国历史地理学》，高等教育出版社 2002 年版。

蓝勇、黄权生：《"湖广填四川"与清代四川社会》，西南师范大学出版社 2009 年版。

黎小龙等：《历史时期西南开发与社会冲突的调控》，西南师范大学出版社 2011 年版。

李世平：《四川人口史》，四川大学出版社 1987 年版。

李禹阶主编：《重庆移民史》，中国社会科学出版社 2013 年版。

梁勇：《移民、国家与地方权势——以清代巴县为例》，中华书局 2014 年版。

凌耀伦、熊甫主编：《中国近代经济简史》，四川大学出版社 1988 年版。

刘洪康主编：《中国人口·四川分册》，中国财政经济出版社 1988 年版。

成都市群众艺术馆主编：《成都掌故》，四川大学出版社 2007 年版。

陆大道：《区域发展及其空间结构》，科学出版社 1995 年版。

［美］黄宗智：《华北的小农经济与社会变迁》，中华书局 1986 年版。

［美］黄宗智：《长江三角洲小农家庭与乡村发展》，中华书局 1992 年版。

［美］施坚雅：《中国农村的市场和社会结构》，史建云、徐秀丽译，虞和平校，中国社会科学出版社 1998 年版。

彭伯通：《古城重庆》，重庆出版社 1981 年版。

彭朝贵、王炎主编：《清代四川农村社会经济史》，天地出版社 2001 年版。

彭通湖、熊甫、刘方健等编：《四川近代经济史》，西南财经大学出版社 2000 年版。

彭福荣、李良品编著：《乌江流域文化概论》，重庆出版社 2016 年版。

钱学森：《论宏观建筑与微观建筑》，鲍世行、顾孟潮、涂元季主编，杭州出版社 2001 年版。

［日］山田贤：《移民的秩序——清代四川地域社会史研究》，曲建文译，卿学民、刘景文审校，中央编译出版社 2011 年版。

阮仪三：《护城踪录：阮仪三作品集》，同济大学出版社 2001 年版。

阮仪三：《江南六镇》，河北教育出版社 2002 年版。

阮仪三：《阮仪三与江南水乡古镇》，董建成摄，上海人民美术出版社 2010 年版。

阮仪三等：《江南古镇：西塘》，浙江摄影出版社 2015 年版。

阮仪三等：《江南水乡古镇：乌镇》，浙江摄影出版社 2002 年版。

阮仪三、王景慧、王林编著：《历史文化名城保护理论与规划》，同济大学出版社 1999 年版。

阮仪三、袁菲、葛亮：《新场古镇——历史文化名镇的保护与传承》，东方出版中心 2014 年版。

四川省编写组：《四川省凉山彝族社会调查资料选辑》，四川省社会科学院出版社 1987 年版。

苏州市规划局等编：《苏州古镇保护规划》，中国建筑工业出版社 2016 年版。

孙晓芬编著：《明清的江西湖广人与四川》，四川大学出版社 2005 年版。

孙晓芬编著：《清代前期的移民填四川》，四川大学出版社 1997 年版。

孙晓芬编著：《四川的客家人与客家文化》，四川大学出版社2000年版。

谭红主编：《巴蜀移民史》，巴蜀书社2006年版。

汪永臻：《街亭古镇——历史文化名镇的保护与传承》，甘肃文化出版社2017年版。

王笛：《街头文化——成都公共空间、下层民众与地方政治，1870—1930》，李德英、谢继华、邓丽译，中国人民大学出版社2006年版。

王笛：《跨出封闭的世界——长江上游区域社会研究（1644—1911）》，中华书局1993年版。

王纲：《清代四川史》，成都科技大学出版社1991年版。

王纲：《张献忠大西军史》，湖南人民出版社1987年版。

王群华编著：《中国井盐世家——王三畏堂和李陶淑堂家族史》，香港天马出版有限公司2007年版。

王日根：《中国会馆史》，东方出版中心2007年版。

王绍荃主编：《四川内河航运史》，四川人民出版社1989年版。

白寿彝主编：《中国通史》，上海人民出版社1989—1999年版。

隗瀛涛主编：《近代重庆城市史》，四川大学出版社1991年版。

吴怀静：《河南地域文化特色的历史古镇保护与转型研究》，中国水利水电出版社2015年版。

吴良镛：《广义建筑学》，清华大学出版社1989年版。

吴良镛：《人居环境科学导论》，中国建筑工业出版社2001年版。

吴良镛、周干峙、林志群编著：《我国建设事业的今天和明天》，中国城市出版社1993年版。

重庆市第三次全国文物普查领导小组办公室、重庆市文化遗产研究院编著：《巴渝记忆 重庆文脉——重庆市第三次全国文物普查》，重庆出版社2015年版。

《永川区第三次全国文物普查成果专辑》编委会编：《见证永川》，中国戏剧出版社2013年版。

袁庭栋：《巴蜀文化》，辽宁教育出版社1998年版。

岳精柱：《"湖广填川"历史研究》，重庆出版社2014年版。

赵春兰、杜抒、黄运昇编著：《蜀韵古镇——多维视野下的古镇文化遗产保护与利用》，四川大学出版社2019年版。
郑光路：《成都旧事》，四川人民出版社2007年版。
政协重庆市綦江区委员会编：《古镇东溪》，湖南地图出版社2013年版。
重庆市江津区文物管理所等：《几水典藏》，中国图书出版社2012年版。
周勇主编：《重庆通史》，重庆出版社2002年版。
邹明星编著：《酉阳人文》，巴蜀书社2015年版。

七　论文

《变味的古镇——文化空心化，游客一边吐槽一边涌入》，《人民网》2017年8月2日，travl. people. com/cn/n1/2017/0802/c4570 - 29443895. html。

常士晔：《山西榆次常家：一个外贸世家》，载武新立主编《谱牒学研究》（第四辑），书目文献出版社1995年版。

陈和跃：《路孔古镇土客恩怨传闻》，《四川客家通讯》2004年第2期。

陈世松：《老成都与新移民》，《成都晚报》1996年8月至1997年2月"老成都"专栏。

崔显昌：《成都东山上的"广东人"和"广东话"》，《成都晚报》1992年2月22日。

戴宇：《科学合理风貌整治，积极保护名城古镇》，《四川建筑》2010年第2期。

风笑天：《"落地生根"？——三峡农村移民的社会适应》，《社会学研究》2004年第5期。

龚义龙：《民族走廊与文化长廊：关于长江三峡旅游文化资源连片开发的若干思考》，《三峡文化研究》2015年第00期。

龚义龙：《清代巴蜀场镇社会功能研究》，《长江师范学院学报》2017年第1期。

《古镇过度商业化成致命伤》，《东方网—文汇报》2008年4月21日。

郭璇：《移民社会的缩影——重庆"湖广会馆"文化内涵三题》，《华中建筑》2002年第1—2期。

何智亚：《传承城市历史的老街区不再搞大拆大建》，《重庆建筑》2005

年第 12 期。

胡道修:《清初到开埠前后重庆区域人口与城市人口》,载《一个世纪的历程——重庆开埠 100 周年》,重庆出版社 1992 年版。

蓝勇:《老四川区域的文化特征及其形成原因》,《成都大学学报》(社会科学版) 1999 年第 2 期。

蓝勇:《历史时期三峡地区的移民与经济开发》,《经济地理》1992 年第 4 期;

蓝勇:《历史时期四川居民个性特征的地理分区及演变研究》,《中国历史地理论丛》1996 年第 3 期。

蓝勇:《乾嘉垦殖对四川农业生态和社会发展影响初探》,《中国农史》1993 年第 1 期。

蓝勇:《清初四川的移民垦荒和经济发展》,载叶显恩主编《清代区域社会经济研究》,中华书局 1992 年版。

蓝勇:《清初四川虎患》,《文史杂志》1993 年第 2 期。

蓝勇:《清代三峡地区移民与经济开发》,《史学月刊》1992 年第 5 期。

蓝勇:《清代四川土著和移民分布的地理特征研究》,《中国历史地理论丛》1995 年第 2 期。

李德英:《生态环境、乡村社会与农民经济》,《中国经济史研究》2004 年第 3 期。

李虎:《蜀道与人口迁移》,《文博》1995 年第 2 期。

李嘉:《双江杨氏家族传奇》,《重庆青年报》(电子版),http://cqqnb.net/ebook/201304/2398.html。

梁勇:《清代四川客长制研究》,《史学月刊》2007 年第 3 期。

刘根生:《别让大拆大建毁了美丽"乡愁"》,《群众》(思想理论版) 2014 年第 3 期。

刘力民:《富顺县私营工商业发展纪要》,中国人民政治协商会议四川省富顺县委员会学习文史委员会编《富顺文史资料选辑》(第 13 辑),1999 年。

刘平:《牛佛制糖业的发展》,中国人民政治协商会议四川省富顺县委员会学习文史委员会编《富顺文史资料精选》,1997 年。

刘世旭:《龙泉客家张刘白董四姓概话》,中国人民政治协商会议成都市龙泉驿区委员会学习文史委员会《龙泉驿文史资料》(第七辑)(客家文化专辑)(续),2002年。

卢杨村:《成都人的祖先来自何方?》,《成都晚报》1991年5月4日,《老成都》第1期。

庞国翔:《宗祠建筑廷重祠》,《重庆晚报》(数字版)2012年10月15日。

庞国翔、王忠全:《江津高寨坪刘氏祠堂》,《中国建设报》2014年10月31日。

皮海峰:《全面建设小康社会与三峡移民工程》,《社会主义研究》2004年第3期。

皮海峰:《小康社会与生态移民》,《农村经济》2004年第6期。

汤少忠:《从市场角度谈古镇旅游的开发与保护》,《中国旅游报》2009年8月21日。

隗瀛涛:《首部移民填川史——读〈清代前期的移民填四川〉》,《文史杂志》1997年第4期。

许潇予:《重庆龙兴古镇刘家大院宅店空间特色分析》,《重庆建筑》2013年第1期。

赵逵等:《川盐文化线路与传统聚落》,《规划师》2007年第11期。

赵勇、张捷、秦中:《我国历史文化村镇研究进展》,《城市规划学刊》2005年第2期。

郑维宽:《论清代重庆在川东经济中心地位的形成》,《西南师范大学学报》(哲学社会科学版)1998年第3期。

朱丹丹:《古城镇创新型保护与开发》,《中国旅游报》2010年8月9日。

八 采访

白沙古镇、中山古镇、塘河古镇、石蟆古镇、吴滩古镇历史文化保护传承采访,采访对象:重庆市江津区文管所,采访人:龚义龙、刘洪彪,2018年9月21日。

丰盛古镇保护规划采访,采访对象:重庆市巴南区文管所,采访人:龚义龙、刘洪彪，2018年6月5日。

丽江古城保护规划调研，采访对象：丽江市图书馆等，采访人：龚义龙、刘洪彪，2021年10月21—22日。

龙潭历史文化名镇保护采访，采访人：龚义龙、刘洪彪，采访对象：重庆市酉阳县文管所，2022年6月23日。

松溉历史文化名镇保护采访，采访对象：重庆市永川区文管所，采访人：龚义龙、刘洪彪，2018年5月27日。

西沱古镇保护采访，采访对象：石柱县地方志办公室，采访人：龚义龙，2018年7月21日。

郁山历史文化名镇保护采访，采访人：龚义龙，采访对象：重庆市彭水县文管所、郁山镇文化宣传志愿者苏兵，2022年6月22日。

濯水古镇保护规划采访，采访对象：重庆市黔江区濯水镇人民政府，采访人：龚义龙，2019年3月25日。

龚滩历史文化名镇保护采访，采访人：龚义龙、刘洪彪，采访对象：重庆市酉阳县文管所，2022年6月24日。

走马历史文化名镇保护采访，采访人：龚义龙、刘洪彪，采访对象：重庆市九龙坡区文管所，2018年9月25日。

安居古镇保护采访，采访人：龚义龙、刘洪彪，采访对象：重庆市铜渠区文管所，2008年9月26日。